Ursula Burckhardt

Das war noch nicht alles

Das war noch nicht alles

Ursula Burckhardt

Biografie eines bewegten Lebens

Bibliografische Information der Deutschen Nationalbibliothek: Die Deutsche Nationalbibliothek verzeichnet diese Publikation in der Deutschen Nationalbibliografie; detaillierte bibliografische Daten sind im Internet über http://dnb.dnb.de abrufbar.

Die automatisierte Analyse des Werkes, um daraus Informationen insbesondere über Muster, Trends und Korrelationen gemäß §44b UrhG („Text und Data Mining") zu gewinnen, ist untersagt.

Lektorat: Oliver Behrens, BoD
Weitere Mitwirkende: German Müller -Coverbild

Verlag: BoD · Books on Demand GmbH, Überseering 33, 22297 Hamburg, bod@bod.de

Druck: Libri Plureos GmbH, Friedensallee 273, 22763 Hamburg

ISBN 978-3-7693-7670-8

Inhaltsverzeichnis

I

MEINE GEBURT

Wahrscheinlich hatte ich es mir in letzter Minute anders überlegt. So deute ich meine Geburt heute, wenn ich an sie denke. Ich blieb im Geburtskanal stecken und musste vom Arzt im Krankenhaus mit einer Zange geholt werden. Ich erblickte ich am Karfreitag, den 8.4.1955 gegen 22 Uhr das grelle Licht des Kreißsaals. In der Nacht der Fußballweltmeisterschaft 1954 gezeugt, wurde ich als erste Tochter meiner Eltern geboren, obwohl mein Vater sich sehnlichst einen Sohn gewünscht hatte.

Meine Eltern waren gerade eineinhalb Jahre verheiratet, als ich mich dazugesellte. Meine Mutter war als Krankenschwester tätig und mein Vater bei der Deutschen Bahn. Er stammte aus einem kleinen Dorf an der Ahr, in der Nähe von Remagen, und meine Mutter aus einer Stadt im Ruhrgebiet. Kennen und lieben gelernt hatten sie sich auf der Hals-Nasen-Ohren-Station einer Klinik in Bonn, wo meine Mutter als Stationsschwester arbeitete und mein Vater öfter Patient war.

BEI DEN GROßELTERN IM RUHRGEBIET

Im Alter von sieben Monaten gab mich meine Mutter in die Obhut ihrer Eltern. Sie war wahrscheinlich überfordert mit mir und sah die bessere Lösung in diesem Schritt. Die Eltern meiner Mutter bewohnten eine kleine Zweiraumwohnung im Ruhrgebiet zusammen mit der elf Jahre jüngeren Schwester meiner Mutter, meiner Tante. Mein Opa war Bergmann auf einer Zeche und meine Oma für die häusliche Arbeit zuständig. Opa hatte noch vier Brüder, die mit ihren Familien im Umkreis lebten.

In den Häusern der Bergarbeitersiedlung wohnten viele Menschen eng zusammen. Einige hatten hinter dem Wohnhaus einen kleinen Schrebergarten, wo sie Kaninchen oder Hühner hielten. Einige bauten auch Gemüse an und diejenigen, die noch eine Garage dazu hatten, werkelten eifrig darin herum. Zur damaligen Zeit waren nicht nur die Häuser schwarz durch den Staub der Kohle, die abgebaut und mit der geheizt wurde, auch die Luftwerte waren grenzwertig. Durch die dünnen Wände der Wohnungen hörte man die männlichen Nachbarn mit ihren Steinstaublungen husten, kämpfen und sterben. Der Tod war

allgegenwärtig und wurde oft mit Erleichterung angenommen.
An die Zeit, die ich bei meinen Großeltern verbringen durfte, habe ich gute, schöne, aber auch traurige Erinnerungen. Mein Großvater war ein wunderbarer Zitherspieler. Bevor er meine Oma ehelichte, zog er mit anderen Musikanten von Dorf zu Dorf, um den Menschen eine Freude zu machen. Nun arbeitete er Untertage auf einer Zeche und das Leben spielte sich in einem kleinen Wohnzimmer ab. Wenn es sich ergab und er spielen konnte, kamen schnell Nachbarn zusammen. Dann wurde gemeinsam gesungen, getrunken und gelacht, und ich war mittendrin. Über die Stadt flogen regelmäßig Zeppeline und wenn einer gesichtet wurde, rief meine Oma mich immer ganz aufgeregt herbei und wir winkten ihm zu und lachten. Einmal in der Woche fuhr auch ein Altwarenhändler mit einem alten Auto durch die Straße. Das weiß ich noch, denn er rief an bestimmten Haltepunkten: „Lumpen, Eisen und Papier, der Lumpenmann ist hier!" Oma meinte später, er nehme auch unartige Kinder mit, deshalb solle ich immer darauf hören, wenn sie mir etwas sagte. Und genau das tat ich, ich funktionierte bestens, problemlos und präzise. Vor allem aber war ich immer heilfroh, dass er mich nicht mitgenommen hat.

Die junge Ehe meiner Eltern wurde schon früh auf eine gewaltige Probe gestellt, denn mein Vater erkrankte an Kehlkopfkrebs und sollte in Heidelberg operiert werden. Diese Operation hieß, Kehlkopf raus und nie mehr sprechen können. Die Ärzte gaben ihm nur noch ein Jahr zu leben und rieten ihm, das Notwendige zu Hause zu regeln. Diese Operation beendete seine geplante Laufbahn für den gehobenen Dienst bei der Bahn. Um ihm in dieser schweren Zeit nahe zu sein, arbeitete meine Mutter auf einer Station im Klinikum Heidelberg, wo sie das Los meines Vaters begleitete und das Schicksal die Weichen stellte für beider Leben.

Es gibt eine Geschichte hierzu, die mein Vater mir Zeit seines Lebens oft erzählte und die ihn bis an sein Ende beschäftigte. Als der Tag der Operation kam und die Aufklärung durch den zuständigen Chefarzt erfolgte, der ihm sagte, dass er nach der Operation nicht mehr würde sprechen können, lief er kopf-, plan- und ziellos durch Heidelberg und landete am Bahnhof auf einer Brücke, die über die Gleise führte. Dort oben stand er und wollte seinem Leben ein Ende setzen, also runterspringen. Auf einmal sei ich neben ihm gewesen, hätte ihn angeschaut und ihn an die Hand genommen, so erzählte er es mir oft. Einen kurzen Moment nur soll dies gedauert haben, obwohl ich ja nicht körperlich anwesend war, sondern weit weg bei den Großeltern. Dieser Moment habe genügt, dass er mit sich ins Gericht gegangen sei und beschlossen habe, sein Leben nicht achtlos wegzuwerfen. Dann ist er zurückgegangen ins Krankenhaus und wurde operiert. Doch bei allem Unglück, das nun begann, hatte er auch Glück. Der dortige Chefarzt nahm ihn unter seine Fittiche und er erlernte mit eisernem Willen eine Sprache wie ein Bauchredner. Später meinten die Leute, er sei stark erkältet, wenn er sich mit ihnen unterhielt. Aber er konnte sich verständigen.

Viel kann ich nicht über meine Kleinkindzeit sagen. Auf einmal gab es, ich war sechzehn Monate alt, ein Geschwisterkind. Im November 1956 gesellte sich eine kleine Schwester dazu, Annalena. Sie war, so erzählte es mir meine Mutter später, ihr Mutmacher für ihren schwerkranken Mann gewesen, der damals in der Klinik in Heidelberg lag. Sie wollte ihm wieder Lebensmut geben und Hoffnung auf ein gemeinsames Leben und die Zukunft machen. Ein Kind also in einer traurigen und ausweglos erscheinenden Situation. Ich war wieder oft bei den Großeltern im Ruhrgebiet, dann kurz bei meinen Eltern, während meine Schwester häufig bei der Großmutter an der Ahr war. So hatten wir beide kaum Kontakt miteinander und sahen uns nicht viel in unserer Kinderzeit.

MEINE ELTERN

Meine Eltern wurden 1927 und 1928 geboren, sie
waren also noch Kinder, als der Krieg ausbrach
hier in Deutschland. Diese Zeit, die des Hun-
gerns, aber auch, dass sie Sachen sehen mussten,
die nicht für Kinderaugen bestimmt sind, wie es
im Krieg Normalität ist, hat beide geprägt. Sie
waren sehr gezeichnet von den Kriegswirren,
über die sie nie sprachen, und haben besonders
eines dadurch gelernt: Um zu überleben, mussten
sie verdrängen. All die Gräuel, den grausamen
Tod und die anderen schlimmen Erfahrungen,
mit denen sie nicht fertig wurden, wurden ins
Unterbewusstsein verschoben.
Die Wichtigkeit und die Stellung eines Sohnes in
einer Familie war bei meinem Vater durch die
Propaganda des Krieges noch sehr präsent. Er
war der Älteste von fünf Geschwistern und
musste schon früh sehr hart für und in seiner Familie arbeiten und Nahrung beschaffen. Er hatte
sich so sehr Söhne gewünscht und war nun mit
zwei Töchtern „gestraft" worden. Ja, ich schreibe
ganz absichtlich gestraft, denn der Wunsch, einen
Sohn zu haben, war derart in ihm verankert, dass
er uns zwei Mädchen wie Jungen erzog. Wir lernten früh Härte gegen uns selbst, bedingungsloses

Funktionieren, sowie absoluten Respekt und Gehorsam gegenüber den Eltern. Aber auch, stets über unsere Kräfte und Ressourcen zu gehen, uns nicht hängen zu lassen, sondern zu kämpfen, Probleme stets anzusprechen, sie anzugehen, sie rasch zu erledigen und danach nie mehr darüber zu reden. Augen zu und durch, war die Parole, mehr als für ein Kind gut und normal gewesen wäre. Wir haben auch noch lange als Erwachsene nur funktioniert. Dieser Anspruch der Stärke und des Willens durchzuhalten hat mich später sehr viel Kraft und Gesundheit gekostet.

Trotz seiner Strenge erhielt sich mein Vater einen Teil seines rheinischen Humors und seinen Hunger auf Leben bis ins hohe Alter. Wir Kinder fürchteten aber auch sein aufbrausendes Wesen. Sein Wort war wie die Bibel. Widerworte wurden nicht geduldet und in kurzer Zeit war er ein uneingeschränkter Herrscher und zwar für alle Menschen in seinem näheren Umfeld. Ja, er hatte etwas Despotisches an sich. Ich bin mir sicher, das rührte auch daher, dass er nie schreien konnte aus Wut, Zorn, Verzweiflung oder Frust. Er regierte seine Familie mit eiserner Faust.

Meine Mutter, gezeichnet von einer bereits länger bestehenden psychischen Erkrankung, war total überfordert mit meinem Vater, seiner Operation und uns Kindern. Einige Male musste sie deshalb ins Krankenhaus zu „Therapien". Sie suchte Anerkennung und Bestätigung für sich, doch sie suchte auch ihren Vater, der nie für sie da gewesen war, nie die Vaterrolle übernommen hatte, da er dem Alkohol sehr zusagte und an einer Steinstaublunge erkrankt war, die mit heftiger Luftnot einher ging. Ihre beginnende Alkoholabhängigkeit drückte diese Sehnsucht nach väterlicher Liebe, Zuwendung und Verständnis des männlichen Elternteils, aus. Ihre Abhängigkeit war letztlich eine ergebnislose Suche nach ihm, Zeit ihres Lebens. Doch das erfuhr ich erst viel später in einer Familienaufstellung.

Meine Mutter war sehr musikalisch. Sie spielte Mandoline, Mundharmonika und Akkordeon. Viele Lieder brachte sie uns bei und wir sangen gerne als Kinder mit ihr, besonders an Weihnachten oder später im Urlaub.

1958 zogen meine Eltern mit meiner Schwester und mir nach Ludwigshafen am Rhein, wohin mein Vater dienstlich versetzt wurde. Wir Kinder waren sehr oft bei der dortigen Nachbarin, die selbst keine Kinder hatte, aber uns immer eine Freude bereitete mit selbstgemachten Kartoffelchips. Ihr Mann war auch sehr kinderlieb und

spielte viel mit uns. Doch auch in dieser Zeit
wurden wir Kinder oft getrennt und wieder zu
den Großeltern verbracht, ohne dass man uns
eine Erklärung dafür gab. Wenn ich auch ein
Kind war, so merkte ich doch, dass es meiner
Mutter nicht gut ging. Oft hatte sie ein Glas Rotwein mit einem Ei drin und Traubenzucker auf
einer Ablage in der Küche stehen und sagte, dies
gebe ihr Kraft.
Mein engster Freund in dieser Zeit war ein brau-
ner Steiff-Teddy der, wenn man ihn kippte, ein
lautes „Möööh!" von sich gab. Ihm erzählte ich
immer meinen Kummer, meine Sorgen und alles,
was mir wichtig war. Nach seinem „Möööh!"
hatte ich immer das Gefühl, er habe mich verstanden und sei genauso traurig wie ich.

UMZUG AN DIE MOSEL

Im Jahr 1960 wurde mein Vater nochmalig
dienstlich versetzt, von Ludwigshafen nach Trier.
Meine Eltern zogen mit uns Kindern an einem
eiskalten Wintertag an die Mosel in die Doppelhaushälfte eines Holzständerhauses, in einem
kleinen Ort in die Nähe von Trier. Es wurde viel

improvisiert, bis das Zusammenleben einigermaßen klappte.
Alles war so anders für mich als Kind hier, ganz anders als bei meinen Großeltern im Ruhrgebiet. Der Himmel war heller, viel heller. Die meisten Menschen am Ort, überwiegend Männer, arbeiteten bei der Bahn in Trier. Es war eine regelrechte Völkerwanderung morgens, wenn sie eiligen Schrittes zum Bahnhof gingen, um mit dem Zug nach Trier auf die Arbeit zu kommen. In dem neuen Ort gab es viele Geschäfte und noch mehr Wirtschaften. Hier trafen sich abends die Männer nach ihrer Arbeit, tranken Bier, aßen Soleier aus dem Glas, das auf der Theke stand, und redeten über ihren beruflichen Alltag. Zwei der Wirtschaften hatten eine Kegelbahn, die von den Männern als Zeitvertreib und Abwechslung zu ihrem Zuhause viel genutzt wurde. In einer Wirtschaft gab es auch einen Saal, in dem sich die Menschen zum Tanzen trafen. Es gab zudem zwei Metzgereien, eine Drogerie, ein Knopf- und Stoffgeschäft, einen Schuster, ein Blumengeschäft und einen Schneider, also alles, was man brauchte. Eine Händlerin bei uns um die Ecke verkaufte Heiligenbildchen, Fleißkärtchen für die Kinder mit Käthe-Kruse-Figuren darauf für die Schule, Rosenkränze und Zigarren. Die mussten wir bei ihr für unseren Vater immer kaufen.

„Fehlfarben" hießen die, denn mein Vater rauchte gerne Zigarren und meine Mutter Zigaretten.

Im Ort wohnte auch ein netter Gendarm, der den lustigen Namen Herr Lalla hatte. Er sorgte dort alleine für Recht und Ordnung und war ein respektierter und geachteter Polizist. Natürlich gab es auch einige Friseure. Einer von ihnen hatte einen Kinderhochsitz mit einem Pferdekopf aus Holz davor. Das Kind wurde auf den Hochstuhl gesetzt und dann, damit es ruhig saß, kam der Pferdekopf davor. Viele Kinder, besonders die Mädchen, hatten eine kurze Einheitsfrisur. Der Stolz des Ortes aber war ein altes Kloster im gleichen Baustil wie der Bahnhof. Von hier fuhren Züge nach Frankreich, Luxemburg oder ins Saarland, ebenso nach Trier und Koblenz. Es gab in dem Bahnhof eine Fahrkartenausgabe, die später ein engagierter junger Mann besetzte, der für jeden, der durch den Bahnhof zum Zug musste, ein gutes Wort hatte.

Entlang unseres Ortsteils floss die Mosel. Diese wurde erst einige Jahre später für die Schifffahrt kanalisiert und ich erinnere mich daran, dass sie in den 1960er Jahren sogar mal zugefroren war. Welch ein Spaß für die Menschen auf beiden Seiten, über die Eisschollen auf die jeweils andere Seite zu kommen.

So war es damals eben.

Wir hatten ein kleines Stück Garten direkt hinter dem Haus mit einem Stall, auf den man aus dem Küchenfenster blickte. Als Kind wünschte ich mir zu Weihnachten jedes Jahr ein Pony, um es da hineinstellen zu können. Jedes Jahr wurde es mir versprochen, aber nie wurde das Versprechen eingelöst. Weitere Gartenparzellen wurden von anderen Menschen bepflanzt und bewirtschaftet. Im Laufe der folgenden Jahre kauften meine Eltern Teile dazu. So konnten wir von frischem Gemüse und Obst aus dem Garten leben, welches mein Vater dort anbaute. Es gab Himbeeren und Brombeeren, Johannisbeeren in Rot und Schwarz, Mirabellen, Kartoffeln, Möhren, Erdbeeren und Kohlrabis, sowie Äpfel und Birnen. Praktisch war auch ein Brunnen, den fast jeder hier zum Bewässern der Pflanzen in seinem Garten hatte und der, dank des niedrigen Grundwasserspiegels, stets gut gefüllt war. Jede Jahreszeit brachte andere Arbeiten für den Garten, den mein Vater allein bewirtschaftete. Wie damals üblich, wurde unser Haus mit Kohlen und Briketts geheizt, bevor die Nachtspeicheröfen in der Stadt Einzug hielten.

Mit den Bewohnern der anderen Doppelhaushälfte wurde in einem gemeinsamen Kellerraum ein großer Wäschezuber betrieben. Angeheizt,

Wäsche rein, auf dem Waschbrett geschrubbt
und dann rausgehängt zum Trocknen. Welch
eine Arbeit, welche Plage war das für die Menschen damals.

Unsere Betten bestanden aus drei Matratzen und
einem dicken Oberbett, unter dem man uns Kinder fast nicht mehr sah. Im Winter, wenn Eisro-
sen an den Fenstern waren, bekamen wir anfangs
gewärmte Ziegelsteine aus dem Ofen ans
Fußende gelegt, später bauchige Kupferkannen
mit heißem Wasser, damit es nicht zu kalt für uns
wurde im Bett. Meine Schwester kaute häufig an
ihren Fingernägeln. Da schmierte ihr meine Mutter Senf drauf und verband ihr die Hände über
Nacht. Das würde sie von dieser Unart abhalten,
meinte sie. Unter dem Bett stand anfangs ein
Nachttopf für uns, damit wir nicht durch das
kalte Haus laufen mussten, um auf die Toilette zu
gelangen.
In unserem Haus gab es keine Privatsphäre.
Meine Schwester und ich bewohnten bis zu unserem 18. Lebensjahr gemeinsam ein Zimmer, das
für uns außer Schlafzimmer auch Aufenthalts-
und Rückzugsort war. Wenn die Eltern etwas
Wichtiges zu besprechen hatten, wurden wir in
dieses Zimmer geschickt und hinter verschlossener Küchentüre sprachen und besprachen die
beiden dann ihre Probleme. Ich kann nichts

darüber sagen, wie wir, meine Schwester und ich, in dieser Zeit harmoniert haben bei und mit unseren Eltern, denn es gab nicht viele Berührungspunkte zwischen uns. Sie ließ sich aber immer viele Nickeligkeiten einfallen, um mich zu ärgern. Wenn ich zum Beispiel abends für den Vater eine Flasche Bier aus dem Keller holen sollte, machte sie regelmäßig das Licht aus und die Kellertüre zu. Sie fand es toll, wenn ich dann um Hilfe rief, weil ich mich im Dunkeln fürchtete. Ich merkte auch früh, dass meine Mutter ihr schneller Recht gab und sie öfter in Schutz nahm. Wenn wir Kinder uns stritten, wurde dies sehr schnell von ihr beendet mit den Worten: „So, gebt euch jetzt einen Kuss und vertragt euch wieder", was wir dann, wenn auch immer noch wütend auf den anderen, auch taten beziehungsweise tun mussten.

Leider hatten wir anfangs mit den wenigen Kindern in unserer Straße sprachliche Verständigungsprobleme, denn wir sprachen Hochdeutsch. Sie hielten uns deswegen für Flüchtlinge. Uns ging es anfangs genau so, wir verstanden den Dialekt, das Moselfränkisch der Kinder nicht. Aber, und das ist das Schöne bei Kindern, sie lernen schnell und spielend und so ging es uns auch. Die Straße vor unserem Haus war noch nicht asphaltiert, es war eine Staubpiste, sehr uneben und mit Steinen übersät. Direkt vor unserem Haus lag die Bahnlinie nach Luxemburg und Frankreich. Zur damaligen Zeit fuhren viele Soldaten aus Trier, das eine Garnisonsstadt der französischen Armee war, am Wochenende in ihr Heimatland. Dann standen wir Kinder immer am Bahndamm und winkten ihnen und sie uns zu. Manchmal warfen die Soldaten uns aus den Zugfenstern Äpfel zu, um uns eine Freude zu machen. Die Züge wurden damals noch von riesigen schweren eisernen Dampfloks gezogen, die weißen oder dunklen Qualm in die Luft bliesen. Es roch oft nach Kohle.

Wenn wir mit unseren Eltern im Ort unterwegs waren, zum Beispiel einen Spaziergang machten, mussten wir Mädchen einen Knicks vor jedem machen, der uns begegnete und die Person dann mit „Guten Tag, Herr Meier, guten Tag, Frau Müller" ansprechen. Ein absolutes Muss! Überhaupt achteten meine Eltern sehr darauf, wie die Menschen um uns herum auf sie reagierten.

Wenn ein Sturm aufzog oder ein Gewitter, saßen wir Kinder mit der Mutter auf der Holztreppe im Haus und mussten mit ihr beten, dass unser Haus verschont bleiben möge von Unwettern und Blitzen. Sie hatte immer eine Riesenangst, da das Haus aus Holz war. Diese Angst übertrug sie auch auf uns Kinder.

Etwas Schönes zu Hause war, dass meine Mutter es liebte, zu singen. Selten wurde das Radio angemacht oder Schallplatten aufgelegt, aber Lieder aus dem Leben, Volkslieder eben, die wurden von uns gesungen. Entweder klapperte die Mühle am rauschenden Bach oder Mariechen saß weinend im Garten, es blühte die Erika in der Heide, die hohen Tannen wiesen die Sterne und das Wandern war des Müllers Lust. Es waren Lieder, deren Texte ich noch heute kenne. Dabei sang meine Mutter immer die zweite Stimme, was sich für uns schön anhörte.

Mein Vater hatte sich in die Musik von James Last verliebt und hörte gerne Operetten und Opern-Ouvertüren. Durch eine Bekannte, die in einem Schallplattenladen arbeitete, bekamen wir sogar kleine „Schallplatten" aus Papier. Wenn man die auf den Plattenspieler legte, fuhr der Tonarm drüber und man erhielt Tipps und Infos zu neu erschienenen Schlagern und Sängern.

Mein Vater war sehr fromm erzogen worden. Kirche war überwichtig für ihn. Ein schöner Brauch war es deshalb, dass er, bevor er einen Laib Brot anschnitt, mit einem Brotmesser natürlich, denn es gab ja noch keine Brotmaschinen, das Kreuzzeichen auf den Brotlaib machte, als Dank quasi.

Ein Festtag war infolge der Religiosität der Namenstag eines jeden. Geburtstage wurden noch nicht beachtet. Dann kam immer ein Glückwunsch von den Omas zum Festtag in Form eines Briefes mit etwas Geld drin und es wurde ein Kuchen gebacken. Eigentlich gab es immer Marmorkuchen bei uns.

Gerne denke ich auch an die Weihnachtstage zurück. Das war natürlich immer der Höhepunkt des Jahres in unserer Familie. Im Monat Dezember durften meine Schwester und ich nach Trier ins Stadttheater. Alle Sitze dort waren komplett besetzt mit Kindern jeden Alters. Es wurde viele Jahre „Peterchens Mondfahrt" als Weihnachtsmärchen und zur Einstimmung auf die Weihnachtszeit aufgeführt. Das war etwas, das mich total faszinierte und verzauberte. Ich flog mit Peterchen zum Mond und erlebte immer hautnah, wie er das Beinchen von Herrn Sumsemann zurückbrachte. Im Anschluss an diese Aufführungen stand der Nikolaus auf der Treppe des Theaters und jedes Kind bekam vom ihm eine Tüte mit viel Süßem drin. Wir wussten doch nicht, dass die Deutsche Bahn das organisiert hatte, für die Kinder der Bediensteten.

Die Wohnung wurde am Weihnachtsvortag geputzt und am Heiligen Abend war vormittags für alle Badetag. Wir Kinder kamen in eine

Zinkwanne, die wir eh einmal in der Woche abwechselnd bestiegen. Es wurden zwei Stühle zusammengestellt und die mit warmem Wasser vom Ofen gefüllte Zinkwanne darauf platziert. Danach wurden wir eingeseift, abgetrocknet und schön angezogen. Auch meine Eltern zogen sich für den Festtag immer etwas besonders Schönes an. Meine Mutter entschied sich oft für ein langes Kleid und mein Vater für einen Anzug. Wir Kinder warteten in unserem Zimmer, bis das Glöckchen aus dem Wohnzimmer erklang, welches uns signalisieren sollte, das Christkind sei da. Dann betraten wir mit roten Backen und ganz aufgeregt das Wohnzimmer. Natürlich wollten wir viele Jahre lang das Christkind auch mal kennenlernen, doch meine Mutter sagte immer: „Gerade ist es fort geflogen weil es noch zu anderen Familien und Kindern muss." Im Wohnzimmer stand ein Tannenbaum, geschmückt mit einigen Kugeln, Lametta und echten Kerzen, der den Raum erhellte und eine mystisch schöne Atmosphäre schuf. Es war eine besondere Stimmung für uns Kinder. Wir sollten erst ein Gedicht aufsagen, um uns würdig zu zeigen für die Geschenke des Christkindes. Dann spielte meine Mutter Weihnachtslieder auf der Mundharmonika oder dem Akkordeon und wir sangen dazu. Die Geschenke waren damals noch praktisch ausgesucht, ein

Leibchen zum Warmhalten oder Unterwäsche. Das Schönste war ein Leckerteller mit Süßem drauf. Das war damals eine Orange, einige Nüsse und Äpfel, dazu Plätzchen, die schon wochenlang vorher gebacken und versteckt worden waren.

Als wir Kinder schreiben konnten, also in der Schulzeit, gab es für die Eltern zu Weihnachten eine Weihnachtskarte und selbstgebastelte Sterne aus Stroh oder Aluglanzfolie aus dem Unterricht. Und was wünschte sich unsere Mutter jedes Jahr von uns? Immer nur, liebe Kinder zu haben. Sonst nichts.

Weihnachten, das bedeutete für uns Kinder früher auch dicke Schneeflocken. Das Wetter war noch stimmig und die Winter hart. Oft klopfte es kurz nach der Bescherung an unser Wohnzimmerfenster und da standen, wie Schneemänner, der Opa und die Oma aus dem Ruhrgebiet, die mit dem Zug angereist waren, um mit uns Weihnachten zu feiern. Auf diesen Besuch freute ich mich immer besonders, denn die Großeltern gingen einige Tage nach Weihnachten mit uns zum Essen aus. Wir besuchten eine nahegelegene Wirtschaft, in der der Chef selbst kochte. Dann durfte ich beim Essen immer meine Bratensoße mit Kartoffeln und Salat zusammenpanschen. Ich fand das superlecker!

Meine Oma hatte eine besondere Gabe, auf Fragen mit einer Weisheit zu antworten. Diese verstand ich früher aber noch nicht, erst in späterer Zeit. Ihr Lieblingsspruch war: „Spare, lerne, leiste was, dann hast du, bist du, kannst du was." Oder: „Was Hänschen nicht lernt, lernt Hans nimmermehr." Wenn wir mit ihr über die Eltern sprachen, sagte sie gerne: „Sei deiner Eltern Freude, beglücke sie durch Fleiß, dann erntest du im Leben dafür den schönsten Preis." Solche Sprüche verfestigten sich natürlich durch die Häufigkeit des Aufsagens und noch heute sind sie mir geläufig.

Ich erinnere mich auch, dass meine Eltern an Weihnachten immer eine brennende Kerze auf die Fensterbank stellten. Wenn wir sie fragten, warum diese dort stehe, sagten sie uns, die sei für die Menschen in Ostdeutschland, die bräuchten das Licht.

SCHULE UND KIRCHE

Während meine Schwester den Kindergarten am Ort besuchte, der von einer strengen Nonne geleitet wurde, kam ich in die Volksschule. Ich war ein sogenanntes Kann-Kind, denn ich war von meinem Alter her noch nicht ganz schulpflichtig. Es begann also schon früh der Ernst des Lebens für mich.

Eine Schulklasse bestand damals aus zwei Jahrgangsklassen in einem Raum, die nacheinander unterrichtet wurden. Der Direktor kontrollierte jeden Morgen, ob jemand von den Schülern Fingernägel gekaut hatte, und schlug demjenigen dann mit einem Rohrstock auf die Finger. Wenn er die Klassentüre aufmachte, sprangen wir Schüler auf und riefen: „Guten Morgen, Herr Direktor!" Dann legten wir die Hände gerade ausgerichtet auf unser Pult und er ging reihum und kontrollierte die Fingernägel. Unsere Lehrerin, die nur kurze Zeit lang bei uns blieb, schlug den Jungen oft mit einem Rohrstock auf die Oberschenkel und drehte den Mädchen, wenn sie während des Unterrichtes miteinander redeten, die Ohren schmerzhaft um.

Meine Schulklasse bestand aus zehn Kindern, allesamt katholisch. Die evangelischen Kinder besuchten eine eigene Schule am Ort. Unser Schulranzen war aus Leder mit einem Schwamm außen dran, einem Griffelkasten und einer Schiefertafel drin, auf der wir das Schreiben übten. Einmal in einem halben Jahr war Wandertag. Wir fuhren nirgendwo hin, nein, wir wanderten wirklich noch in der näheren Umgebung auf einen Berg, hatten im Ranzen ein Butterbrot oder einen Apfel und verspeisten dies mit viel Appetit, wenn die Lehrerin uns im Gras niedersitzen hieß.

Bald kam eine neue, sehr nette Lehrerin, die uns Kinder auch wirklich als Kinder sah und an Karneval einen Nachmittag mit uns in der Schule organisierte, um das zu feiern. Wir durften uns maskieren und so bunt angezogen in die Schule gehen. Dann spielte sie mit uns Zirkus (wir hatten bis dahin noch keinen gesehen). Es gab den Clown, den Cowboy, den Indianer, die Prinzessin, die Seiltänzerin und den Zirkusdirektor. „Alle sind für den Zirkus wichtig", sagte sie zu uns. Daran denke ich heute noch gerne zurück. Das Schönste aber war, dass wir sie über unsere gesamte Volksschulzeit behielten. Wenn wir gute Noten bekamen, wurden diese immer mit einem Fleißbildchen von ihr belohnt, die in dem kleinen Laden am Ort verkauft wurden. Um diese Bildchen setzte ein richtiges Wetteifern ein.

Meine Schulfreundin hieß Martina. Wir standen schon am ersten Schultag mit unseren Schultüten nebeneinander mit unseren Müttern in der Klasse und blieben über die gesamte Volksschulzeit befreundet. Sie war so alt wie ich und wir saßen auch im Unterricht nebeneinander. Ich liebte Diktate und besonders Lesen und Schreiben. Als einzige Schülerin in meiner Klasse glaubte ich mit über sechs Jahren noch an den Osterhasen. Als ich meinen Glauben daran vehement vor den Jungen der Klasse verteidigte, wurde ich von ihnen ausgelacht. Total erbost kam ich nach Hause und konfrontierte meine Mutter damit, dass die Kinder in der Schule gesagt hätten, es gebe keinen Osterhasen. Woraufhin sie nur lapidar meinte: „Es war aber schön, solange du an ihn geglaubt hast."
Einige Jungen aus der Klasse waren auffällig und aggressiv. Sie suchten sich das schwächste Glied in der Klasse, ein Mädchen, das sich nicht wehren konnte, aus, um es im Winter mit Schneebällen zu bewerfen, auf dem Heimweg zu ärgern oder so rüde an seinem Schulranzen zu ziehen, dass es hinfiel.
Ein Zahnarzt besuchte einmal im Jahr die Klassen und begutachtete unsere Zähne. Wenn sie gepflegt waren, bekamen wir einen Zahnbecher, Zahnbürste und Zahncreme. In den ersten

Schuljahren kam auch regelmäßig ein Bus, der eine Röntgenstation beherbergte. Darin wurden wir Kinder auf Tuberkulose untersucht. Jedes Jahr machte ein Marionettentheater Halt an unserer Schule und spielte uns ein Stück mit dem Verkehrskasperl vor. Der führte uns zusammen mit dem Polizisten, seiner Großmutter und einem Krokodil spielerisch vor, wie man sich im Verkehr zurechtfindet und was man unbedingt beachten soll, um nicht von einem Auto überfahren zu werden. Für diese Aufführung wurde eine kleine Kulisse aufgebaut und wir Kinder saßen dicht an dicht gedrängt vor dieser und fieberten mit Kasperle mit, wenn das Krokodil oder ein Bandit etwas Böses gegen ihn im Schilde führte.

Ein Lehrer war, genau wie ein Pastor, zur damaligen Zeit eine hochgeachtete Persönlichkeit und Respektsperson des öffentlichen Lebens. Daher unternahm kein Elternteil etwas gegen Züchtigungen oder Übergriffe dieser Obrigkeiten. Der Lehrer hatte in ihren Augen immer Recht. Das Züchtigen der Kinder, besonders der Jungen, setzte sich in der Kirche fort. Dort war es ein alter Mann, der sich das Recht nahm, natürlich mit Einverständnis des Pfarrers, während des Gottesdienstes die Kinder, besonders die Jungen, die miteinander redeten, an den Ohren aus der Bank zu ziehen, auch zu zerren und sie bis zum Ende des Gottesdienstes im Gang stehen zu lassen. Jeder konnte dies sehen in der damals noch gut gefüllten Kirche, doch niemand tat etwas dagegen. Es herrschte in den Gottesdiensten eine strikte Hierarchie. Die Jungen saßen vorne rechts, wenn man die Kirche betrat, und hinter ihnen die Männer. Die Frauen und Mädchen mussten auf der linken Seite Platz nehmen. Der sonntägliche Kirchgang war absolute Pflicht und der damalige Pastor musste eine gute Quelle gehabt haben, um die Unmengen an Weihrauch zu kaufen und damit zu räuchern. Oft fielen die Kinder in den ersten Reihen um oder es wurde ihnen schlecht von diesem intensiven Geruch. Der Pastor war ein durch und durch geachteter Theologe, der eine volle Kirche stets für seine langen Predigten nutzte. Als Kind war ich immer fasziniert von den schönen Kirchenliedern wie „Großer Gott, wir loben dich" und die Osterlieder von der Auferstehung Jesu, aber besonders gerne sang ich laut die Marienlieder mit. Da fühlte ich mich dem lieben Gott nahe und stellte mir vor, dass er sich jetzt besonders über mich freute. Ein jüngerer Küster, der begnadet und laut die Orgel spielte, trug zu diesem Feeling bei.

Der katholische Priester war oft ekelhaft zu den Jungen in der Klasse. Er schlug ihnen viel zu oft auf die kleinen Hände, was ihm offensichtlich viel Freude machte. Doch als angesehene Person der Öffentlichkeit wurde er von den Erwachsenen geachtet, hofiert und verehrt, während viele Kinder zitterten, wenn sie ihn sahen.

Dieser Pastor und seine Haushälterin, die immer mit dem Kopf wackelte und bei uns Kindern nicht beliebt war, lehrten in der Schule das Fach Religion. Wir hörten viel von Strafe, Sünde, Fegefeuer, Satan und Hölle sowie Gehorsam gegenüber der Kirche und ihren Vertretern. Natürlich wollten wir Kinder in den Himmel kommen und gelobten bei jeder sich bietenden Gelegenheit, dass wir immer keusche Gedanken haben wollten und nie lügen würden. Dass wir immer die Kirche achten und alles tun würden, um gute Menschen und noch bessere Christen zu sein. Der liebe Gott sollte sich freuen über unsere Taten.

Die Intensität der Erklärungen des Pastors über die Hölle und das Fegefeuer trug zu unseren Ängsten und Albträumen bei, genau wie die Vorstellung vom Teufel. Der versuche einen ständig auf seine Seite zu ziehen, erzählte uns der Pastor oft.

In der damaligen Zeit hielt die Kirche noch Prozessionen ab, so auch an Mariä Himmelfahrt. Dann ging dieser Pastor unter einem Baldachin, welcher von vier Männern getragen wurde, lauthals singend und betend den Weg zu einer, für uns Kinder weit entfernten Kapelle und fast der ganze Ort lief hinterher, singend und betend und festlich gekleidet. Nach einem Kurzgottesdienst am Ziel und dem Segen des Pfarrers löste sich die Menschenmenge auf und es ging nach Hause zum Sonntagessen.

Viele Frauen unseres Ortes gestalteten den Festtag Fronleichnam mit. Da wurden, vor Altären, die in alle vier Himmelsrichtungen des Ortes aufgestellt worden waren, aus Blüten, Blumen und Pflanzen schöne Bilder, Motive und Blütenteppiche gefertigt. An diesem Tage besuchte der Pastor mit der ganzen Gemeinde die vier Altäre und alle beteten gemeinsam davor.

Eine schöne Tradition war es auch, zu Weihnachten in der Kirche eine große Krippe aufzubauen mit allen Figuren der Weihnachtsgeschichte. Da saß eine kleine Figur mit dunklem Aussehen darin, ein Mohr, wie er hieß, der ein Kästchen vor sich auf dem Schoß hatte. Wenn man eine Münze einwarf, nickte er stets dankbar mit dem Kopf.

Die Frauen trugen im Haus und bei der Gartenarbeit täglich Kittelschürze und viele hatten ein Kopftuch umgebunden. Einige begannen, um Geld zu verdienen, mit einer Verkaufstätigkeit als

Avon-Beraterin. Sie gingen mit einem Koffer voll Kosmetiksachen der Firma, also Lippenstiften oder Duftflakons, von Haus zu Haus und priesen ihre Produkte bei einer Tasse Kaffee und einem gemütlichen Gespräch an in der Hoffnung, einiges davon verkaufen zu können. Auch uns besuchte eine solche Beraterin und bevor sie wieder ging, bekamen meine Schwester und ich von ihr manchmal einen kleinen Lippenstift geschenkt. Die Herren der Schöpfung waren die „ungekrönten Könige". Als Alleinverdiener hatten sie meist das Sagen und die Übersicht über die Finanzen. Für sie stand Flaschenbier im Keller, das noch Bügel als Verschluss hatten. An Samstagen wurde bei uns der Nudelteig für die sonntägliche Rindfleischsuppe vorbereitet, getrocknet wurde er auf einem Besenstiel und am nächsten Tag geschnitten. Fleisch war noch ein kostbares Gut und nur für den Sonntag vorgesehen, es wurde allerdings schon samstags zubereitet. Das größte Stück gebührte noch viele Jahre immer dem Mann, meinem Vater.

Am Sonntag ging mein Vater nach dem Mittagessen mit uns Kindern regelmäßig auf den nahen Berg spazieren. Immer und immer wieder die gleiche Strecke. Jeden Sonntag! Meine Mutter ging nie mit. Sie müsse sich ausruhen, hieß es, sie werde unsere Abwesenheit für einen kleinen Schlaf nutzen. In einem Tante-Emma-Laden um die Ecke gab es frische Kuhmilch, die wir in Blechkannen holten und später auch frische geschlagene Sahne. In eine Schüssel gefüllt, die wir dorthin mitnahmen, gab es diese für 10 oder 20 Pfennig. Manchmal durfte ich mir für den Schulweg, natürlich zu Fuß, ein Brötchen mit einem Mohrenkopf kaufen in einer Bäckerei, die auf dem Weg lag. Der Chef und Bäckermeister wurde Sprecher bei Radio Luxemburg und war eine Persönlichkeit im Ort. Die Küche unseres Hauses war Versammlungs-, Besprechungs- und gemeinsamer Essensort für die Familie. Das Wohnzimmer wurde, wenn überhaupt, nur sonntags kurz benutzt. Ein Fernseher kam erst später dazu. Das war in der Anfangszeit ein ganz besonderes Erlebnis. Es hieß, der Fernseher strahle und man dürfe nur fünf Minuten am Tag davorsitzen, so die Aussage meiner Eltern. Da lagen meine Schwester und ich auf dem Teppich vor dem Gerät und als sich das Bild gerade aufgebaut hatte, war fast schon wieder Schluss mit Gucken. Soweit ich mich erinnern kann, haben wir gerne die „Augsburger Puppenkiste" gesehen, den „Kater Mikesch" und später „Jim Knopf" und „Pinocchio". Es gab auch andere schöne Sendungen wie die mit dem mutigen Hund Rin Tin Tin, Mister Ed, dem sprechenden Pferd, und Fury. Später „Flipper" und die „Bezaubernde Jeannie". Sprüche wie „Und seine große Stunde kam, immer wenn er Pillen nahm" sind mir heute noch im Kopf, er gehörte zu einem Film, dessen Held eigentlich recht farblos war, aber viel Kraft bekam, wenn er seine Pillen nahm. Stanley Beamish hieß er.

Als ich in der zweiten Klasse war, meldeten meine Eltern uns Kinder zum Klavierunterricht bei einer älteren, alleinstehenden Klavierlehrerin an. Dies machte mir große Freude und sie hielt mich für begabt, dieses Instrument zu erlernen. Leider dauerte diese Freude nur zwei Jahre, dann zog die Dame weg und es wurde nie mehr daran angeknüpft, meine Fähigkeit zu fördern.

NEUE HERAUSFORDERUNGEN FÜR MEINE MUTTER

Meine Mutter begann am neuen Ort, wir wohnten gerade drei Jahre dort, als Gemeindeschwester zu arbeiten. Ihr Arbeitgeber war die katholische Kirche und ihr Vorgesetzter der bereits beschriebene Pastor, der nun oft zu uns nach

Haus kam. Wenn er unsere Mutter besuchte, mussten wir Kinder uns jedes Mal auf sein Geheiß hin auf seinen Schoß setzen, was uns Unbehagen einflößte, von meiner Mutter jedoch unterstützt wurde. Diesem Pfarrer sollten meine Schwester und ich oft, im Auftrag der Mutter, Medikamente ins Pfarrhaus bringen. Zu diesem Anlass zog sie uns immer ein schönes Kleidchen an. Mir waren das Pfarrhaus und die damalige Haushälterin mehr als suspekt und mein Gefühl belog mich nicht, es hatte etwas grausam dunkel Gruseliges. Der Herr Pastor war der Arbeitgeber meiner Mutter, er war die Person, die uns Kinder zur Kommunion führte und firmte. Sein dunkles Geheimnis kam erst viel später ans Licht.

Direkt neben unserem Wohnzimmer, genauer gesagt zwischen Wohnzimmer und Küche, befand sich nun eine neu eingerichtete Behandlungspraxis für die Patienten meiner Mutter. Diese war mit allem ausgestattet, was man für die Behandlungen brauchte: einer Krankenliege, einem großen Rotlicht, einem Schrank mit Medikamenten und einem Sterilisator für die Spritzen, die sie damals noch selbst säubern musste. Die Kranken kamen tagsüber, aber auch nachts aus unterschiedlichsten Gründen und mit unterschiedlichsten Krankheiten. Meine Mutter wurde zu Geburten gerufen, gab den Patienten hier zu

Hause Rotlicht, Spritzen und Medikamente, machte Einreibungen und Ohrspülungen. Sie war eine gute Krankenschwester, fachlich firm und hatte immer einen guten Rat oder Tipps für andere Menschen und ein offenes Ohr für deren Anliegen. Der Beruf war für sie wichtig und stand immer an erster Stelle, weil sie durch ihn Anerkennung bekam. Erst danach kam für sie ihre Familie.

Der Pastor war es auch, der unser erstes Auto, einen VW Käfer, im Rahmen einer Zeremonie im Vorgarten segnete. So richtig mit Talar, Weihwasser und vielen Gebeten, während die Menschen aus einem gerade vor dem Haus haltenden Zug neugierig zusahen. Wir standen um das Auto herum und beteten zusammen, dass es allzeit fahrtüchtig sein und uns stets gesund überall hinbringen möge. Dieses Auto bekam meine Mutter 1964, nachdem sie einen Tag vor meiner Kommunion die Führerscheinprüfung bestanden hatte.

MEINE ERSTKOMMUNION

Ich erinnere mich noch sehr genau an den Tag
meiner Erstkommunion. Wie freute ich mich
schon lange vorher auf meinen Festtag, war stolz
auf die vielen Besucher, von denen einige bereits
am Vortag eintrafen, um mit uns zu feiern. Meine
Eltern hatten mich darauf vorbereitet und betont,
welch wichtiger Tag die Kommunion im Leben
sei. Das ganze Haus füllte sich mit Leben. Meine
Oma väterlicherseits kam mit ihrem jüngsten
Sohn in einer Isetta vorgefahren, einem Kultauto,
das nur zwei Sitze hatte und dessen einzige Türe
nach vorne aufging. Eine „Tante" kam aus Luxemburg zusammen mit ihrem Mann und ihrem
Sohn. Ihr taubstummer Sohn war ein früherer
Patient meiner Mutter gewesen. Von dieser Frau
bekam ich zu meinem Festtag meine erste gol-
dene Kette mit einem Kreuz als Anhänger und
von meinen Eltern die erste Armbanduhr. Die
Stimmung, besonders unter den Erwachsenen,
war sehr ausgelassen und ich hatte irgendwie
nicht das Gefühl, dass ich der Mittelpunkt des
Festes war.
Auf meine eh schon sehr kurz geschnittenen
Haare setzten die Eltern mir ein kleines weißes
Halbkränzchen. Alle Mädchen hatten schöne

weiße Kommunionskleider an, weiße Strümpfe oder Strumpfhosen darunter und schicke glänzende Schuhe. Die Frauen trugen alle Kostüme in Schwarz-Weiß-Kombinationen. Sowohl die Kostüme als auch die Hüte der Frauen waren in diesen zwei Farben gehalten. Bei den Anzügen der Männer dominierte die Farbe Schwarz. Meine Mutter machte am Vortag meiner Kommunion ihren Führerschein, genau ein Jahr vor meinem Vater. So wurde schon der Anreisegrund der Verwandtschaft zum Anlass, mit dem Feiern zu beginnen und spät in der Nacht zu enden. Mein Gott war, das eine Sauforgie. An meinem Festtag, also keine vierundzwanzig Stunden später lagen einige Besucher meiner Verwandtschaft blau im Beichtstuhl der Kirche und bekamen von der Kommunion fast nichts mit.

Da meine Mutter in der Gemeinde eine Person des öffentlichen Lebens war, bekam ich als Kommunionkind fast sechzig Kinderbücher von Leuten geschenkt und kein Buch war doppelt. Lesen, das war mein Element, daran hatte ich eine Riesenfreude, entführte es mich doch in andere Städte, Länder, zu anderen Menschen und spornte meine Fantasie an. Egal ob es Sagen und Sitten, Ali Baba und die Räuber oder die kleine Sklavin Mirjam waren, römische Kämpfe und Kriege, Göttersagen oder einfach nur

Geschichten von Mädchen mit Pferden, das Lesen war für mich heilsam und ließ mich in andere Kulturkreise eintauchen. Durch das Lesen war ich in einer anderen, eigenen Welt. Aber ich glaube, das Wichtigste war, dass ich damit die zunehmende Erkrankung meiner Mutter vergessen konnte, nämlich die beginnende Alkoholsucht. An Samstagen oder Sonntagen war im Ort für alle Kinder, die die Kommunion empfangen hatten, Kirchgang angesagt. Die Eltern schickten uns samstags zur Beichte. In einem Beichtstuhl wartete bereits der Pastor auf uns. Was hat denn ein Kind zu beichten? Mir fiel nichts ein, doch wir mussten zu jedem der zehn Gebote sagen, ob wir gesündigt hatten oder nicht, um dann vom Pastor die Absolution, also eine Vergebung zu erhalten. Wenn wir mit der Beichte fertig waren, saßen wir noch lange in einer Bank vor dem Beichtstuhl und beteten auf Geheiß des Pastors den Rosenkranz rauf und runter, übrigens in Latein. Da sich mir der Sinn einer damals noch sehr autoritären Kirche nie richtig erschloss, versuchte ich in der Pubertät so oft wie möglich dieser Prozedur durch Blaumachen zu entgehen. Etwas Schönes, Leichtes, Lebenswertes fürs Leben vermittelte mir diese Kirche nicht. Sie war wie unsere Eltern, autokratisch und absolutistisch, unantastbar und Angst einflößend.

Als ich ungefähr zehn Jahre alt war, merkte ich, dass meine Mutter sich veränderte. Sie wies Geh- und Sprachstörungen auf und verhielt sich irgendwie nicht normal, also so, wie wir sie bis dahin kannten. Darüber versuchte ich mit meinem Vater zu sprechen, der es aber als kindliche Einbildung abtat und mich, zumindest meinem Gefühl nach, nicht ernst nahm. Als er, nach vielem Nachfragen, keinen Ausweg mehr sah, nahm er mich zur Seite und sagte, die Mama sei krank und müsse Tabletten einnehmen, die sie nicht gut vertrage. Die hätten eben diese unschönen Nebenwirkungen. Ich müsse ihm aber fest schwören, dass ich das nie jemandem erzähle. Ich kam mir wie eine Vertraute meines Vaters vor und fühlte mich sehr groß. Natürlich versprach ich es ihm und schwor sehr ernst, dieses Geheimnis zu hüten.

Anfangs war es immer ein Gläschen zu viel hier und da, dann das sich Betrinken an einigen Tagen im Monat. Mit den Jahren zeigte sich die ganze Bandbreite einer Sucht, die leider niemand verstand und der wir Kinder hilflos ausgeliefert waren. Mein Vater war außerstande, etwas zu unternehmen, und manchmal hatte ich das Gefühl, dass er zu schwach war, sich selbst, aber besonders uns Kinder zu schützen.

Was ich aber als Kind schon als paradox empfand, war, dass uns die Eltern genau wie die Kirche immer sagten, wir dürften nicht lügen. Es
kam jedoch vor, dass meine Mutter zu betrunken
war, um noch zu stehen, obwohl es heller Tag
war und sie Patienten einbestellt hatte. So legten
wir Kinder sie ins Bett und logen die Leute an,
die klingelten und sagten ihnen, sie sei noch nicht
zu Hause von ihrer Arbeit. Samstags gingen wir
wieder zur Beichte in die Kirche. Gesprochen
wurde darüber nie, nicht in unserer Familie und
erst recht nicht in der Familie meines Vaters.

Wir besuchten meine Oma und die Geschwister
meines Vaters regelmäßig, denn dort an der Ahr
gab es sieben Cousins und Cousinen, mit denen
wir Kinder allerdings nie intensiven Kontakt hatten. Es war zur damaligen Zeit Brauch, die Kleidung der ältesten Kinder immer an den Nächsten
in der Familie weiterzugeben, um sie aufzutragen,
bis sie wirklich nicht mehr schön und tragbar waren. Natürlich auch deshalb, weil das Geld nicht
in den Mengen wie heute zur Verfügung stand
und viele Menschen gerade ihre Häuser abbe-
zahlten, wie meine Eltern auch. Sie kauften uns
Kindern neue Schuhe und Unterwäsche, aber die
andere Kleidung kam meist von einer Cousine.

In jungen Jahren, so erlebte ich es noch, war der Schuhkauf für kleinere Kinder etwas Besonderes. Da gab es in den Schuhgeschäften eine Art Röntgenkasten, in den wir unsere Füße stellen mussten zum Feststellen der Schuhgröße. Als diese Kästen verschwanden, hielt „Lurchi" Einzug in die Schuhgeschäfte. Das war ein imaginärer Feuersalamander. Es gab ihn als Anhängsel auf den Schuhen, aber auch als bebildertes Heft zum Lesen. Das war immer das Schönste am Schuhkauf, denn die Abenteuer des Lurchi fesselten uns Kinder sehr.

Wenn wir zu Besuch bei der Oma an der Ahr waren, kochte sie immer eine gute Suppe für uns vier. Dann kamen auch die anderen Geschwister meines Vaters zu ihr und es wurde sich angeregt unterhalten. Die Erwachsenen hatten sich immer viel zu erzählen, während meine Schwester und ich im Stall Omas Hasen mit Stroh versorgten.

Meine Mutter trug einen Hass auf die Schwiegermutter in sich, der unvorstellbar war. Bis heute weiß ich nicht, woher das rührte. Sie versuchte diesen Hass auf uns Kinder zu übertragen, was ihr aber nicht gelang, denn wir mochten die Oma von der Ahr sehr. Sie war körperlich und geistig sehr wendig und lustig. Ja, stets hatte sie den Schalk im Nacken, wie man so sagt. Zudem hatte sie immer ein offenes Ohr für uns Kinder. Die jüngste Schwester meines Vaters lebte noch mit in Omas Haus. Sie hatte einen Schrank voller Petticoats in dem Zimmer, in dem wir bei solchen Besuchen übernachteten. Die probierten meine Schwester und ich heimlich vor dem Schlafengehen an. Dann fühlten wir uns kurz wie Prinzessinnen. Vor dem Zubettgehen ging es noch im Hof vor Omas Haus aufs Plumpsklo. Das Leben war damals noch nicht so komfortabel wie heute.

Niemals aber sprach mein Vater dort über die Krankheit meiner Mutter, obwohl bekannt war, dass die älteste Schwester, ihr Mann, aber auch der jüngste Bruder meines Vaters das gleiche Problem mit dem Alkohol hatten und diesem sehr zusagten.

Ich hatte oft das Gefühl, mein Vater müsse oder wolle meiner Mutter gegenüber etwas wiedergutmachen, quasi als habe er ihr gegenüber eine Bringschuld. Wahrscheinlich bezog er keine Stellung zu ihrem Trinken dachte ich, weil sie ihn während seiner schweren Krankheit in Heidelberg gepflegt hatte. Er verdrängte ihr Suchtproblem oder die Alkoholkrankheit für sich erfolgreich und versuchte stets allen einen normalen Alltag vorzugaukeln. Aber es war auch Scham und das Gefühl eines persönlichen Versagens

dabei. Wir Kinder spürten eine große Hilflosigkeit bei ihm, wenn wir ihn an manchen Tagen
mit den Auffälligkeiten der Mutter konfrontier-
ten. Was immer für meinen Vater eine wichtige
Rolle spielte war, was denn die Nachbarn oder
gar die eigenen Familienangehörigen sagen würden, wenn sie wüssten, was bei uns zu Hause los
war. Eine Verdrängungsstrategie, die er lange
Jahre erfolgreich praktizierte und noch bis ins
hohe Alter anwendete. Ja, er war ein Weltmeister
im Verdrängen und hat dieses Phänomen auch in
uns Kindern aktiviert. Er baute ein Podest, sinn-
bildlich gesprochen, auf das er meine Mutter
stellte und das war so hoch, dass niemand ihr das
Wasser reichen konnte.

KARNEVAL

Meine Schwester und ich waren an Weiberfast-
nacht mit der Mutter meistens zu Hause. Mein
Vater kam an diesem Abend nicht nach Hause
wie sonst, sondern meist erst am nächsten Tag.
Meine Mutter versuchte mit uns etwas Spaß zu
haben, indem sie uns hieß, eine leere Streichholz-
schachtel auf die Nase zu setzen und sie, ohne

die Hand dabei zu benutzen, dem Nebenmann auf seine Nase weiterzugeben. Im Hintergrund spielte das Radio Karnevalsmusik. Zusehends merkten wir Kinder aber, dass sie getrunken hatte und sich dies auf ihre Stimmung auswirkte. Dann fand sie die richtigen Worte nicht mehr und lallte bald nur noch. Nach einem bestimmten Erlebnis mit ihr an einem solchen Tag konnte sich mein Vater unseren Fragen dazu nicht mehr entziehen.

Überall tobte der Karneval. Wir Kinder gingen mit meiner Mutter zu einer ihrer Bekannten, die nicht weit weg von uns wohnte. Draußen war es klirrend kalt und es schneite schon länger und heftig. Bei der Bekannten tranken die Erwachsenen recht viel Alkohol, Tresterbrand. Anschließend mussten meine Schwester und ich meine Mutter stützen, um durch den Schnee nach Hause zu kommen. An der oberen Haustreppe machte sie einen verkehrten Schritt und fiel ungebremst rücklings in den Schnee. Dort lag sie und schrie wie verrückt. Wir hatten beide in diesem Moment Todesangst um sie und dachten, wenn wir keine Hilfe holten, würde sie sterben. Ich lief zurück zu der Bekannten, die auch nicht mehr nüchtern war, während meine Schwester bei der Mutter blieb. Die Frau holte Hilfe und meine Mutter wurde von einem Krankenwagen ins Krankenhaus gebracht. Die Zeit des Wartens zu Hause schien uns ewig lange und mein Vater kam erst gegen Morgen nach Hause. Anrufen ging noch nicht, wen denn auch? So saßen wir Kinder zu Hause alleine und beteten, weinten und warteten darauf, dass der Vater vielleicht dieses eine Mal früher nach Hause kommen würde. Vergebens. Der behandelnde Arzt im Krankenhaus schrieb nicht in den Aufnahmebericht, dass meine Mutter bei der Einlieferung betrunken gewesen war. Als sie nach gefühlt ewiger Zeit wieder nach Hause kam, musste sie lange mit einem Gipsbein im Bett liegen. Leider war dieser Ausrutscher für sie nicht sehr heilsam, denn ihr Trinken ging weiter.

Es wurde viel experimentiert und ausprobiert an ihr mit Tabletten oder Säften, die die Sucht hemmen sollten. Auf Anraten ihres Hausarztes im Ruhrgebiet kaufte meine Oma Tabletten, die meiner Mutter in den Kaffee gerührt wurden. Angeblich konnten diese die Sucht bekämpfen. Es hieß, wenn sie danach Alkohol trinke, würde es ihr nicht gut gehen. Leider halfen die Tabletten überhaupt nicht. Die Sucht bahnte sich bereits einen Weg durch ihr Leben.

Wenn meine Mutter getrunken hatte – anfangs weniger und nur zu Hause, dann im Laufe der Jahre immer mehr –, kam es immer häufiger zu lauten und hässlichen Auseinandersetzungen der Eltern, zunehmend auch zu Handgreiflichkeiten vonseiten meines Vaters. Sie verloren beide zeitweise den gegenseitigen Respekt voreinander. Immer wieder warf sie ihm lallend vor, die gemeinsame Zukunft kaputt gemacht zu haben durch seine Krankheit. Ja, sie schrie ihre Verzweiflung und Ohnmacht in widerlichster Form raus. Da er nicht schreien konnte, ließ er in seiner Ohnmacht die Hände sprechen und schlug sie. Diese unschönen Auseinandersetzungen, Anfeindungen und Handgreiflichkeiten trafen uns Kinder nie körperlich, aber sie traumatisierten uns. Schrecklich genug, alles anhören zu müssen, was sich die Erwachsenen mit Worten zufügten, nichts dagegen tun zu können und der eigenen Ohnmacht ausgeliefert zu sein. Oftmals habe ich mir damals gewünscht, nicht mehr am Leben zu sein. Es war dann immer mein Vater, der am nächsten Tag versuchte, einen auf normal zu machen vor und mit uns Kindern. Auf der einen Seite war es hässlich mitzubekommen, wie er die Beherrschung verlor, auf der anderen Seite aber war es für uns eine kurze Verschnaufpause vor dem nächsten Exzess.

MUTTER IST VERSCHWUN-
DEN

Ich kann mich noch schwach daran erinnern,
dass Mama auf einmal nicht mehr im Haus war
und keiner von uns wusste, wo sie war. Zwei
Tage später meldete sie sich aus Luxemburg. Sie
war bei ihrer Freundin, die den taubstummen
Sohn hatte. Sie sagte damals meinem Vater, sie
wisse noch nicht, ob sie zurückkomme, was er
uns Kindern dann genau so übermittelte. Wir
vermissten sie. Wer sollte nun für uns kochen,
uns wecken oder uns nach der Schule zurücker-
warten? Natürlich bekamen wir auch die Panik,
Angst, Wut und Ohnmacht des Vaters mit, die er
zu überspielen versuchte. Nach einigen Tagen alleine mit uns Kindern packte er mich ins Auto
(meine Schwester war nicht dabei) und wir fuhren nach Luxemburg zu der Familie, zu der sich
meine Mutter sich geflüchtet hatte. Mich stellte
man gleich in einen Nebenraum ab und dann unterhielten sich die Erwachsenen. Sehr laut, drohend und heftig. Meine Mutter schrie ihren Mann
immer wieder an und die Freundin ging dazwischen. Sie konnte und wollte nicht glauben, dass
meine Mutter ein Alkoholproblem haben sollte.
Bevor wir die beiden Frauen wieder verließen,

stellte mein Vater seiner Frau ein Ultimatum, wieder nach Hause zu kommen. Sie ließ es für sich noch offen. Es verging gut eine Woche, die ganz schlimm war für uns Kinder. Hoffen, beten, trauern, weinen und klammern an die Hoffnung. Wir wollten unsere Mutter wiederhaben, egal wie. Dann kam sie zu uns zurück.

Ich hielt meinen Vater sehr lange Zeit in meinem Leben für stark. Meist dann, wenn er versuchte, mit meiner Mutter über ihr Trinken zu reden. Oftmals versuchte er die Problematik anzusprechen, doch ich glaube, erreicht hat er sie nie. Sie sei so kein Vorbild für die Kinder, sagte er ihr. Aber immer stieß er auf taube Ohren. In diesen Momenten hatte ich das Gefühl, wir Kinder seien ihm wichtig, denn er verteidigte uns und wollte etwas für sich und uns ändern. Doch auf der anderen Seite gab er mir nie das Gefühl, etwas Besonderes, Wichtiges oder Nutzvolles zu sein. Ich war, um es mit seinen Worten zu sagen, immer zu dumm, zu dämlich, hatte von nichts Ahnung, solle mich raushalten aus Angelegenheiten, die mich nichts angehen, und am besten immer ruhig sein, den Mund halten. Er gab mir den Spitznamen „Mecki", seit ich das erste Mal beim Friseur war. „Tatebär", das war ein Wort aus seiner

Heimat, das er auch für mich benutzte. Das ist jemand, der fast nichts geregelt bekommt. Seine Art, mir zu sagen: „Du bist nichts und kannst nichts", kannte keine Grenzen. Nur wenn er keinen zum Reden hatte und seine Verzweiflung an ihre Grenzen stieß, da war ich „seine Große".

Meine Mutter benutzte das Wort „Nichtsnutz" für mich und sie fand immer etwas, das ich nicht richtig gemacht hatte. In unserer Familie war ich unter anderem dafür zuständig, den Salat als Essensbeilage zu putzen. Da konnte ich mich noch so anstrengen, er war ihr nie sauber genug. Wenn ich ihr im Haus beim Staubwischen half, war ich es, die die Holztäfelchen der Wände noch mal säubern musste, da sie meinte, noch etwas Staub darauf gesehen zu haben. Ihr Lieblingsspruch, wenn sie sich über Sauberkeit ausließ war, es sehe bei uns aus wie bei Hempels unterm Sofa oder bei den Hottentotten.

Wenn sie gereizt war und getrunken hatte, war ich es auch, die oft körperlichen Schaden davontrug. Sie rannte betrunken, mit dem Kochlöffel drohend hinter mir her, um mich damit zu schlagen, was sie nüchtern nicht tat. Einmal quetschte sie mir dabei übel den Mittelfinger in der Wohnzimmertür oder sie zwang mich, mit ihr trotz ihres bereits hohen Alkoholspiegels auf der Kirmes Autoscooter zu fahren, und rammte dabei einen anderen Scooter so heftig, dass mein Oberschenkel lange tiefblau und grün war. Schläge oder Trunksucht waren hinter vielen Türen der Nachbarschaft verbreitet, wie sich viele Jahre später herausstellte. Frauen wurden geschlagen, Männer tranken oder umgekehrt. Es hatte mit einer Verrohung der Menschen zu tun und dem, was sie im Krieg durchgemacht hatten, denke ich. Aber es war auch grausam für die Kinder, die das mitbekamen. So kam es, dass ich einige Male einen Rucksack packte und wegrennen wollte. Aber wohin denn, zu wem und ohne Geld?

Wenn wir Kinder mittags aus der Schule nach Hause kamen, hatte meine Mutter für uns das Essen gekocht. Wir hatten jeden Tag dreißig Minuten Zeit, bevor wieder abgeräumt wurde, weil sie dann wieder arbeiten gehen musste. Manchmal ging sie kurz in den ersten Stock oder in den Keller und kam „angetrunken" wieder. Man roch es. Danach öffnete sie immer die Wohnungsfenster, egal wie kalt es war. So versuchte sie es zu verbergen und glaubte, wir würden es nicht riechen.

OHNMACHT

In seiner Ohnmacht ordnete mein Vater oft an,
dass wir zwei Kinder mit ihm zusammen das
Haus nach Flaschen mit Schnaps oder anderem
Alkohol durchsuchen sollten. Wir brauchten
lange, bis wir die Verstecke fanden, aber wir entdeckten nie alle. Sie waren im leeren Kamin auf
dem Speicher, in einem alten Herd, unter losen
Fliesen im Keller, aber auch in Flaschen, deren
Etiketten nicht auf Alkoholisches hinwiesen.
Ach, es war grausam. Wir waren alle irgendwie
hilflos. Hatten wir mal wieder Flaschen mit Alkohol (meist war es Schnaps) gefunden, schüttete
mein Vater sie aus und glaubte, nun habe sie
nichts mehr zu trinken. Doch sie fand immer
neue Wege, sich Alkohol zu besorgen.
Das Betrinken und die damit verbundenen Ge-
waltexzesse oder Ausschreitungen waren und
blieben ein absolutes Tabuthema. Zu dieser Zeit,
also von den 1960er bis in die 1970er Jahre, war
Alkoholsucht noch nicht offiziell als Krankheit
anerkannt. Das kam erst, als immer mehr Menschen davon betroffen waren und die Medizin
die Augen vor dem Problem nicht mehr ver-
schließen konnte.

Der Alkohol wurde und war für meine Mutter ein Ventil, mit ihrer Ohnmacht umzugehen. Dann entluden sich ihre zerplatzten Träume, Wünsche, Hoffnungen und Aggressionen, sie war dann nicht mehr sie selbst.

Mein Vater, total überfordert, stellte sich nie seiner Verantwortung, uns Kinder zu schützen, obwohl unser Hausarzt ihm dringend dazu riet. Er ging stattdessen gewissenhaft seiner Arbeit nach. Er verließ morgens früh das Haus und kehrte abends gewöhnlich gegen 17 Uhr zurück. Außer an den Freitagen, da ging er mit seinen Kollegen direkt nach der Arbeit zum Kegeln in eine der nahegelegenen Wirtschaften. Daher wurde der Freitag für uns Kinder zu einem absoluten Horrortag, denn den nutzte meine Mutter stets, um sich mehr und früher zu betrinken und uns Kinder sehr früh ins Bett zu schicken.

Obwohl unser damaliger Hausarzt meinem Vater ans Herz legte, er solle mit uns Kindern fortgehen, also meine Mutter verlassen, denn sie würde nicht aufhören zu trinken, ignorierte er diese Warnungen und Mahnungen. Er glaubte, das Leben alleine mit zwei Kindern nicht schaffen zu können.

Er war der Sache nie gewachsen und machte mich und meine Schwester mit abhängig, indem wir uns für die nächste ungute Situation im Haus verantwortlich fühlten. Entdeckten wir wieder versteckten Alkohol, konfrontierte er seine Frau damit und wir Kinder fühlten uns schuldig an diesem neuen Krach der Eltern. Wie oft gelobte meine Mutter, wenn sie wieder nüchtern war, sie wolle aufhören zu trinken, ganz sicher aufhören, sie schwor es immer wieder. Das Fatale war, wir Kinder glaubten es ihr jedes Mal aufs Neue. Wie sie es beteuerte, wie sie weinte und sagte, das komme nie mehr vor. Wir glaubten ihr jedes Wort und wurden doch immer wieder enttäuscht. Und alles wurde noch schlimmer. Wir waren Statisten in einer traurigen Komödie. Nein, es war bereits ein Drama. Ich kann mich daran erinnern, dass meine Schwester und ich uns in dieser Zeit häufig in die Arme nahmen und weinten. Ansonsten mussten wir funktionieren, damit das Leben weitergehen konnte. Die Erwachsenen waren dermaßen mit sich selbst beschäftigt, dass für kleine Probleme und Fragen der Kinder kein Ohr frei war. Die Einzige, die sich anbot, uns Kindern wenigstens zuzuhören, war die Schwester meiner Mutter, die zwischenzeitlich verheiratet war und eine Tochter hatte. Aber mehr als Mitleid und gute Worte kam von dieser Seite nicht. Auch sie war total hilflos gegenüber der Situation ihrer Schwester. Von einer gelben Telefonzelle aus konnten wir sie heimlich anrufen und ihr unser

Leid klagen, wenn es zu Hause mal wieder „kritisch" war. Manchmal half das Reden, Klagen und gemeinsame Weinen, wenn auch am Ende nie eine befriedigende Lösung gefunden wurde.

In dieser von Aggressionen, Beschimpfungen und Auseinandersetzungen geprägten Zeit habe ich viel gebetet, geschimpft, geweint und mit Gott gehadert. Ich fragte ihn, warum er uns nicht helfe. Warum er dies alles zulasse mit dem Trinken der Mutter, da er doch angeblich ein Gott der Liebe sei. Dann schlug ich ihm Kompromisse vor. Wenn er meiner Mutter helfen würde aufzuhören mit dem Trinken, würde ich noch öfter in die Kirche gehen oder mich noch mehr bemühen, ein gutes Kind zu sein. Ich habe ihn immer wieder gefragt, warum die Mama so uneinsichtig ist und warum er uns so hängen ließ. In der Kirche predigte man, dass, wenn man zu Gott betet, er die Anliegen erhört. Mich hört er nicht, dachte ich und ich begann ihm zu zürnen. Ja, ich war richtig sauer auf ihn. Irgendwie hatte er wohl Probleme mit seinem Gehörgang, weswegen ich Probleme mit ihm bekam. Ich weiß, dass ich oft leise gebetet habe. Es waren lange, kurze, intensive Gebete und Bitten. Intensiv betete ich auch zur Mutter Gottes, die ich sehr liebte. Sie war für mich Kraft, Freude, Power und Hoffnung. Doch auch sie hatte keinen Rat für mich oder einen Verbesserungsvorschlag für die Familie. Sie blieb, genau wie Gott, einfach stumm.

Inmitten dieses ganzen Trubels um mich herum sagte mir meine Freundin Martina eines Tages unvermittelt in der Schule, sie sei jetzt erwachsen. Wir waren gerade mal kurz vor unserem elften Lebensjahr. Darunter konnte ich mir nichts vorstellen und ich fragte nach der Schule zu Hause nach, was sie wohl damit gemeint haben könnte. Dummes Zeug, gib nichts darum, Quatsch, weiß ich auch nicht... das war die Antwort meiner Mutter darauf.

Eine Woche später bekam auch ich meine erste Menstruation, also das, was Martina mir durch die Blume gesagt hatte. Ich war fix und fertig und wusste nicht, was gerade mit mir passierte. Voller Panik kam ich aus der Schule nach Hause, um mit der Mutter über die Blutung zu sprechen. Sie war bereits zu Hause, angetrunken, warf mir ein Paket mit Binden entgegen und meinte, den Rest dazu würde mir mein Vater abends erzählen. Das war traumatisch! Aber noch schlimmer war es, bis zum Abend warten zu müssen, um eine

Antwort zu bekommen. Ich fühlte mich krank
und dachte, ich hätte ein ernste Krankheit.

Dann endlich kam der Abend. Mein Vater wurde
sehr aufgeregt von meiner Mutter, die ihren
Rausch ausgeschlafen hatte instruiert, mich auf-
zuklären und mir die Angst zu nehmen, ich sei
schwer krank.
Er machte sich zuerst eine Zigarre an, was immer
ein gutes Zeichen war. Mit den Worten „Nun
vergiss mal alles über die Bienen und die Blumen" versuchte er einen Anfang hinzubekom-
men. Nach einer mir endlos erscheinenden Zeit
war ich in ein großes Geheimnis eingeweiht worden, so empfand ich seine Aufklärung.
Für meine Mutter war Sexualität etwas Schmutzi-
ges, Anrüchiges, Dreckiges, etwas, das einer Frau
nur Nachteile bringt. Jedenfalls konnte sie mit
mir nie darüber sprechen.
Das sollte ein Mädchen so nicht erleben müssen.

WEIHNACHTSZEIT

Die schöneren Tage der Kinderzeit waren immer die vor und nach Weihnachten. Regelmäßig war der Dezember weiß, es schneite viel und der Schnee und das Eis unserer mittlerweile asphaltierten Straße war unsere Rutschbahn. Mit dem Schlitten ging es dann auf den nahegelegenen Berg, der als weiße Abfahrt genutzt wurde. Der Winter war in dieser Zeit noch ein Winter und das Rodeln eine gute Ablenkung von den Sorgen zu Hause. Zumindest waren dies zusammenhängende Tage, an denen die Eltern alles taten, um einen auf Familie zu machen, und wir Kinder nahmen es als ein Geschenk mit ganz viel Dankbarkeit, Hoffnung und Ruhe an. Es gab immer wieder Anlass zu glauben, zu beten, zu hoffen und zu harren, dass es eine bessere, friedvollere Zeit, eine Zeit für die Heilung der Mutter geben würde. Ja, es war ein Klammern an die Hoffnung, dass es doch ein ruhigeres Leben und ein besseres Miteinander geben könnte. Besonders schön war die Zeit mit ihr, als wir Plätzchen für das Fest gemeinsam in der Küche gebacken hatten, die dann in Dosen gepackt und versteckt wurden. Das ganze Haus roch nach Leckereien. Doch leider war dieser Friede immer nur von kurzer Dauer. Das Christkind erhörte unsere Bitten nicht, die wir auf unseren Wunschzettel schrieben.

Als Kinder wurden wir am Heiligen Abend als Maria und Josef verkleidet und führten vor dem Tannenbaum die Herbergssuche auf, zu der mittlerweile jedes Jahr ein alter Mann aus der Gemeinde eingeladen wurde. Der fing am Schluss immer an zu weinen vor Rührung. Wenn wir fertig waren mit dem Spiel, bekamen meine Eltern von ihm einen großen Schinken als Weihnachtsgeschenk und wir Kinder mussten ihm einen Kuss geben.

Mit zunehmendem Alter wurden die Weihnachtsgeschenke größer und teurer. Das erste Transistorradio, die erste Netzstrumpfhose, den erste Kassettenrekorder, das waren echte Highlights damals. Unser Tannenbaum wurde immer mit roten Kugeln und rotem Lametta geschmückt. Jedes Jahr in Rot, noch bis ins hohe Alter hielt sich mein Vater an diese Farbe. Und jedes Jahr schrieb er zu Weihnachten eine Karte oder einen Brief an meine Mutter, worin er seine Wünsche, Bitten und Empfindungen an und für sie auszudrücken versuchte. Die Bescherung, die Vorfreude, der erhoffte häusliche Friede, gegenseitige Rücksichtnahme, keine Streitereien, leckeres Essen, da war unsere Kinderwelt im Lot. Von den

Großeltern bekamen wir Kinder die erste Puppe. Die war aus Celluloid, die folgende aus Kunststoff. Die Haare waren im Kunststoff noch angedeutet, doch für uns war die Puppe wunderschön. Später gab es das erste Fahrrad, die erste Barbie-Puppe und Rollschuhe. Das war Weihnachten! Vor allem nahmen die Erwachsenen uns Kinder besser wahr und wir redeten mehr miteinander.

Mein Vater arbeitete den ganzen Tag außer Haus und kam erst gegen 17 Uhr nach Hause. Der Abendzeitplan war genau festgelegt. Die Eltern tauschten sich kurz über die wichtigsten Vorkommnisse des Tages aus und die Mutter gab Erklärungen zum Verhalten der Kinder am Tage ab. Die Neuigkeiten meiner Mutter und das, was sich auf seiner Arbeitsstelle getan und ereignet hatte, wurden meist hinter verschlossener Tür ohne Beisein der Kinder behandelt. Nach dem Abendessen ging mein Vater in den Garten und erledigte die Arbeiten, die dort anstanden. Zum Abschluss des Tages putzten wir Kinder die Schuhe von uns vieren für den kommenden Tag. Am Wochenende wurden die Teppiche aus dem Haus im Garten über eine Stange gehängt und mit einem Teppichklopfer ausgeklopft. Diese

Stange aus Eisenrohr war für uns Kinder auch ein Turngerät, das wir oft benutzten. Im Winter allerdings legte man die Teppiche, bevor man sie ausklopfte, eine kurze Zeit auf den Schnee. Dann sahen sie nachher aus wie neu.

Durch die Berufstätigkeit der Mutter auch an den Nachmittagen waren wir Kinder oft alleine. Wir hatten beide kurze Haare, was sicherlich praktisch, aber nicht unbedingt hübsch war. Wie alle Mädchen wünschten wir uns doch so sehr, auszusehen wie eine Prinzessin. Und die hatten in den Märchen immer lange Haare. Das spornte unsere Fantasie an, wenn wir alleine zu Hause waren und spielten. Wir banden uns einen Frisierumhang um den Kopf als imaginäre lange Mähne und spielten Prinzessin. Später nahmen wir eine Zigarette der Mutter zwischen die Lippen (kalt natürlich) und kamen uns dabei sehr erwachsen und groß vor.

Egal wie das Wetter war, wir Kinder verbrachten viel Zeit draußen an der Luft und besonders im Garten. Mein Vater hatte uns Stelzen aus Bohnenstangen gebaut, auf denen wir unter der Wäscheleine über die Wiese Wettlaufen oder Wettgehen machten, hin und her. Im Sommer stellten wir uns auf der Wiese zwei Stühle zusammen, umspannten diese mit zwei Decken, die wir mit Wäscheklammern zusammenhielten und setzten

uns in den Schatten unseres „Tipis". Wir spielten
Indianer und konnten in diesem Zelt ungestört
sein. Ob beim Stelzenlauf, beim Ballspiel oder
beim Klettern auf dem Mirabellenbaum, draußen
zu sein war wichtig, täglich ein Muss, aber auch
viel Freude.

In dieser Zeit entstanden die ersten Sozialstatio-
nen im Land und auch in unserem Ort wurde
eine solche errichtet. Meine Mutter beendete ihre
Tätigkeit als Gemeindeschwester bei der Kirche
und stieg als Krankenschwester bei der Sozialstation ein, an deren Entstehung sie maßgeblich
mitgearbeitet hatte. Für diese Sozialstation arbeitete sie einige Jahre, bevor sie in ein Krankenhaus
wechselte. Wir bekamen oft Besuch von höheren
Mitarbeitern der Kirche, der Caritas oder der
Fürsorgerin des Kreises, die uns Kinder mit Lebertran Kapseln oder Vitaminbrausetabletten
versorgte. Gut für die Abwehr, hieß es immer.
Aber wehe, man biss auf eine Lebertran Kapsel!
Den Geschmack vergisst man sein ganzes Leben
nicht. Durch diese Fürsorgerin bekamen wir Kinder auch mit, dass es vielen Kindern nicht allen
so gut ging wie uns. Sie erzählte von Kinderhei-
men, wo diese untergebracht seien und sie sogar
teilweise ihre Eltern nicht kannten. Mit solch

einem Kinderheim drohte mir auch meine Mutter, wenn sie sich mal wieder über mich „geärgert" hatte.

Für mich regelten bald nach der ersten Menstruation Schmerztabletten viele Jahre mein Leben. Hatte ich Bauch-, Kopf- oder Menstruationsschmerzen, bekam ich von meiner Mutter immer eine Tablette aus dem Medikamentenschrank im Behandlungszimmer. Lange Jahre war dies für mich Normalität und wir wissen ja alle, wie schön es ist, wenn der Schmerz nachlässt.

Auf keinen Fall durften wir in der Schule über die Alkoholexzesse sprechen. Schließlich war meine Mutter eine Person des öffentlichen Lebens und erschwerend kam hinzu: Wer hätte uns Kindern denn geglaubt? Alles war schon schlimm genug, aber am schlimmsten war die Auflage, mit niemandem über die häusliche Situation reden zu können. Natürlich hielten wir Kinder uns auf Druck des Vaters daran, ganz viele Jahre.

Mit meiner Schwester durfte ich einen Schwimmkurs im Stadtbad von Trier machen. Mit dem Zug fuhren wir mit meiner Mutter dorthin und anschließend wieder nach Hause. Das Schwimmen machte großen Spaß, doch eines ist mir noch in unguter Erinnerung. Zur

Abschlussprüfung stiegen wir das erste Mal auf einen Dreimeter-Sprungturm. Ich stand auf dem vorderen Rand des Sprungbretts und sah hinunter auf das unruhige Wasser. Ich konnte nicht springen, ich hatte totale Angst, Panik. Trotz mehrfacher Aufforderung des Bademeisters, ich schaffte es nicht zu springen. Meine Mutter sah aus einiger Entfernung zu, aber ich kam nicht gegen meine Angst an. Da schubste mich der Bademeister von hinten und ich fiel wie ein nasser Stein aufs Wasser. Nach dem Bauchklatscher war mir zumute, als ob jemand meinen Brustkorb abschnüre, und ich bekam schlecht Luft. Ich fand irgendwie zum Rand des Beckens und versuchte zu atmen. Der ganze Körper zitterte. Das waren richtig heftige Schmerzen, doch es interessierte niemanden. Als logische Konsequenz daraus, bin ich nie mehr danach auf ein Sprungbrett gestiegen. Aber schwimmen im Schwimmbad oder später im Meer, das habe ich geliebt.

Mit der Aufnahme ihrer Arbeit bei der Sozialstation stellte meine Mutter eine Putzfrau bei uns ein, die sie von der Hausarbeit entlasten sollte. Sie war jünger als meine Mutter, kam wie sie aus dem Ruhrgebiet und hatte zwei Söhne. Zusammen mit ihnen nahm sie meine Schwester und mich im Sommer immer mit in das Freibad nach Trier, wo sie sich rührend um uns kümmerte. Diese Zeit im Bad bedeutet für uns eine kleine Verschnaufpause und Freude, ja, auch Unbeschwertheit für kurze Zeit. Aber die Gedanken waren bald wieder zu Hause und bei dem, was uns dort am Abend wohl erwartete.

ERSTE GEMEINSAME URLAUBE

Unseren ersten gemeinsamen Urlaub mit den Eltern verbrachten wir im Allgäu in einem Ort, dessen Wallfahrtskirche ausgerechnet Maria Hilf heißt und in der Nähe von Hopfen am See liegt. Wir reisten mit dem Zug an. Meine Schwester erkrankte, wie auch in den folgenden Urlauben, gleich am ersten Urlaubstag. Meine Mutter blieb bei ihr und mein Vater nahm mich mit zum Wandern. Egal wie lange, egal wie mühsam. Den Urlaub im Folgejahr verbrachten wir auf einem Bauernhof im Schwarzwald. Daran denke ich heute noch mit einem mulmigen Gefühl zurück. Der Kuhstall war direkt neben unserem Gastzimmer. Es war ein heißer Sommertag und meine Schwester und ich registrierten, dass die Kuh nichts zu saufen hatte im Stall. Daher schütteten wir Wasser auf das Heu und glaubten, damit ein gutes Werk getan zu haben. In der Nacht gab es laute Geschäftigkeit im Haus. Die Tochter des Hauses rief immer: „Die Kuh stirbt, die Kuh stirbt!", und ihr Vater, der Bauer, war ebenfalls sehr aufgebracht. Da erzählten wir meinen Eltern das mit dem Wasser, konnten uns aber nicht vorstellen, dass es der Kuh geschadet haben sollte. Wir wollten doch nur, dass es ihr gut geht. Und mein Vater... er verbot uns, mit dem Bauern darüber zu sprechen, weil er kein Geld hatte, um eine neue Kuh zu kaufen. Es herrschte Ungewissheit und Angst, bis zum nächsten Abend. Dann kam die befreiende Auskunft die Kuh hatte es überlebt!

Im Besitz unseres VW Käfers, fuhren meine Eltern mit uns Kindern in den folgenden Jahren immer wieder in den großen Ferien nach Österreich ins Zillertal in ein Jagdhaus. Alleine die Fahrt über die Berge und die Grenze war ein Abenteuer! Das kann man sich heute nicht mehr vorstellen. Vier Personen in einem VW mit Urlaubssachen für drei Wochen, die vorne im Kofferraum verstaut wurden, ohne Klimaanlage und Navigationsgerät. War es im Auto zu warm, wurden die Fenster während der Fahrt geöffnet.

Wollte man den Weg wissen, hatte der Beifahrer eine riesige Autokarte auf dem Schoß und navigierte den Fahrer so, wie er es darauf sah. Seit seiner Kehlkopfoperation kam für meinen Vater ein Urlaub am Meer nicht in Frage, denn er fürchtete, die Kanüle könne sich mit Flugsand zusetzen. Also ging es für und mit uns in die Berge. Wir wohnten in einem Haus des Försters und seiner Familie. Grundsätzlich war es auch hier so: Ankunft am Urlaubsort, meine Schwester wurde krank und unsere Mutter blieb bei ihr. Ich war es wieder, die den Tatendrang meines Vaters mit viel Wandern mit Unterkunft in diversen Hütten in den Bergen umsetzen musste. Doch das Wandern in den Bergen, auf den Höhen und durch die wunderschöne Natur machte mir zunehmend Spaß. Es gab noch keine Ausrüstung wie heute fürs Laufen im und über das Geröll. Turnschuhe waren angesagt. Auf der Hütte durfte ich mir einen Blechsticker zum Annageln an meinen Spazierstock oder zum Heften an einen Wanderhut kaufen. In jeder Hütte, die man erreichte, gab es einen Stempel in einen sogenannten Hüttenausweis. Am Ende eines Urlaubes gab es als Belohnung für die Strapazen ein goldenes, silbernes oder bronzenes Wanderabzeichen. Das silberne schaffte ich mit meinem Vater mit den Stempeln der Hütten, die wir erwandert hatten, immer.

Was damals ein Muss war, empfand ich in späteren Jahren als Segen. In den Bergen fühlte ich mich dem Himmel, aber ganz besonders Gott immer sehr nahe. Wenn wir zusammen wanderten, hatte ich meinen Vater für mich alleine. Er hatte dann den ganzen Weg Zeit für mich und unsere Gespräche. Ich fühlte mich schon groß, wenn ich die teils schweren Wanderungen von Hütte zu Hütte mit ihm machte. Dann spürte ich nicht mehr so sehr die Blasen an meinen Füßen, denn mein Vater fand auch lobende Worte für mich. Doch seine Laune konnte auch schnell mal in die andere Richtung gehen. Es bereitete ihm unbändige Freude, meine „Hysterie" wegen der Stechmücken (Bremsen) zu steigern, indem er mich beim Wandern erschrak und tat, als hätte ich gerade einige dieser Viecher auf der Wade sitzen. Dann bog er sich vor Lachen, während ich Tränen in den Augen hatte. Da fühlte ich oft, was Ohnmacht bedeutet.

Meistens verbrachten wir zwei bis drei Wochen mit den Eltern auf diese Weise in den Bergen von Österreich. Natürlich gab es nach einer schweren Wanderung eine Belohnung, den Almdudler. Das ist eine Art Limonade, auf die ich mich immer besonders freute. Unsere

Vermieterin, die auch für uns österreichische Spezialitäten kochte, zeigte uns auch ein interessantes Kartenspiel, Rommé. Das machte uns allen großen Spaß und nach anstrengendem Wandern war das Spiel abends ein schöner Tagesabschluss. Zuvor hatte mein Vater versucht, uns Mädchen das Skatspielen beizubringen, aber das war und blieb ein aussichtsloses Unterfangen. Mit unseren kleinen Händen konnten wir die vielen Karten nicht halten und sortieren. Wenn diese dann runterfielen, wurde er immer sehr ungehalten, weil wir uns in seinen Augen zu dumm anstellten.

Ich kann mich noch gut an einen bestimmten Aufenthalt im Zillertal erinnern. Mein Vater musste uns eine Woche früher mit dem Zug verlassen, um wieder zu arbeiten und wir Kinder blieben alleine mit unserer Mutter noch dort. Es wurde ein Alptraum, der reinste Horror. Er hatte sie noch gebeten, nicht zu trinken, und sie hatte es ihm feierlich versprochen. Das Gegenteil aber war der Fall. Sie war fast jeden Tag betrunken und wir Kinder machtlos. Wir schämten uns wegen ihr vor den Vermietern, doch was konnten wir schon machen? Dann zwang sie uns, dem Vater nichts davon zu erzählen, sonst würde er wieder ausflippen. Also schwiegen wir Kinder wieder, denn wir wollten doch Frieden haben zu

Hause. Schlimm waren meine Ohnmacht und meine Wut auf sie, aber auch das ganze Verlogene drumherum.

Zum Ende des Urlaubs in Österreich ging es in die einzige Dorfwirtschaft, wo ein sogenannter Heimatabend stattfand. Es wurde einheimische Musik auf besonderen Instrumenten gemacht, gejodelt, getanzt und Schuh geplattelt für die Touristen, die sich eigens für diese Veranstaltung immer zahlreich einfanden.
Für den Rest der Schulferien wurden wir bei meiner Tante im Ruhrgebiet angemeldet. Diese Fahrt nach Duisburg war für meine Schwester und mich immer ein Abenteuer. Wir wurden in Trier in ein Zugabteil gesetzt und der Schaffner informiert, dass er ab und an nach uns beiden schauen solle, was er auch tat. Wenn wir die Türme des Doms von Köln sahen, verlangsamte der Zug seine Fahrt, bis wir in den Hauptbahnhof einfuhren, wo wir stets einen längeren Halt hatten. Es war aufregend, wenn wir aus dem Fenster sahen, auf diesen für uns gigantisch großen Bahnhof mit so vielen Menschen, die in alle Richtungen eilten. Wenn wir im Duisburger Hauptbahnhof ankamen, winkte meine Tante schon mit einem weißen Taschentuch, um auf sich aufmerksam zu machen.

Meine Tante arbeitete als Drogistin in einem Ge-
schäft, welches sich in dem Haus befand, in dem
sie auch wohnte. Es lag in Duisburg genau an einem Knotenpunkt der Straßenbahn. Ungewohnt
lauter Lärm war das für uns, wenn diese die Hal-
testelle anfuhr oder bremste. Während der Ferien
dort passte ich auf meine Cousine und den
Cousin auf, die jünger waren als ich. Doch an
den Wochenenden machte meine Tante mit uns
allen schöne Ausflüge in die Umgebung oder wir
besuchten jemanden aus der Familie. Oma war
natürlich immer mit dabei. Sie kochte das beste
Essen der Welt für uns. Reihum durfte sich jeder
etwas zu essen wünschen und sie schaffte es immer, uns diesen Wunsch zu erfüllen.

IN DER REALSCHULE

Nach der Volksschule besuchte ich die Realschule an unserem Ort. Mein Vater meinte, ich
würde später eh heiraten, da genüge der Realschulabschluss für mich vollkommen. Morgens
fuhr ich mit mehreren anderen Kindern auf Fahr-
rädern in die mehrere Kilometer entfernte Schule
bei welchem Wind und Wetter und nach

Schulschluss genauso wieder heim. Schulbusse wurden erst einige Jahre später eingesetzt. Die Realschule war ein nüchterner großer Betonbau. In den Klassen saß man zu zweit nebeneinander. Parallel zu unserer Klasse, die gemischt war mit Jungen und Mädchen, gab es noch zwei andere. In einer wurden die renitenteren Jungen zusammengefasst und mit dieser Klasse hatten es die Lehrer wirklich schwer. Wir hatten das große Glück, eine sehr gute Klassenleiterin zu haben. Sie war sechs Jahre unsere Englisch- und Deutschlehrerin, was übrigens meine Lieblingsfächer waren. Auch die meisten anderen Fachlehrer behielten wir über unsere gesamte Schulzeit. Es wurden durchgehend alle Fächer unterrichtet. Zunächst schrieben wir die englischen Vokabeln noch in Vokabelheftchen, bevor später ein Sprachlabor eingerichtet wurde, in dem wir auch die französische Sprache erlernten.

Wer von den Schülern wollte, konnte sich freiwillig zum Schülerlotsendienst melden. Dazu bekam man eine Kelle und eine Art Schutzweste, damit man für den Autoverkehr sichtbar war, wenn man die Schüler morgens und mittags über die Straße lotste. Es gab auch eine Schülerzeitung, an der wir aktiv mitarbeiten durften. Dazu gehörten Interviews mit Lehrern, Witze oder lustige

Anekdoten, die gedruckt wurden. Diese Zeitung konnte dann jeder erwerben.

Unser Musiklehrer meinte es gut mit uns Schülern. Er gründete einen Schulchor und ein Schulorchester. Ich war sowohl in dem einen wie auch in dem anderen dabei und erlernte das Flöten spielen. Durch viel Training schaffte es dieser Musiklehrer tatsächlich, mit uns eine kleine Vinyl Schallplatte aufzunehmen. Welch eine Aufregung war das, bis alles klappte. Diese Schallplatte konnten die Eltern oder Großeltern kaufen. Ich erlebte auch noch, dass eine Schulband gegründet wurde, in der sich besonders die Jungen an ihrer E-Gitarre beweisen konnten.

Unser Co Direktor, der bereits etwas betagter war, hatte ein Buch geschrieben über Sagen und Sitten an Mosel und Saar. Spannend, gruselig und packend waren die Geschichten und Mythen, die er sehr gut recherchiert hatte. Ein Lehrer, der mir bis heute noch in Erinnerung ist, war unser Erdkundelehrer. Ebenfalls schon betagter, hatte er eine rigide Methode, uns die Welt näherzubringen. An einer Weltkarte, die im Unterricht aufgehängt wurde, erklärte er die fremden Länder so, dass er mit einem Stock auf die Karte und schlug und den Namen des Landes angab. Er nannte die Hauptstadt, die Einwohnerzahl, die Flüsse, die Berge und Seen, ob das Land karg oder fruchtbar ist und ob es am Meer, in der Wüste oder auf welchem Erdteil lag. Dabei legte er ein rasantes Tempo vor. Unsere Hausaufgabe war es dann, dies bis zur nächsten Stunde ebenso schnell aufzusagen wie er. Danach richteten sich unsere Noten. Erdkunde mochte ich sehr. Es zeigte mir, dass die Welt um mich nicht begrenzt und eng war. Dieses Fach weckte meine Neugier und entfachte Reiselust und Fernweh.

Eine Schulkameradin, Irene, lieh mir öfter eine Schallplatte aus, auf der Lieder von Rudolf Schock gesungen wurden. „Ich bin nur ein armer Wandergesell" und eines, das ich besonders liebte: „Ach, ich hab in meinem Herzen darinnen einen wunderbaren Schmerz". Das waren Texte und Lieder, in denen ich mich wiederfand. Diese beiden Lieder berührten meine Seele und brachten mich zum Weinen, wenn ich keinen Ausweg mehr für mich sah wegen der Trinkerei meiner Mutter. Zu Hause spielte ich sie unzählige Male auf dem Plattenspieler und sang meinen ganzen Herz- und Seelenschmerz raus. Sie beschrieben genau das, wie ich mich in mir drin fühlte. Einsam, verlassen und allein.

Die meiste Zeit in der Schule saß ich neben Maria. Durch ihre sehr kurzen Haare hatte sie etwas Knabenhaftes an sich. Sie war ein ruhiges Mädchen wie ich fand, introvertiert, still und eher

scheu. Unsere Väter arbeiteten beide bei der
Bahn. Leider durfte ich Maria nie mit zu uns
bringen. Ich glaube, ich war zweimal bei ihr zu
Hause. Wir sprachen niemals über unsere Familien, unsere Sorgen oder etwas, das uns belastete.

Nach der Realschule haben wir uns leider aus den
Augen verloren, doch
durch eine Plattform im Internet, wo man
Freunde suchen und wiederfinden konnte, kamen
wir beide nach fast 40Jahren noch mal zusammen
und tauschten uns rege über alles aus, worüber
wir in der Schulzeit nicht sprechen konnten und
durften. Ich war total erstaunt, als Maria mir erzählte, sie sei in unserer gemeinsamen Schulzeit
einige Male bei uns zu Hause, bei meiner Mutter
gewesen. Diese habe ihr wertvolle Lebenstipps
gegeben und stets ein offenes Ohr für sie gehabt.
Doch in vielen folgenden gemeinsamen Gesprächen stellten wir auch fest, wie verletzt und traumatisiert wir waren durch ungute Erlebnisse in
unseren Familien.

Durch die Fremdsprachen, die wir in der Realschule erlernten, wurden uns durch die Schule
englische Austauschschüler vermittelt. Zuerst
schrieben wir mit den englischen Schülern Briefe
zur Kontaktaufnahme und erfuhren etwas über

ihre Familien, Hobbies oder ihre Leistungen in der Schule, aber auch über Sitten und Gebräuche ihres Landes. Ihre Vorlieben, ihre Lieblingsfächer, ob es Geschwister gab oder wie sie ihre Freizeit gestalteten. Es war ein reger Austausch mit ihnen, an dessen Ende das Kommen dieser Austauschschüler nach Deutschland stand. Zu uns nach Hause kamen zwei Engländerinnen. Mein Vater baute gerade unser Badezimmer um, weshalb wir dieses nur provisorisch benutzen konnten. Gleich am ersten Abend in unserem Wohnzimmer gab es ein totales Fiasko, als wir mit meinen Eltern und den Engländerinnen dort saßen. Draußen regnete wie aus Kübeln und plötzlich lief das Regenwasser von draußen an der indirekten Beleuchtung der Innenwand unseres Wohnzimmers runter. Bald war der ganze Boden hinter der Couch nass. Ach Gott, so was hatten wir noch nicht erlebt! Die beiden Mädchen sahen sich fragend, entsetzt und wahrlich nicht optimistisch an. Nun hieß es für alle anpacken und Tücher auslegen und dabei helfen, alles wieder zu trocknen. Ich muss lachen, wenn ich heute noch an unsere Gesichter und diesen Abend denke.

Wir vier Mädchen, also die zwei Engländerinnen und meine Schwester und ich schliefen in zwei Betten in unserem kleinen Zimmer. Da rief

meine Engländerin, die Karen hieß, immer einen
Namen und weinte bitterlich. Ich fragte, ob sie
Heimweh nach ihren Eltern habe, was sie verneinte. Aber sie vermisse ihren Freund Keith.
Die Austauschschülerinnen blieben eine Woche
bei uns. Es gab eine Menge Probleme mit ihnen,
welche schon morgens mit unserem Frühstück
anfingen. Sie wollten dieses nicht essen und das
nicht, das Mittagessen war auch nie recht und
bald fanden sich einige Eltern zusammen, die
kein gutes Haar an den Austauschschülern ließen.
Eine ungute Stimmung machte sich unter den
Gasteltern breit. Die Krönung aber war, dass die
Mädchen aus England Miniröcke trugen, so
knapp, wie sie unser Ort noch nie gesehen hatte,
was natürlich im Ort hiesige Sittenwächter auf
den Plan rief. Das Thema Minirock war fast in aller Munde und viele Frauen reagierten fassungs-
los und fanden es sehr obszön. Auch meine Eltern fürchteten um die Moral im Haus.
Mit den Austauschschülern machten wir als
Schulklasse auch eine schöne Ausflugsfahrt. Mit
dem Zug nach Koblenz, mit dem Schiff zur Lo-
reley und auf dem gleichen Weg zurück. Während ihres Aufenthaltes gab es sogar einen „Dis-
cotreff" in einem Kino, was meine Eltern gar
nicht guthießen, aber ich durfte immerhin mit
ihnen dort hingehen. Der Besuch der

Engländerinnen war für mich sehr förderlich und intensivierte meine Sprachkenntnisse. Ich war stolz mich, mich mit ihnen ziemlich fließend in ihrer Sprache unterhalten zu können und auch schnell die Fragen meiner Eltern an die beiden übersetzen zu können.

Über die Schulzeit kann ich sagen, dass ich mich durchwurschteln musste. Das wurde von meinen Eltern erwartet. Ich war eine durchschnittliche Schülerin. Sport war nie meine Leidenschaft und Freude. Bis heute habe ich nicht verstanden, wie man an Seilen klettern kann, um in die Höhe zu kommen, oder wie man auf dem Barren eine grazile Figur macht. Bockspringen im Sport war ein Horror für mich, genau wie Volleyball. Die Bundesjugendspiele, die jedes Jahr stattfanden, liebte ich allerdings. Dann bekam ich eine bronzene Anstecknadel und entsprechend der Leistung eine Urkunde für meine Leistung. Weitwurf und Wettrennen, das fand ich gut, aber nie wichtig für mein Leben damals.

VERTRAUENSBRUCH

Seit einigen Jahren hatte ich mir ein dickes Tagebuch zugelegt, welches ich in einer abschließbaren Kassette versteckte und in das ich fast täglich schrieb. Alle meine Wünsche, Gedanken, Sehnsüchte, aber auch meine Hilflosigkeit, meine Wut und meine „Nicht mehr leben wollen"-Gedanken. Ich beschrieb auch den schlimmen Verlauf der Trunksucht meiner Mutter, dem wir tatenlos zusehen mussten. Mein Tagebuch war mein einziger Verbündeter, mein Vertrauter, mein Freund, der alles von mir wusste.
Es war einer dieser Tage, an denen es bei uns zu Hause drüber und drunter ging, als ich aus der Schule kam. Meine Mutter hatte wieder viel getrunken hat und beschimpfte und beleidigte mich. Als ich nach meinem Tagebuch suchte, war die Kassette, deren Schlüssel ich stets versteckt hatte, aufgebrochen und fast alle Seiten aus meinem Tagebuch waren rausgerissen worden. Ich stand wie erstarrt da und versuchte zu verstehen, was hier gerade vor sich ging. Das leere Tagebuch in den Händen, fühlte ich mich, als habe mir jemand meine Seele rausgerissen. Alle Emotionen, die Freude, den Schmerz, die Ohnmacht, die Verzweiflung, aber auch meine Hoffnung,

Trauer und düsteren Gedanken hatte ich darin aufgeschrieben. Meine tiefsten Geheimnisse. Nun existierte es nicht mehr. Als ich meine Mutter fragte, ob sie das gewesen sei, schrie und tobte sie noch mehr und drohte, ich könne mich auf was gefasst machen, wenn abends der Vater nach Hause komme. Mein Kopf fuhr Achterbahn und ich versuchte zu rekonstruieren, was ich dem Buch alles anvertraut hatte. Ich fühlte mich verraten und war bitter enttäuscht.

Das Warten auf die Heimkehr des Vaters dauerte ewig und nach dem Abendessen fragte er mich sehr eindringlich, ernst und drohend, was mir einfallen würde, solche Sachen über meine Mutter zu schreiben. Ich sei undankbar für alles, was sie tue, und er verbiete mir, künftig so etwas jemals wieder aufzuschreiben. Immer wieder schrie meine Mutter dazwischen, was mir einfalle, so ungut über sie zu schreiben.

Für mich war es ein massiver Vertrauensbruch, ein Verrat. Ich fühlte mich sehr verletzt und sagte mir, wenn ich jemals Kinder hätte, die ihre Gedanken in ein Buch schrieben, wäre das ein Schritt, den ich nie machen würde. Sicher nie!

Nach einem Schulsportunfall mit schwerer Gehirnerschütterung und Bewusstlosigkeit, ich war ungefähr 15 Jahre alt, hatte ich gravierende Probleme in der Schule. Nicht nur mit den üblen Kopfschmerzen, sondern auch in Mathematik. Ich war im Sportunterricht auf nassen Fließen in der Dusche ausgerutscht und hinterrücks auf den Kopf gefallen. Der Hausmeister der Realschule brachte mich in seinem Kleinbus ins Krankenhaus nach Trier, wo ich drei Wochen blieb. Während dieser Zeit kam mein Vater mich einige Male besuchen und brachte mir Mickey-Mouse-Hefte mit. Ich kann mich nicht erinnern, dass meine Mutter mich dort besucht hat.

Es war für mich ein Spießrutenlauf, als ich wieder zur Schule zurückkehrte. Mathematik war nicht mehr meins, es ging mir nicht mehr richtig in den Kopf. Ich hatte Panik, weil ich dieses Manko sehr spürte. Ich bat eine Mitschülerin um Nachhilfe, aber auch das klappte nicht. Meine Eltern nahmen das Problem nicht ernst, sondern verstärkten ihren Druck auf mich, gute Noten zu schreiben. Augen zu und durch, das war die Devise. Die Anspannung vor Klassenarbeiten, besonders im Fach Mathematik, war für mich grausig. So zu tun, als ob man alles versteht, aber im Grunde keine Ahnung zu haben, brachte mich immer ins Schwitzen und zum Verzweifeln. Wie oft flehte ich innerlich Gott an, mich davor zu verschonen, an die Tafel gerufen zu werden, um irgendwelche

Formeln auszurechnen und aufzuschreiben. Ich
tat mich wirklich schwer damit. Die natürliche
Konsequenz war eine schlechte Note in diesem
Fach, die ich aber noch etwas abmildern konnte
in der mündlichen Endprüfung für das Zeugnis.
Diese Angst, der Alptraum, durch Unfähigkeit
aufzufallen, steigerte sich noch auf der sich anschließenden Schule.
Meine bereits vorhandenen aber auch zunehmende Versagensängste, Minderwertigkeitsgefühle und Komplexe – und der daraus resultie-
rende nicht vorhandene Stolz, wurden stark
geprägt durch die wiederkehrenden „Kompli-
mente" meines Vaters für mich. Ich war in seinen
Augen dumm, ein Nichtskönner, ein Trampeltier,
ein Dämel (Dummkopf). Ihm fielen stets neue
ungute Wörter für mich ein, die meine in seinen
Augen nicht vorhandenen Fähigkeiten beschrieben. Überhaupt wurden Fragen, die ich stellte,
schnell und energisch im Keim erstickt. Dann
hatte ich immer öfter ich das Gefühl, jemand
zöge eine Schlinge um meinen Hals zu und bekäme keine Luft mehr. In der Schule äußerte sich
das durch Herzrasen und Schweißausbrüche,
wenn ich aufgerufen wurde oder die Lehrerin
mich nur ansah.
Die Fächer Physik und Chemie reizten mich
nicht, obwohl unser Chemielehrer Maria und mir

gut gesonnen war und uns für die Lösungen zu motivieren versuchte, während die Jungen sich allerlei Streiche für ihn einfallen ließen, unter denen er sehr litt, denn er konnte sich nicht durchsetzen. An Turbinen, Motoren, Schwerkraft und anderen Gebieten der Physik fand ich kein Interesse und beschäftigte mich auch nicht viel damit. Wahrscheinlich brauche ich die eh nie, dachte ich mir damals.

Wir Mädchen hatten während der Schulzeit Kochunterricht, aber eine viel zu alte Lehrerin dafür, die uns Nachkriegsgerichte zubereiten ließ. Himmel und Erde, Arme Ritter und so weiter. Diese aßen wir nach dem gemeinsamen Kochen noch während des Unterrichtes.

Die Mädchen meiner Klasse tauschten sich in den Pausen aus, wie es in der Diskothek am Wochenende war und wen sie dort getroffen hatten aus der Schule oder aus dem Ort. Einige hatten schon Kusserfahrungen oder taten zumindest so. Das Thema Diskothek sprach ich auch zu Hause an und erfuhr, dass laut meinen Eltern eine Diskothek ein Ort der Schlechtigkeit und der Drogen war. Nichts Gutes gebe es da, gar nichts. Doch damit wollte ich mich nicht zufriedengeben und quälte sie mit ständigem Fragen, ob ich nicht doch wenigstens einmal eine solche Diskothek besuchen könne. Das zeigte dann auch Wirkung.

Um Punkt 20 Uhr fuhr mein Vater meine
Schwester und mich dort hin und setzte uns vor
der Türe der Disco ab. Es war natürlich noch
nichts los und Punkt 22 Uhr stand er wieder am
Eingang, um uns wieder in Empfang zu nehmen.
Also, ich nahm keinen schlimmen Eindruck mit
nach Hause.

NACH FRANKREICH

Noch während der Realschulzeit bekam ich
durch unsere Französisch-Lehrerin, die leider nur
ihre Favoriten in der Klasse hofierte, die Aus-
tauschadresse einer französischen Schülerin. So,
wie der erste Austausch in Form von Briefen mit
den englischen Austauschschülern lief, war es
auch mit Chantal, so hieß meine französische
Freundin. Wir schrieben uns sehr lange und aus-
führliche Briefe, bevor ich sie persönlich kennenlernen durfte. Nach Beendigung der Realschule
fuhr ich für zwei Wochen zu ihr, mit dem Zug
von Trier nach Paris.
Es war für mich das erste Schnuppern der „großen weiten Welt", da Chantal am Stadtrand von
Paris wohnte. Sie war so alt wie ich und lebte mit

einem jüngeren Bruder bei den Eltern. Gleich als wir uns das erste Mal sahen, waren wir auf einer Wellenlänge. Wir hatten die gleichen Lieblingsinterpreten in der Musik und beide noch viele Träume, wie es nach der Schulzeit weitergehen sollte. Obwohl ihre Eltern ebenfalls streng waren, ließen sie uns mit der Metro vom Stadtrand in die Weltstadt fahren. Eine solche Großstadt hatte ich bis dato noch nicht gesehen. Chantal zeigte mir die Sehenswürdigkeiten und half mir stets, wenn ich mit meinem Französisch nicht weiterkam. Ihre Eltern achteten sehr darauf, dass ich nur Französisch sprach, egal wie. Um mein Vokabular aufzufrischen, schickten sie mich bereits am zweiten Tag meines Aufenthalts alleine auf den Markt, mit einer von ihnen erstellten Einkaufsliste.

Es war die Zeit der Schlaghosen und Schlapphüte, in denen wir durch Paris schlenderten, Eis aßen und Limonade tranken. Hier fühlte ich mich frei, frei von allen Sorgen und Problemen zu Hause. Hier dachte ich nur an die große weite Welt. Die Welt und das Leben in Frankreich erschienen mir einfacher als bei uns zu Hause. Ich hatte den Eindruck, das Leben war nicht so kontrolliert. Chantal war für mich die ideale Freundin in dieser Zeit und blieb es noch einige Jahre. Ich genoss das gute Essen, welches ihre Mutter täglich kochte. Es wurde gemeinsam und vor allem mit viel Ruhe genossen wurde.

Zum Abschluss meines Aufenthalts fuhren wir zu fünft, also ihre Eltern, ihr Bruder und wir Mädchen, in einem alten Citroën ans Meer. Ich weiß nicht, wie viele Zigarillos ihr Vater bis zum Ziel verqualmte. Immer wenn er sich über andere Autofahrer ärgerte, schimpfte er wie ein Rohrspatz und gestikulierte gerade so, als wolle er den Verkehr ordnen, fast wie in einem Film. Dann erreichten wir unseren Zielort und ich stand das erste Mal in meinem Leben am Meer. Barfuß am Strand, im nassen Sand, der übersät war mit unzähligen kleinen Muscheln in vielen Formen und Farben. Die Wellen umspülten meine Füße. Das Meer war ein Spiegel der Sonne. Unendlich groß erschien mir auf einmal die Welt. Die Luft roch nach Salz und ich sog diesen Augenblick ganz tief in mich ein. Staunend wie ein Kind stand ich da und genoss dieses neue Gefühl von Freiheit und Unendlichkeit. Mit ausgebreiteten Armen, erfüllt von tiefer Dankbarkeit und Freude war ich ganz bei mir, vergaß alles um mich. Es gab nur mich an diesem Strand. Diesen ersten Eindruck am Meer habe ich bis heute nicht vergessen.

Paris besuchte ich noch viele Male in meinem Leben. Diese Stadt hielt immer wieder eine

Überraschung für mich bereit. Die Kontraste
zwischen arm und reich lagen hier eng beieinander oder saßen nebeneinander auf einer Bank im
Park.

Zwei Jahre besuchte ich nun schon, parallel zur
Schule, einen Schreibmaschinenkurs der Deutschen Bahn, bei der mein Vater arbeitete. Warum
ich das damals erlernen sollte, eröffnete sich mir
erst später. Jedenfalls war der Kurs überwiegend
mit Jungen belegt, die das Maschinenschreiben
für ihre Laufbahn bei der Bahn brauchten.
Hier lernte ich Ewald kennen, einen jungen
Mann, der bei der Bahn arbeitete. Unsere
Freundschaft fing mit diesem Schreibmaschinenkurs an. Ewald wohnte im Nachbarort, kam immer auf dem kleinen Moped seines Opas zu uns,
einer Quickly der auch wir Mädchen auf unserer
mittlerweile asphaltierten Straße fahren durften.
Wir gingen zusammen ins hiesige Schwimmbad
und machten gemeinsam einen Kurs in einer bekannten Tanzschule in Trier. Ewald war ein guter
Tänzer und Tanzen wurde meine Leidenschaft.
Tanzen, tanzen, dabei konnte ich wirklich mein
ganzes Leid und meine Traurigkeit vergessen. Ich
liebte es zu tanzen, mein ganzes Leben lang, egal
welchen Tanz, ob langsam oder schnell. Ich gab

mich total der Musik hin, ich vertanzte meinen Kummer.

Der Tag meines Realschulabschlusses, mit Aushändigung des Abschlusszeugnisses, war ein Tag wie jeder andere, nichts Besonderes. Die Klassenleiterin verabschiedete uns und wünschte uns für die Zukunft alles Gute, dann ging es nach Hause. Eigentlich hatte ich keine Lust auf weitere Schulzeit, ich hätte lieber Geld verdient, obwohl ich noch keine Vorstellung von einem Beruf hatte. Doch mein Vater hatte bereits eine weiterführende Schule in Trier für mich ausgesucht, die er mir schmackhaft machte. Ich bestand den Eingangstest und war dann zwei Jahre lang Schülerin der Fachoberschule für Sozialpädagogik, eigentlich ohne großes Engagement.

Hier machten wir Schüler Praktika in verschiedenen Einrichtungen, im Kindergarten oder im Krankenhaus, bei der Caritas oder der Bahnhofsmission. Mein erstes Praktikum machte ich auf einer Privatstation in einem Krankenhaus, was ich aber langweilig fand. Das zweite absolvierte ich in einem Heim für schwer erziehbare Mädchen. Das erste Mal war ich länger weg von zu Hause. Die Gruppenschwester, eine Nonne, meinte es sehr gut mit mir, bemerkte aber auch, dass ich absolut lebensfremd und völlig naiv war. Meine Eltern riefen mehrfach in der Woche dort an und wollten wissen, wie es mir geht und was es Neues gibt. Natürlich hatte ich ihnen immer viel zu berichten, denn es war jeden Tag was los. Die Mädchen meiner Gruppe waren so alt wie ich und ich hatte das Gefühl, ich müsse sie retten nach all dem Schlimmen, was sie durchgemacht hatten. Doch dieses Praktikum zeigte mir auch, wie gut es mir ging. Ein Zuhause zu haben, Heizung und Essen, das war nicht selbstverständlich. Das verstand ich.

Im zweiten Jahr an dieser Schule begann ich viel „blauzumachen". Ich war lieber mit Freundinnen in der Stadt Kuchen essen als im Unterricht. Ich genoss das Gefühl, etwas heimlich zu machen und keinem Menschen Rechenschaft darüber geben zu müssen.

Einen Tag vor dem Abschlusszeugnis durfte ich das erste Mal außerhalb bei einer Freundin in Trier übernachten. Welch eine Freiheit, welch ein Glück! Ich traf mich mit mehreren Mädchen und wir stießen erst mal mit einem Glas Whisky an, bevor wir in eine nahegelegene Diskothek gingen. Für mich war ja alles noch Neuland. Abends ausgehen, das kannte ich nicht. Herrlich, zu erleben, wie viele junge Menschen unterwegs waren, sich amüsierten und Spaß hatten. Dann die Musik in der Disco, natürlich kannte man die Lieder aus dem Radio, hier aber war die Lautstärke entscheidend, dass man laut mitsang oder dazu tanzte. Ein junger, gut aussehender Franzose forderte mich zum Tanz auf. Wir unterhielten uns sehr nett und gerade als es anfing spannend zu werden, also vor einem Kuss, sah ich einen älteren Mann auf Krücken in die Diskothek hineinkommen. Er sah aus wie mein Vater und... er war es auch. Er hatte gerade eine Venenoperation erfolgreich überstanden, jetzt suchte er mich mit meiner Mutter im Nachtleben von Trier, um mir zu sagen, ich solle sofort meine Sachen packen und mit beiden nach Hause fahren. Wie sehr schämte ich mich vor den Freundinnen damals. Ich fuhr natürlich mit den beiden heim und erfuhr, dass die Direktorin der Schule angerufen und gesagte hatte, ich brauche am nächsten Tag nicht in die Schule zu kommen, denn ich hätte das Ziel verfehlt. Also kein Abschluss.

Für meinen Vater brach eine Welt zusammen, was sollte nun aus mir werden? Er sah keine Perspektive für mich und viele Wörter, mit denen er seiner Enttäuschung Ausdruck verlieh, prasselten auf mich nieder. Ich saß mit beiden Elternteilen in unserer Küche und wurde gefragt, wie ich mir denn mein Leben nun vorstellte, so ohne Abschluss. Sehr spontan meinte ich, als ich die offene Tür zur Praxis meiner Mutter sah, ich wolle Krankenschwester werden, genau da, wo sie auch gelernt hatte, in Bonn. Wie ich darauf kam, weiß ich nicht. Es war ein spontaner Impuls, den ich sofort in Worte fasste. Mein Entschluss fiel nicht auf fruchtbaren Boden. Ich musste mir anhören, was nach Meinung meiner Mutter das Negative in und an dem Beruf war. Dann äußerte sie ihre Bedenken, ob ich das überhaupt schaffen könnte. Sie beschrieb viele Szenarien, um mir den Plan auszureden. Aber, je mehr sie sich ereiferte, desto vehementer äußerte ich meinen Wunsch, dieses Ziel erreichen zu wollen. Ich wollte weg aus dem Ort, weg von den dominanten Eltern, wollte nach Bonn, warum auch immer, um dort meine Ausbildung zur Krankenschwester zu beginnen. Ich war total überzeugt, dass ich dieses Ziel erreichen würde, und sogar stolz auf mich, dies zum Ausdruck gebracht zu haben.

DIE KRANKHEIT
SCHREITET FORT

Mein Zuhause war für mich keines mehr. Die Autorität und Kontrolle der Eltern nahmen mir die Luft. Sie konnten meine Schwester und mich nicht loslassen. Alles kontrollierten sie, mischten sich überall ein und wir funktionierten wie programmierte Roboter. Ich wollte etwas anderes erleben und sehen, außerhalb des Elternhauses, und mir nicht mehr jeden Tag um eine betrunkene Mutter Sorge machen oder panische Angst haben müssen, dass etwas Schlimmes passiert. Wollte mich nicht mehr verantwortlich fühlen für sie und nicht mehr ihren Lügen erliegen, bald mit dem Trinken aufzuhören. Ich wollte nicht mehr tagsüber meine Gedanken nur auf den Tagesablauf mit ihr beschränken und immer wieder hoffen und beten, sie möge nüchtern sein, wenigstens einmal, wenn ich nach Hause komme. Ich fühlte mich ausgepowert, kraftlos und sah für mich nur den Ausweg fortzugehen. Leben wollte ich, einfach nur leben, frei atmen und entdecken, wer ich eigentlich bin und was meine Wünsche ans Leben sind.

Obwohl die Krankheit der Mutter natürlich nicht spurlos an mir vorüberging, konnte ich doch, wenn ich mit Gleichaltrigen zusammen war, lachen. Ich lachte gerne und über viele Sachen. So richtig aus tiefster Seele, wie man sagt, das hatte etwas Befreiendes. Dann fiel mir alles leichter und die Welt hatte für mich mehr Farbe und mein Leben mehr Sinn. Das Stadium ihrer Krankheit war schon bedenklich genug. Ich hatte das Gefühl, ausgelaugt zu sein, ich fühlte keine Kraft mehr in mir, für meine Eltern da zu sein. Es war nicht nur die Alkoholsucht meiner Mutter, sondern auch die Hilflosigkeit meines Vaters, die ich erlebte. Also schrieb ich eine Bewerbung nach Bonn und erhielt einen Termin für ein Aufnahmegespräch.

Meine Schwester, ebenfalls gezeichnet durch die Sucht der Mutter, blieb noch ein Jahr lang alleine zu Hause, bevor auch sie nach Bonn ging, um dort eine Ausbildung zu beginnen.

Wahrscheinlich waren meine Eltern so mit sich selbst beschäftigt, dass für Aussprachen oder Diskussionen, geschweige einem Mitspracherecht der Kinder kein Platz war. Das merkte ich immer öfter an Reaktionen meiner Mutter, wenn sie mir bei Gelegenheit bitter entgegenschleuderte: „Du bist genau wie er" (also wie mein Vater). Lange wusste ich damit nichts anzufangen wie er, was hieß das denn? Doch mit der Zeit verstand ich, was sie mir sagte, nur zu gut. Mit meinem Vater, mit dem ich im Laufe der Zeit immer mehr Mitleid und auch Mitgefühl hatte, habe ich immer mitgelitten, weil er schon gehandycapt genug war in meinen Augen und dann machte ihm noch eine alkoholkranke Frau das Leben schwer. Ich habe mich schon sehr früh für ihn verantwortlich gefühlt, obwohl ich als Kind oder als Jugendliche diese Verantwortung gar nicht übernehmen konnte. Die Auswirkungen meiner Überlastung und Verantwortung machten sich bei mir schon früh in Form von üblen Verspannungen im Schulter- und Nackenbereich bemerkbar. Einen Führerschein zu machen war damals finanziell noch erschwinglich. Man brauchte nicht viele Fahrstunden. Meinen ersten Versuch zu fahren habe ich meinem Vater zu verdanken. Er hieß mich, in unser Auto einzusteigen, um dann mit mir einen Steilhang des hiesigen Berges zu befahren. Bald wechselten wir die Plätze, ich solle mich auf die Fahrerseite setzen, meinte er. Dann kam der Schnelldurchlauf: „Kupplung, Bremse, Gas und das sind die vier Gänge. So, nun starte mal und halte die Kupplung getreten. Jetzt lass das Gas langsam kommen." Ich war schon schweißgebadet vor Aufregung, doch ich tat, wie mir geheißen. Beim Lösen der Handbremse gab ich natürlich mächtig Gas, wir standen ja am Hang und das Auto drohte rückwärtszurollen. Er

schrie und gestikulierte wild, ich solle weniger
Gas geben, weniger! Nun, für das erste Mal als
Fahranfänger war dieser Steilhang wahrlich nicht
geeignet, doch ich schaffte es bald, mit weniger
Gas und ohne Rückwärtsrollen das Auto in den
Griff zu bekommen. Das übten wir einige Male,
bevor er mich die nächsten Male über Land fahren ließ. Natürlich wusste beziehungsweise ahnte
der Fahrlehrer in unserem Ort das und er gab
mich schnell in die Obhut eines Fahrlehrers in
Trier. Welch ein Unterschied! Ampeln, Kreuzun-
gen, Fußgänger und Radfahrer überall. Das Fahren hier war anfangs sehr hektisch und ich
musste mich sehr konzentrieren. Ich hatte mit
dem Führerschein bereits angefangen und stand
kurz vor der Fahrprüfung, als meine Ausbildung
in Bonn begann.

BONN, TRIER UND ERSTE REISEN

Zu Beginn meiner Ausbildung zur Krankenschwester teilte ich mein Zimmer mit einem
Mädchen gleichen Namens. Sie kam aus einem
sehr liberalen Elternhaus am Rhein und war die

Jüngste von drei Geschwistern, aber viel reifer, als ich es war.

In der ersten Zeit in Bonn hatte ich das Gefühl, die Welt gehöre mir. Ich war heilfroh, dem Druck von zu Hause entkommen zu sein, und hätte am liebsten die ganze Welt umarmt. Und dann das erste Gehalt, welches in meinen Augen riesig war, wobei ich nach dem ersten Einkauf schnell eines Besseren belehrt wurde. Hinzu kam, dass wir Geld abgezogen bekamen als Miete für ein Doppelzimmer, das man mit einer anderen Person bewohnte. Trotzdem, war ich feste überzeugt, könnte ich mit Geldrücklagen rechnen, sparen und vor allem für mich alleine aufkommen, ohne die Eltern fragen zu müssen. Ich roch die große weite Welt und hatte Träume, was ich alles noch machen und erleben wollte.

Wie schnell kam ich doch auf den Boden der Tatsachen zurück. Nach Auszahlung des ersten Gehalts war schon nach fünf Tagen kein Geld mehr da und das war der Anfang eines Tauschhandels, dem nicht nur ich nachging. Wenn meine Eltern mir ein Souvenir oder Lederbekleidung aus ihrem Urlaub in Italien mitbrachten, wohin sie nun oft alleine fuhren, verscherbelte ich diese oftmals für ein Päckchen Zigaretten oder etwas Reis. Ein neuer Pulli wurde ebenfalls für ein „Rauchopfer" verkauft oder getauscht.

Zur damaligen Zeit gab es viele Inderinnen und Koreanerinnen in den Kursen, die große Säcke Reis im Zimmer stehen hatten. Auch sie waren in unseren Tauschhandel involviert. Getauscht wurde alles, was man nicht brauchte, gegen Reis und Zigaretten, denn mit diesem Laster hatte ich leider auch angefangen.

Da tat sich für mich auf einmal eine unverhoffte Lücke auf, durch die ich zusätzlich Geld verdienen konnte. Ein Arzt, der in einem Labor arbeitete, suchte eine Schreibkraft die, für immerhin 10 DM pro Din-A4-Seite, seine Arbeiten tippen sollte. Ich bekam diese Stelle, natürlich inoffiziell. Es half mir und meinem Geldbeutel und ich war sehr dankbar für das unerwartete Glück. Andere Mitschülerinnen gingen regelmäßig zur Blutbank, um Blut zu spenden, obwohl uns das verboten war, nur um über die Runden zu kommen.

Ich bin heute noch sehr stolz auf mich, dass ich meine Eltern nie um Geld oder Unterstützung fragen musste, im Gegensatz zu meiner Schwester. Ich wollte und konnte ihnen immer zeigen, ich schaffe das alleine. Ich kann das!

In Bonn entdeckte ich neue Freiheiten für mich. Diskotheken, Kinos oder eine andere Stadt jederzeit besuchen zu können, ohne jemanden fragen zu müssen. Wir, meine Mitbewohnerin und ich, fuhren oft mit dem Zug die Rheinstrecke entlang und sie nahm mich mit zu ihrer Familie. Von hier aus konnte ich auch meine Großmutter an der Ahr besuchen, die mir immer etwas Geld zusteckte. Meine Oma war immer noch recht urig und cool, wie ich sie in Erinnerung hatte. Sie freute sich sehr über meinen Besuch. Ich habe nie verstanden, was zwischen ihr und meiner Mutter vorgefallen war, um in meiner Mutter solch einen großen Hass auf die kleine Frau zu erzeugen. Ich wusste nur eines: Niemals im Leben wollte ich derart hassen und dadurch den Blick für alles Schöne verlieren.

Das Mädchen, mit der ich mein Zimmer teilte, hatte bereits einen festen Freund, im Gegensatz zu mir, und sie war sehr fixiert auf ihn. Die beiden verbrachten viel Zeit zusammen und schienen glücklich zu sein, so jedenfalls erzählte sie es mir. Wir beide gingen in unserer Freizeit aus, bummelten durch Bonn oder luden andere Mitschülerinnen auf unser Zimmer ein und tranken, was damals *in* war, Jasmintee, keinen Alkohol. Mit ihr konnte ich über meine Problematik zu Hause sprechen und es war für mich ein erster Befreiungsschlag, überhaupt mal mit einem Menschen über die Alkoholsucht meiner Mutter reden zu können. Über meine Gefühle die Wut, Ohnmacht, Aggression, mein Mitleid und meine

Hilflosigkeit, aber kurioserweise auch über die Art der Zuneigung zu sprechen, die ich trotz allem für meine Eltern, besonders für meinen Vater, verspürte. Manchmal fragte ich mich, ob diese Zuneigung Liebe oder eine feinere Form von Mitleid war.

Natürlich lernte ich auch nette Jungen kennen. Der eine hatte bereits ein Auto und nahm mich, wenn ich frei hatte, mit nach Holland oder Belgien. Der andere hatte ein Motorrad, mit dem wir auf dem Nürburgring Runden drehten. Ohne Nierenschutz, aber glücklich im Fahrtwind. Um es kurz zu machen, es war eine abenteuerliche Zeit und ich hatte Freude und Spaß an der Leichtigkeit des Lebens. Wenn ich heute daran denke, dass wir mangels Geld mit fünf Leuten in einem alten Škoda auf einer Promenade in Holland übernachtet haben und uns tagsüber Städte im Nachbarland ansahen, spüre ich sie noch, diese Leichtigkeit des Lebens. Das Leben zeigte mir eine Seite, die nicht so schwer und belastend war. Eine Seite, die mich neugierig und glücklich machte.

Einige Jungen stellten mir ihr Auto zur Verfügung. Ich durfte fahren, ohne einen Führerschein zu haben und sie waren glücklich, ein Bier trinken zu können. Da ich nicht trank war ich froh etwas für meine Fahrpraxis tun zu können, denn der Führerschein stand an. Ich fuhr durch Köln und Bonn sehr sicher und viel auf dem Nürburgring, wo mir die Jungs Tricks und Finessen des Fahrens beibrachten. Meinen Führerschein bestand ich natürlich kurze Zeit später, aber ein eigenes Auto besaß ich Zeit meines Lebens nie. Zu Beginn des zweiten Ausbildungsjahres bekam ich ein schlimmes Nierenleiden, weshalb ich stationär in der Klinik aufgenommen und einige Monate behandelt werden musste. Wie ein Versuchskaninchen kam ich mir vor. Unzählige und teilweise sehr schmerzhafte Untersuchungen und Eingriffe musste ich über mich ergehen lassen, die mehr oder minder glimpflich abliefen. Das Krankenzimmer teilte ich mit zwei Frauen. Neben mir lag eine Inderin, die sehr nett war und mir erzählte, ihr Mann könne aus der Hand lesen. So was hatte ich noch nie gehört. So sehr ich auch meine Handinnenflächen betrachtete, ich sah nur einige Rillen, mehr nicht. Als dieser Mann wieder einmal zu Besuch kam, bat sie ihn, mir aus der Hand zu lesen, was er auch tat. Er prophezeite mir Sachen und Begegnungen, an die ich mich viele Jahre später erinnerte, als sie eintrafen und mir zeigten, dass es Menschen gibt, die die Gabe haben, über den Tellerrand schauen zu dürfen wie man sagt.

Zu dieser Zeit las ich bereits Bücher von Thorwald Dethlefsen und Erich von Däniken, dann kam auch Joseph Murphy dazu mit „Die Kraft Ihres Unterbewusstseins" und ich will ganz ehrlich sagen, dass ich mir damals ganz sicher war, dass es mehr zwischen Himmel und Erde gab als das, was um mich herum passierte, was ich sah und erlebte. Die ersten Bücher von Kübler-Ross über das Sterben verschlang ich und ebenso viele Bücher über Nahtoterfahrungen. Es waren spannende Themen und das ahnen anderer, unbekannter Dimensionen und Sphären. Aber darüber konnte ich damals noch mit niemandem sprechen.

Dazu kam natürlich in dieser Zeit die Musik von Cat Stevens, Pink Floyd, den Stones oder Queen, aber auch in den 70ern die Soulmusik. Unter den Jugendlichen gab es Protest und Widerstand gegen die in ihren Augen viel zu harte und intolerante Elterngeneration. Diese Jugend wollte nur eines, ein selbstbestimmteres und freieres Leben, was aber viele Eltern nicht verstanden. Da revolutionierte etwas seit relativ kurzer Zeit schon die Welt, besonders die Welt der Frau. Es gab die Pille als Verhütungsmittel. Wir bekamen sie als Jugendliche von einem Gynäkologen verschrieben, wobei ich sie anfangs nur einnahm, um meine Eltern zu provozieren.

Weil mein Gesundheitszustand nach einigen Monaten in der Klinik kritisch war, gab es für mich keine Möglichkeit, in Bonn zu bleiben. Ich zog also wieder bei meinen Eltern ein, bevor ich in einem Trierer Krankenhaus ein Zimmer in einem Schwesternwohnheim bekam. Gott sei Dank wurde ich im zweiten Ausbildungsjahr zur Krankenschwester als Schülerin akzeptiert und konnte meine Ausbildung hier auch beenden. Die Jungen und Mädchen meines neuen Kurses nahmen mich sehr gut auf.

Von meinem ersparten Geld kaufte ich mir einen Schallplattenspieler und LPs von Chris Kristofferson und Manfred Mann's Earthband, aber besonders liebte ich Charles Aznavour und Nana Mouskouri.

Hier in Trier kam es öfters vor, dass mich mein Vater abends anrief, um zu fragen, wie es mir gehe. Doch ich hörte seinen traurigen Unterton und merkte an seinen Worten, dass er wieder mit einer Situation zu Hause nicht zurechtkam. Dann berichtete er mir, dass meine Mutter betrunken im Bett liege. Ich schlug ihm dann vor, zu mir zu kommen und zusammen zu reden, was er auch dankbar annahm. Wir tranken Tee zusammen und flachsten etwas rum, ohne die Themen Mutter oder Alkohol zu erwähnen. Im Hintergrund sang Cat Stevens. Mein Vater wirkte meist gelöster, wenn er wieder nach Hause fuhr.

In diesem Alter sagte mir mein Vater öfter, wenn ich mal einen Jungen kennenlerne und meine, der sei eine feste Freundschaft wert, bräuchte ich keine Bedenken zu haben, ihn mit nach Hause bringen und den Eltern vorzustellen. Er sagte das so ehrlich, dass ich es ihm glaubte. Und so ergab es sich, dass ich meinen Eltern verschiedene Jungen vorstellte. Einer kam gerade aus dem Gefängnis. Ich hatte großes Mitleid mit ihm und wollte ihm helfen, wieder Fuß zu fassen. Ein anderer studierte Medizin in Mainz, ein weiterer übte bereits einen Beruf aus und einer war Musiker. An jedem fanden meine Eltern etwas Negatives. Entweder waren die Haare zu lang, die Ausdrucksweise nicht recht, das Benehmen schlecht oder die Lederjacke abgeschabt. Irgendetwas entdeckten sie immer, worauf ich beschloss, keinen mehr zu Hause vorzustellen. Diese Entscheidung traf ich eigentlich sehr schnell für mich.
Meine Schwester, gezeichnet durch die Wirren des Elternhauses, war seit einem Jahr in Bonn. Hier wollte sie zuerst den Beruf einer Kindergärtnerin erlernen, entschloss sich dann aber schnell, Heilpädagogin zu werden.

Am Ende meines zweiten Ausbildungsjahres im Krankenhaus lernte ich einen netten jungen Mann kennen, in den ich mich verliebte. Wir hatten die gleichen Interessen und verbrachten häufig die Freizeit miteinander. Ich fühlte mich bei ihm geborgen und konnte mit ihm auch über die Probleme in meinem Elternhaus sprechen. Welche Erleichterung! Mit ihm zusammen war meine Zeit stress- und sorgenfrei. Wir ergänzten uns richtig gut und was wichtig war, wir lachten viel zusammen. Er hatte eine Katze in seiner Wohnung, die sich nachts an meine Füße legte und diese wärmte. Sie war sehr zutraulich und für mich war es die erste Begegnung mit einem Haustier, da meine Mutter sich stets dagegen ausgesprochen hatte. Sie mochte keine Tiere.

Wenn ich bei ihm übernachtete, lagen morgens selbstgeschriebene Gedichte für mich auf dem gedeckten Tisch. Jeden Tag ein neues. Er las mir jeden Wunsch von den Augen ab. Er war immer für mich da und ich fühlte mich nicht nur, ich war glücklich und hatte oft Sonne in meinem Tagesablauf. Wir sprachen über eine gemeinsame Zukunft nach meinem Examen, ein Zusammenziehen, Kinder und suchten nach Perspektiven. Drei Monate vor Ausbildungsende merkte ich, dass ich morgens nicht mehr rechtzeitig genug aus dem Bett kam. Ich war oft müde und meine

Hosen passten um den Bund nicht mehr. Also konsultierte ich einen Frauenarzt. Dieser riet mir, sofort wieder die Pille zu nehmen, denn mit dieser pausierte ich gerade. Ich begann also sofort wieder mit der Einnahme. Doch mein Körper veränderte sich und ich wusste einfach nicht, was das sein konnte. Die morgendliche Müdigkeit nahm zu und auch mein Appetit. So konsultierte ich einen anderen Arzt und fiel aus allen Wolken, als er mir freundlich gratulierte und sagte, ich sei schwanger. Zu diesem Arztbesuch hatte ich meine Mutter mitgenommen, denn sie hegte schon einige Zeit den Verdacht, den der Arzt jetzt in Worte fasste. Es folgte ein sehr denkwürdiger Abend, an dem ich mich zu Hause auf ihr Geheiß hin, meinem Vater stellen musste. Ich wurde dargestellt wie eine Prostituierte und es wurde mir klargemacht, dass ich mir nicht einbilden brauche, diesen Mann noch einmal wiederzusehen. Schimpftiraden prasselten auf mich ein und ich kam mir vor wie eine Schwerverbrecherin kurz vor dem Schafott. In den nächsten Tagen begannen meine Eltern die Verwandtschaft abzutelefonieren, um ihnen die „Hiobsbotschaft" zu übermitteln. Jeder hatte sofort eine Adresse für eine Abtreibung parat. Es war nicht einer darunter, der mir sagte: „Komm, das schaffen wir gemeinsam."

Da stand ich nun, drei Monate vor meinem Examen zur Krankenschwester, ohne Aussicht auf Anschlussbeschäftigung und mit dem eindeutigen Verbot meiner Eltern, den Vater des Kindes sehen zu dürfen. Um es kurz zu machen, meine Eltern übten unendlich großen Druck auf mich aus und fanden eine Adresse in Saarbrücken bei einem Arzt, der den Eingriff durchführen sollte. Sie drohten mir, mit einem Kind bräuchte ich nicht nach Hause zu kommen, sie würden sich nicht darum kümmern. Aber was für sie noch viel schlimmer wog war, was die Nachbarn wohl dazu sagen würden, ich mit einem Kind und nicht verheiratet!

Mein Vater fuhr mich nach Saarbrücken, nachdem er mir immer wieder klar gemacht hatte, dass ich nicht für das Kind sorgen könne ohne Arbeit und sie, also meine Eltern, es ganz sicher nicht aufziehen würden. Es ist schwer zu verstehen, aber ich musste mich ihrem Willen beugen. Zu stark waren ihr Einfluss und der Druck. Mein Vater bezahlte dem Arzt den geforderten Betrag, der Eingriff wurde gemacht und damit war ein unliebsames Kapitel für meine Eltern erledigt. Es wurde nie mehr in unserer Familie darüber gesprochen. Man ging zur Tagesordnung über. Auch mich fragten sie nie, wie es mir nach dem Eingriff ging oder wie ich mich danach fühlte.

So gut ich mich vorher körperlich gefühlt hatte, umso schlechter ging es mir in der folgenden Zeit. Ich bekam schwere Schuldgefühle dem ungeborenen, nicht mehr existentem Kind gegenüber. Eine nie dagewesene Traurigkeit machte sich in mir breit und ich weinte viel. Da meine Eltern mich streng überwachten, konnte ich zunächst keinen Kontakt zu dem Kindesvater herstellen, was die Situation für mich noch viel schlimmer machte. Die Schuldgefühle wuchsen und wuchsen und wurden riesengroß. Ich fühlte mich als der einsamste Mensch auf der Welt, alleingelassen und verraten von denen, von denen ich es am wenigsten gedacht hätte.

Etwa einen Monat nach diesem Eingriff konnte ich dann doch meinen Freund heimlich kontaktieren. Ich erzählte ihm, was ich durchmachen musste in den letzten Wochen, wie sehr ich unter den Schuldgefühlen litt und wie sehr ich aus meinem Gleichgewicht war. Wir hielten uns im Arm und haben beide lange geweint. Er hat diese Nachricht leider nicht verkraftet und ich musste ihn gehen lassen.

Mein Leben ging weiter, aber anders als bisher.

Wegen der großen Krankenschwesternschwemme damals fand ich trotz gutem Abschluss, wie viele andere aus meinem Kurs, keine

Arbeit in einem Krankenhaus. Nur einige wenige wurden übernommen und ich schrieb 48 Bewerbungen, von Damp 2000 an der Ostsee bis nach Bayern an den Tegernsee. Mit einigen anderen Absolventen meines Kurses fuhren wir zu Kliniken, stellten uns persönlich vor, doch niemand hatte Arbeit für uns. So blieb mir nichts anderes übrig, als mich arbeitslos zu melden.

In dieser Zeit gab es das Interrailticket der Deutschen Bahn, damit konnte man vier Wochen mit dem Zug durch ganz Europa fahren. Da ich das Meer noch in Erinnerung hatte, von meinem Aufenthalt bei Chantal, suchte ich es mir als Ziel für meine Fahrten aus. Eine Art Fernweh ergriff mich und es entstand ein Reisefieber, das ich nutzte, viele fremde Länder und ihre Menschen kennenzulernen.

Meine ersten Reisen führten mich in die Algarve nach Portugal, ins Baskenland nach Spanien, nach Athen auf die Akropolis, auf die Insel Mykonos, nach Belgien und Holland und oft nach Paris. Begleitet wurde ich von einem guten Freund aus meinem Krankenpflegekurs. Er war homosexuell. Für mich war er ein wunderbarer Begleiter, Unterhalter und Zuhörer. Er meldete sich zeitgleich mit mir arbeitslos und wir verbrachten eine wunderbare Zeit des Reisens miteinander. Ich lernte die südlichen Länder Europas, ihre Flora und Fauna, aber auch ihre Essenskultur kennen und schätzen. Die warme Sonne und das Meer, Orangen und Zitronenbäume, gesellige nette Menschen, da fühlte ich mich geborgen und wohl. Spannend fand ich es, mir immer einige Worte in der jeweiligen Landessprache anzueignen, um „Bitte" oder „Danke" zu sagen, als kleines Entgegenkommen und Zeichen meines Respektes vor dem Gastland und der Gastfreundschaft. Wir feierten gemeinsam mit den Menschen ihre Traditionen, feierten mit ihnen das Osterfest, durften an Hochzeiten und Taufen teilnehmen. Wenn es mit der Sprache nicht klappte, wurde mit Händen gestikuliert und so darzustellen versucht, was man mitteilen wollte. Das war eine internationale Sprache.

In Holland verteilten wir vormittags Flyer für eine Jugendherberge und durften deshalb sehr günstig in selbiger übernachten. Natürlich nicht in einem Einzelzimmer, sondern zusammen mit Menschen aus sechs Nationen. Immer war ich total fasziniert von der Andersartigkeit eines Landes und der Liebenswürdigkeit der Menschen. Eines habe ich wieder und wieder feststellen können. Die ärmsten Menschen haben mit Freude immer am meisten abgegeben oder das mit mir geteilt, was sie hatten. Die Sonnenuntergänge am Meer, die Unendlichkeit, die ich spürte, die Liebe der Menschen untereinander, all das brachte mich oft zum Nachdenken über mich, mein Leben, meine Eltern und meine Zukunft. Aus jedem Land brachte ich ein schönes Souvenir für meine Mutter mit nach Hause. Eine Obstschale aus Athen, eine bestickte Tischdecke aus Portugal oder für meine Schwester ein Kleid von Mykonos. Egal in welchem Land ich gerade war, ich rief jeden zweiten Tag von einer Telefonzelle aus zu Hause an und fragte, wie es den Eltern ging. Meine Mutter gab den Hörer meistens schnell an meinen Vater weiter, sie wollte nie viel mit mir erzählen oder wissen, wo ich gerade war. An ihrer Stimme und den Worten hörte ich jedoch immer schnell, dass sie wieder getrunken hatte.

Die Zeit, in der ich unterwegs durch Europa war, hat mich sehr positiv beeinflusst und meine Sorgen um meine Zukunft, aber auch die Abtreibung etwas in den Hintergrund rücken lassen. Ich hatte Zeiten, da fühlte ich mich frei, nicht niedergedrückt und bevormundet, da war ich sogar kurze Zeit stolz auf mich selbst. Aber dieses kurzzeitige Glücksgefühl verflog oft schnell. Meistens dann, wenn ich, aus welchem Land auch immer, meine Eltern anrief und merkte, dass sie sich immer noch einem Teufelskreis der Alkoholsucht befanden.

Unbezahlbar waren für mich auf diesen Reisen die schönen Erfahrungen, mit jungen Menschen zusammen am Lagerfeuer in irgendeinem Land zu sitzen und gemeinsam Lieder zu singen, sich auszutauschen und sich über Gott und die Welt zu unterhalten. Die Lieder von Pink Floyd kannten alle.

Als Arbeitssuchende musste ich mich in dieser Zeit des Reisens alle vierzehn Tage auf dem Arbeitsamt vorstellen, wegen der Verlängerung des Arbeitslosengeldes, bevor meine Reise fortgesetzt werden konnte. Nach einem schönen Urlaub am Meer, ich war insgesamt neunzig Tage durch Europa gereist, wartete zu Hause Post auf mich, aus Ulm an der Donau. Das dortige Bundeswehrkrankenhaus schickte mir eine Zusage, als Krankenschwester bei ihnen arbeiten zu können. Ich hatte vier Wochen Vorbereitungszeit, bevor es von Trier ins Schwabenland gehen sollte. Die Freude meinerseits war groß, endlich loslegen zu können mit der erlernten Pflege. Doch die Fäden des Schicksals wurden schon gewebt, als ich noch damit beschäftigt war, andere große Pläne für mich zu machen.

ERSTES KENNENLERNEN

Meine Eltern hatten in Niederlahnstein gute Bekannte, die mich als Kind öfters zu sich genommen haben. Ich war immer sehr gerne dort gewesen. Die Frau, die ich als Tante bezeichnete, war
weltoffen, liberal und immer gut drauf. Sie hatte
drei erwachsene Kinder und später auch viele
Enkel. Hier war immer was los und bei ihr wurde
ich als Kind kindgerecht und besonders lieb behandelt. Zu eben dieser „Tante Marianne", wie
ich sie nannte, fuhren meine Mutter und ich, als
ich bereits meine Zusage für Ulm gegeben hatte.
Während wir, meine Mutter und ich, mit dieser
Tante auf dem Balkon saßen, gesellte sich ein
braungebrannter junger Mann dazu. Meine Tante
sprach kurz mit ihm und wandte sich dann wieder uns zu. Ich fand den jungen Mann anziehend.
Braungebrannt, blaue Augen und nett. Er erzählte mir von seinem Urlaub auf Sardinien, von
dem er gerade erst zurückgekommen sei. Es war
die Insel der Glückseligkeit für ihn, so brachte er
es rüber. Er kannte sich dort sehr gut aus, weil er
bereits öfter auf der Insel gewesen war. Ich ließ
mir von ihm die Landschaft beschreiben, die
Städte und die Menschen. Das Gespräch mit ihm
fand ich sehr interessant und ich schwärmte ihm

von meinen Zukunftsplänen vor, dass ich in Kürze im Bundeswehrkrankenhaus in Ulm anfangen würde als Krankenschwester und gespannt sei auf alles, was mich dort erwarte. Schwaben kannte ich nämlich noch nicht. Da erwähnte er sehr kurz, dass er gerade geschieden worden sei von einer jüngeren Frau, die ein entferntes Mitglied eben dieser Familie war. Meine Tante meinte, da sie meine Faszination für ihn wahrnahm, ich solle die Finger von ihm lassen, er sei nichts für mich. Das machte die Sache erst recht spannend. Ich konnte nichts Schlimmes an ihm finden und somit auch nicht verstehen, warum sie mich so ernst und besorgt ansah. Er war als Berufssoldat auf einem Lehrgang in Aachen, dazu noch im gleichen Monat wie ich geboren, allerdings sieben Jahre älter. Für mich war alles stimmig und ich schlug alle Bedenken und Einwände der Menschen um mich, einschließlich die meiner Eltern, in den Wind. Sie redeten auf mich ein und meinten, ich würde mir keinen Gefallen tun mit dieser Bekanntschaft, es gebe bessere. Der oder keiner, war aber meine Devise und ich beschloss, mit ihm in Kontakt zu bleiben, sobald ich meine neue Adresse in Ulm wüsste. Wir trafen uns noch einige Male bevor ich nach Ulm zog. Ganz ehrlich, ich hatte die pinkfarbene Brille des Verliebtseins auf und war von außen her absolut keinen Trennungsversuchen zugänglich.

Als ich mit dem Zug in Ulm ankam, holten mich einige Leute der Standortverwaltung der Bundeswehr in einem größeren Auto ab. Sie sprachen mit mir freundlich, fragend, abwartend, aber ich verstand kein Wort. Nichts. Sie sprachen Schwäbisch und ich brauchte einige Zeit, um mich an diesen Dialekt zu gewöhnen. Dank meiner netten neuen Nachbarinnen im Haus schaffte ich es mit der Zeit auch. Die Standortverwaltung der Bundeswehr stellte mir ein Zimmer in einer Zweizimmerwohnung zur Verfügung. Die Wohnung teilte ich mit einem jungen, sehr verliebten Paar und einer Katze. Gemeinsam hatten wir Bad und Küche. Sie arbeitete auf einer anderen Station im Bundeswehrkrankenhaus, ebenfalls als Krankenschwester. Mein Zimmer war anspruchslos. Eine Matratze auf dem Boden, ein Tisch, ein Schrank und ein Stuhl, dazu ein Schallplattenspieler. Das wars. Eine Waschmaschine hatten wir nicht, aber eine Nachbarin im Haus, eine wunderbare, freundliche Frau mit zwei erwachsenen Söhnen bot sich an, meine Wäsche zu waschen. Das habe ich ihr nie vergessen. Kurze Zeit nach meinem

Einzug in diese Wohnung kam meine Mutter für ein Wochenende zu mir. Sie wollte sich ein Bild davon machen, wie ich untergebracht war und wie es mir ging. Wir schliefen beide auf der Bodenmatratze und kamen kurioserweise diese kurze Zeit über gut miteinander aus. Ich konnte ihr noch die schöne Stadt zeigen, bevor sie wieder nach Hause fuhr.

Alex, mein neuer Freund, kam mit eigenem Auto und wir machten in der Folgezeit an meinen freien Diensttagen viele schöne Fahrten in die Schweiz, ins Allgäu oder auch nach Paris, nur um dort Kaffee zu trinken und Baguette zu essen. Seine Scheidung war noch nicht lange her und bei mir die Abtreibung, von der ich ihm erzählte. Doch über seine erste Ehe, seine Exfrau, über Freunde oder Hobbys sprach er nie. Ich freute mich jedoch auf unsere nächsten gemeinsamen Fahrten und war gespannt, was uns beiden die Zukunft bringen wird.

Es verging ungefähr ein halbes Jahr, als mein Vater mich anrief. Das tat er eigentlich regelmäßig, aber dieses Mal war er sehr verzweifelt, resigniert und klang unfassbar traurig. Er war weiterhin Gefangener seiner Ohnmacht und Sprachlosigkeit über die Alkoholsucht meiner Mutter. Sie sei fast nur noch betrunken wenn er nach Hause käme von der Arbeit und er könne keinen klaren Gedanken mehr fassen. Er fände das alles nur noch widerlich. Sie sei nicht mehr die Frau, die er mal geheiratet habe. Seit einiger Zeit nehme sie zum Alkohol auch Tabletten, was das Chaos zu Haus noch verstärke, berichtete er mir. Meine Mutter arbeitete in demselben Krankenhaus, in dem ich meine Ausbildung auf der Psychiatrie gemacht hatte, und ich beschloss, ihren Chef aufzusuchen, um mit ihm, einem renommierten Psychiater, über die Frau (meine Mutter) und ihre Sucht zu sprechen. Einer musste doch schließlich was tun, anstatt alles nur auszuhalten, dachte ich. Dafür bekam ich Sonderurlaub von meinem Arbeitgeber und fuhr also nach Trier mit einem Termin bei diesem Chefarzt in der Hoffnung, dass er mir helfen würde. Ich kam dann auch recht schnell auf das Thema, teilte ihm mit, wer ich sei und was ich besprechen möchte mit ihm, nämlich das Alkoholproblem meiner Mutter, die auf seiner Station arbeitete. Es kam auch zur Sprache, dass sie mittlerweile Tabletten zum Alkohol nahm und diese Entwicklung für alle Angehörigen schlimm und fast nicht mehr zu ertragen wäre. Er hörte sich meine Geschichte an und meinte dann tatsächlich, wenn ich Zwistigkeiten mit meiner Mutter hätte, solle ich diese gefälligst mit ihr persönlich austragen. Sie sei eine sehr gute Kraft und er würde mir nicht glauben, was ich hier über sie berichtete. Das sagte mir ein Arzt, der täglich viele Patienten behandelte, diese einwies in Kliniken und der nicht zuließ, das von mir geschilderte Problem zu hinterfragen. Er ließ mich verblüfft stehen und ging aus dem Raum. Selten in meinem Leben war ich so perplex. Dieser Arzt behandelte Suchtpatienten auf seiner Station und kennt sich mit der Krankheit doch aus, dachte ich. Ich stand ich da wie ein begossener Pudel, unfähig, einen klaren Gedanken zu fassen und nur die Frage im Kopf, was nun? Vom Krankenhaus aus fuhr ich mit stark klopfendem Herzen zu meinem Vater und erzählte ihm von meinem Besuch beim Chefarzt. Oh je, wie ungehalten reagierte er darauf. Was mir einfiele, die Mutter zu denunzieren und dann noch über eine solch hohe Schiene. Ich könne froh sein, wenn sie ihre Arbeit behalte, meinte er. Ein solcher Schritt sei wahrlich nicht nötig gewesen. Also stand ich wieder dumm da und war voller Zweifel, ob dieser Weg wirklich falsch gewesen war und ich nicht eine andere Lösung hätte finden können.

Meine Mutter behielt ihre Arbeit, es passierte nichts, weder auf der Station noch in ihrem Leben. Alles ging weiter, als sei nie etwas passiert. Ich fuhr zurück nach Ulm und hatte an diesem

Tag ein Stück Glauben an eine Gerechtigkeit verloren. Der Alltag hatte mich schnell wieder.

Ich bin auch heute noch der Meinung, dass man einem Menschen, mit dem man zusammen zu leben gedenkt, etwas von sich erzählen sollte. Einige markante Punkte aus dem Leben des anderen sollte man kennen, von seiner Familie, Kindheit, Jugend über seine Träume, Hoffnungen und Wünsche. Das sind wichtige Stationen im Leben und nur so glaubte ich, kann der Partner nachvollziehen, warum man so ist, wie man ist, oder so reagiert, wie man es tat. Natürlich sprach ich mit Alex über Dinge aus meinem Leben. Die Abtreibung, die Alkoholsucht meiner Mutter, die Operation meines Vaters und vieles, was ich mir noch wünschte vom Leben. Doch Alex bezog nie Stellung zu einem dieser Themen oder verlor ein Wort darüber. Er hatte auch nie ein Wort des Trostes für mich, was ich dringend gebraucht hätte.

Es dauerte einige Zeit, bis er mich seinen Eltern vorstellte. Seine Mutter machte einen guten Eindruck auf mich, sie wirkte herzlich, aber auch einsam. Sie war eine exzellente Köchin und Kuchenbäckerin. Der Vater war zurückhaltender, er erschien mir introvertiert zu sein und hatte für mein Gefühl ein distanziertes Verhältnis zu seinen Kindern. Die jüngste Schwester lebte noch mit den Eltern in der Wohnung. Sie war sehr nett und hilfsbereit und wie viele Menschen, die so sind, in einem Heilberuf tätig. Seine ältere Schwester war unglücklich verheiratet, hatte ein Kind und der jüngere Bruder lebte mit seiner Familie weiter weg.

In dieser Familie herrschte ein kühles Klima, dem ich aber nicht viel Bedeutung beimaß, denn ich wollte ja schließlich nur mit ihm, Alex, zusammen sein und leben. Im Wohnzimmer seiner Eltern hing ein selbstgemaltes Bild, das Portrait eines Jungen, den ich im ersten Moment für meinen Freund in jungen Jahren hielt. Die Mutter erzählte mir aber später, dass dies ihr erstes Kind war, der im Alter von acht Jahren unter eine Straßenbahn gekommen und gestorben sei. Von dem Kind wurde in der Familie nicht gesprochen. Im Laufe der Zeit machte ich mir mein eigenes Bild von dem Jungen und seinen Eltern und als die Wahrheit eines Tages ans Licht kam, wusste ich, dass ich sie schon früh erkannt hatte. Die frisch geschiedene Ehe von Alex und war ebenfalls ein Tabuthema. Auch darüber wurde auch nie gesprochen.

Eineinhalb Jahre pendelte ich zwischen beiden Elternfamilien hin und her, bevor ich mich nach

Koblenz versetzen ließ, um dort meine Arbeit im Bundeswehrkrankenhaus fortzusetzen und mit Alex zusammenziehen zu können. Endlich nicht mehr die vielen Kilometer fahren oder Zeit verschwenden müssen mit Warten. Bereits wenige Tage nach meinem Einzug bei Alex fuhr er in eine Kurmaßnahme. Von da an tat er dies regelmäßig, bis er pensioniert wurde. Immer in den gleichen Ort im Allgäu.

Das Weihnachtsfest bei meinen Schwiegereltern wurde so gefeiert, dass die erwachsenen Kinder mit ihrem Partner und den Kindern zum Kaffee eintrafen. Dazu hatte die Mutter etliche Kuchen selbstgebacken und kredenzte diese vor einer kurzen Bescherung. Sie bekam stets ein Schmuckstück, welches sie sich allerdings selbst gekauft und verpackt hatte. Dieses drückte sie dann ihrem Mann in die Hand, um es von ihm als Weihnachtsgeschenk zurückzubekommen. Als Abschluss dieses Festtages gab es abends immer Toast Hawaii. Danach standen die jüngste Schwester und ich nach dem Essen immer in der Küche, um den Abwasch zu erledigen. Alle anderen blieben sitzen und genossen ihr Weihnachtsfest.

Wenn die Dämmerung am Heiligen Abend hereinbrach, fuhren Alex und ich zu meinen Eltern nach Trier, weil ich Sorge hatte, dass das dortige

Weihnachtsfest wegen meiner Mutter ins Wasser fallen würde. Aus dieser Sorge heraus pflegten wir diese Tradition, an Weihnachten im Schnee durch die Eifel zu fahren, um gemeinsam mit ihnen zu feiern, noch einige Jahre lang. Leider musste ich mehr und mehr, aber bald auch sehr schnell feststellen, dass Alex überhaupt nicht kontaktfreudig oder gesellig war. Wenn wir meine Eltern besuchten, setzte er sich meist abseits in einen Sessel und las Zeitung, fast wie ein Fremder. Manchmal kam er mir vor wie ein Hotelgast. Ich spürte allerdings auch die Aversion meiner Mutter ihm gegenüber. Wenn wir beide dort waren, trank sie zumindest nicht exzessiv. Alex hat sie nie betrunken erlebt.

Ein kleines Geschenk für mich zu Weihnachten oder eine kleine Aufmerksamkeit zum Geburtstag waren Dinge, die für Alex in den ersten Jahren unseres Zusammenseins nie wichtig waren und die es nicht gab. Eine solche Ignoranz verletzte meine Gefühle sehr. Das war für mich absolut neu und nicht nachvollziehbar. Für mich war es selbstverständlich, zu Weihnachten oder einem Geburtstag etwas zu verschenken oder geschenkt zu bekommen. Manchmal fragte er mich, wenn er ein Geschenk auspackte, das ich für ihn ausgesucht hatte, ob das nicht zu teuer gewesen sei und wir das Konto nicht überzogen hätten. Das habe ich in der ganzen Ehezeit nie getan! Schlimm und irgendwie erniedrigend war für mich, wenn meine Eltern am Heiligen Abend ständig fragten, was mir denn das Christkind gebracht habe. Ich glaube, meine Mutter ahnte damals schon, dass etwas nicht stimmte, denn sie bohrte sehr intensiv mit ihren Fragen nach. Ich schämte mich so sehr, ihr zu sagen „nichts!" „Diese Antwort schnürte mir gefühlt fast den Hals zu und ich kam mir unnütz und wertlos vor, als Frau und als Mensch. Aber ich hatte große Hoffnung, Alex das noch beizubringen zu können. Ich wollte ihm zeigen welche Freude es macht, andere zu beschenken.

GEMEINSAME WOHNUNG

Alex und ich bezogen eine kleine, schöne Zweizimmer-Küche-Bad-Wohnung nahe der Festung Ehrenbreitstein. Von hier aus hatte ich nicht weit ins Bundeswehrkrankenhaus zu fahren. Ich hatte viele neue und nette Kolleginnen und Kollegen. Außerdem traf ich in Koblenz zwei Freundinnen wieder, die ich noch von Trier her kannte und mit denen ich mich hier öfters traf. Kontakte sind mir immer schon wichtig gewesen. Oft sagte ich zu Alex, er könne doch auch mal einen Arbeitskollegen oder Freund mit nach Hause bringen. Ich habe jedoch nie einen zu Gesicht bekommen oder kennengelernt, denn er hatte keinen Freundes- oder Bekanntenkreis. Doch das stellte sich erst in der Folgezeit heraus. Überhaupt gab es so gut wie nie ein gutes Wort oder Anerkennung für meine Arbeit oder ein Lob von ihm. Nein, alles was ich tat oder anstieß, wurde mit Kopfnicken stoisch zur Kenntnis genommen. Es gab bei ihm nicht mal ein lautes, herzhaftes Lachen beim Witzeerzählen oder einen spontanen Gefühlsausbruch. Nein, es war nie der Hauch einer Emotion zu sehen. Umso mehr glaubte ich, dass ich ihm das mit der Zeit noch beibringen könne. Ich wollte lachen, viel lachen, viel weglachen, denn das machte das Leben leichter, glaubte ich ganz feste. Oftmals wurde ich jedoch das Gefühl nicht los, dass er mich überhaupt nicht wahrnahm. Ich war und fühlte mich in seiner Nähe wie Luft, unsichtbar, aber nötig.

Meine Bedingung für unser Zusammenleben war von Anfang an, dass wir uns niemals streiten. Das verlangte ich von ihm und er versprach es mir. Geprägt von meinen Eltern und der

Alkoholkrankheit der Mutter, wollte ich häuslichen Frieden haben. Ich war der Meinung, man könne Probleme in Ruhe und Frieden regeln, wenn man darüber spricht. Vielleicht hatte er einfach nur Angst, etwas verkehrt zu machen und hielt sich deshalb zurück, ich wusste es nicht. Durch wenige Andeutungen aus seiner ersten Ehe konnte ich erahnen, dass es seinerzeit wohl sehr lautstark bei den beiden zugegangen sein musste. Vielleicht war er nun froh, Ruhe gefunden zu haben, dachte ich mir, um für mich eine Antwort auf sein Verhalten zu finden. Psychologen nennen mein damaliges Verhalten heute „zwanghaft harmoniesüchtig oder harmoniebedürftig". Mir war es damals sehr wichtig, nie eine solche Ehe wie meine Eltern führen zu wollen, und alles für meinen Traum von einer glücklichen Ehe zu tun. Total naiv träumte ich von einer Ehe wie im Märchen: glücklich, harmonisch, lustig, aber vor allem ruhig, bis ans Ende meiner Tage.

Auf einer Nachbarstation im Krankenhaus arbeitete Dieter als Stationsfeldwebel. Er hatte ein sehr lustiges Naturell und war immer gut gelaunt. Stets kam er mit einem lustigen Spruch auf den Lippen zur Arbeit und wenn wir uns sahen, lachten wir über alles Mögliche. Ich glaube, er mochte mich, wir waren auf der gleichen Wellenlänge, wie man sagt. Ich lud ihn zu uns nach Hause ein mit seiner Frau und auf das erste Treffen folgten viele weitere. Wir hatten viel Freude, wenn wir zusammensaßen, vor allem aber lachten wir immer sehr viel, denn Dieter fiel immer was Tolles ein. Es wurde eine sehr lange, intensive Freundschaft mit uns vieren.

Klaus wiederum war Patient auf der Station, wo ich arbeitete. Ich fand ihn sehr sympathisch und nach seiner Entlassung besuchte auch er Alex und mich zu Hause. Auch aus dieser Bekanntschaft wurde eine langjährige Freundschaft mit ihm und seiner Frau. Diese beiden Familien waren über 20Jahre unsere besten Freunde.

Wir lebten in der neuen Wohnung etwas provisorisch, da noch einige Möbelstücke fehlten. So war unser Couchtisch eine Obstkiste mit einer Sperrholzplatte drauf und einer Tischdecke darüber, damit es nicht auffiel. Aber das störte uns nicht, Hauptsache, wir sind zusammen, dachte ich.

Dank einer Freundin kamen wir noch mit drei anderen Pärchen zusammen, mit denen wir alle vierzehn Tage kegelten. Das war eine schöne Alternative zur Arbeit und eine willkommene Abwechslung mich. Vor allem aber war es immer ein lustiges Beisammensein und ich fühlte mich gut und leicht, ohne Probleme, dachte ich. Bei Alex und mir zu Hause dagegen war es ruhig, eigentlich viel zu ruhig, stellte ich oft für mich fest. Im Oktober 1978 feierten meine Eltern ihre Silberhochzeit im Südschwarzwald. Eingeladen waren wir Kinder mit Partnern und unsere beiden Omas. Die Opas lebten nicht mehr. Es wurde ein schöner Tag in einem größeren Gasthof, der extra für den Abend und zur Feier des Tages Tanzmusik bestellt hatte. Ich hatte mir etwas Besonderes erdacht, ich wollte mich an diesem Tag mit Alex verloben. Die Ringe hatte ich bereits gekauft und ihn auch eingeweiht. Beim Zuprosten im Familienkreis auf das Silberhochzeitspaar legte ich die Ringe in ein Sektglas und verkündete unsere Verlobung. Wir stießen gemeinsam an, alle wünschten uns Glück und die Omas zückten gleich die Geldbörsen, um uns einen Obolus zu geben. So weit, so gut. Am Abend, als die Musik aufspielte, wurde zur Damenwahl aufgerufen. Auch die Hausgäste waren eingeladen mitzufeiern. Meine Eltern tanzten gemeinsam. Nur Alex tanzte nicht, weder mit mir noch mit meiner Mutter, die ihn aufforderte. Jeden Tanz sagte er ab. Ich wunderte mich sehr darüber und schämte mich. Ich fragte mich die ganze Zeit, warum er so reagierte und ich mich für sein Verhalten schlecht fühlte. Eine Antwort darauf bekam ich nie.

Alex bestimmte auch unseren ersten Urlaub allein. Eine Kollegin hatte ihm wohl vorgeschwärmt, dass Jugoslawien ein tolles Urlaubsland sei. Sie habe dort gerade einen FKK-Urlaub gemacht und ohne mich einzubinden, buchte er für uns beide drei Wochen diese Art von Urlaub. Ich wunderte mich zwar über den Alleingang, doch Hauptsache war für mich, dass wir zusammen Urlaub dort machten. Immer noch war meine Brille rosarot, durch die ich ihn sah. Zadar hieß das FKK-Zentrum in unserem Urlaubsland. Noch niemals hatte ich einen solchen Urlaub gemacht, ich brauchte die ersten Tage, um meine Scham im Haus zu lassen. Dabei half mir auch ein nettes Pärchen, das wir gleich zu Anfang kennenlernten. Sie gingen mit der öffentlichen Nacktheit ganz normal und leicht um und übertrugen dies auf mich. Binnen kurzer Zeit war es tatsächlich so, dass es mir beschwerlich vorkam, mich wieder anzukleiden um das Essens zu bestimmten Zeiten einzunehmen oder zu einer Veranstaltung zu gehen. Zwei schöne Wochen waren um, da änderte sich der gesamte Ablauf. Es gab keine Frühstückseier mehr, kein zweites Kännchen Kaffee morgens wie bisher, die Bedienungen waren genervt und unfreundlich. Das

Schlimmste aber war, dass die Abwasserleitungen ins Meer geöffnet wurden, so dass man nicht mehr schwimmen gehen konnte. Nach diesen drei Wochen war ich heilfroh, wieder nach Hause fliegen zu können und um viele Erfahrungen reicher.

HOCHZEIT UND KINDER

Auf der Station im Bundeswehrkrankenhaus waren wir ein tolles Team. Keiner ging nach Hause, bevor die Arbeit erledigt war. Einer für alle und alle für einen, das war die Devise. Bald waren einige meiner Kolleginnen schwanger. Ich wollte immer schon Kinder haben und sprach darüber mit Alex. Schließlich war er bereits 32 Jahre alt. Nach einigem Zögern gab er nach und willigte ein. Ich setzte die Pille ab und wurde fast auf den Tag gewollt schwanger. Dass es mit der Schwangerschaft geklappt hatte, erfuhr ich jedoch erst im dritten Monat. Da betete ich oft zu Gott, er möge mich mit einem gesunden Mädchen segnen. Doch zuvor glaubte meine damalige Frauenärztin im frühen Stadium meiner Schwangerschaft, ich hätte eine Eileiterentzündung und gab mir Medikamente dagegen. Es wurde kein Test gemacht und daher die Schwangerschaft erst später festgestellt. Zu dieser gesellte sich viel Angst wegen der eingenommenen Medikamente. Und wieder hoffte und betete ich, dass das Kind gesund sein möge.

Die Zeit der Schwangerschaft war die gesundheitlich beste Zeit meines Lebens. Niemals habe ich mich stärker, besser und kraftvoller gefühlt als in diesen neun Monaten.

Für meine Eltern war Kristin, so sollte unser erstes Kind heißen, das erste Enkelkind. Doch was ich außer Acht gelassen hatte war, dass mein Vater meinte, ein Wörtchen mitreden zu müssen bei den Hochzeitsvorbereitungen. Eigentlich wollte ich im neunten Monat heiraten, so stellte ich es mir jedenfalls vor. Dicker Bauch vor dem Altar und gleich nach dem Ja-Wort ins Krankenhaus zur Entbindung. Also fast wie ein Theaterstück. Doch es kam anders...

Gleich nach Bekanntwerden meiner Schwangerschaft wurde von Seiten meiner Eltern alles darangesetzt, die ganze Verwandtschaft zu informieren, dass wir heiraten würden beziehungsweise mussten. Natürlich stellte sich auch die Frage, wie wir heiraten wollten und wo. Es ging alles ziemlich überstürzt zu, hatte doch

erst ein halbes Jahr zuvor meine Schwester geheiratet. Und zum Unglück meines Vaters einen Ju-
rastudenten, der evangelisch war. Nun wollte
auch ich einem evangelischen Mann heiraten und
mein Vater verstand die Welt nicht mehr. Ich
legte mit meinen Eltern fest, in Koblenz standes-
amtlich zu heiraten und kirchlich am Ort meiner
Eltern. Natürlich hätte ich gerne ökumenisch geheiratet. Ich dachte, der katholische Pastor sei
dann für mich da und der evangelische für Alex.
Doch Pustekuchen! Die katholische Kirche
lehnte dies ab, weil Alex geschieden war. Der
evangelische Pfarrer jedoch meinte, das sei doch
kein Problem, er würde uns gerne trauen. Ich bekam aufgrund dieser Situation zum ersten Mal
leichte Zweifel, ob mein Verständnis von Religion und Kirche noch richtig war. Da ich nichts
über den „anderen" Glauben wusste, sprach ich
mit Alex darüber, unseren Kindern später das
Beten und den evangelischen Glauben nahezu-
bringen. Er sagte es mir ganz fest zu, das sei
doch kein Problem. Allerdings habe ich ihn nie
ein Gebet mit den Kindern sprechen gehört oder
gesehen.
Zur standesamtlichen Heirat – ich war, wie gesagt, im dritten Monat – kam eine kleine Abord-
nung der Bundeswehr zum Standesamt, wo bereits seit vier Wochen ein Aushang zu lesen war

über die anstehende Trauung: „Der Soldat Alex
heiratet die Krankenschwester..., beide wohnhaft
in." Nach der kleinen Zeremonie und unseren
Unterschriften gingen wir mit meinen Eltern,
Schwiegereltern und Trauzeugen essen, bevor
meine Eltern zurück nach Trier fuhren, um die
Vorbereitungen für unsere kirchliche Hochzeit
am kommenden Tag zu treffen.

Mein Vater hatte mit mir ein Brautkleid ausgesucht und dabei immer das Preisetikett im Blick
gehabt. Daher wurde auch nicht gefragt, ob ich
einen Schleier wolle oder ein Krönchen. Mein
Vater meinte lapidar, ich könne den Hochzeits-
hut meiner Schwester anziehen, der sei ja erst ein
halbes Jahr alt, was ich auch tat. Am eigentlichen
Hochzeitstag hätten bei mir alle Alarmglocken
schrillen müssen. Es wurden keine Kirchenglo-
cken geläutet, da die Kinder des Pfarrers schliefen. Dann funktionierte keine Kamera der anwesenden Besucher, so dass es kaum Bilder von
unserem Festtag gab. Die Lieder, die in der Kirche gespielt wurden, kannte keiner der anwesenden Gäste, die fast alle katholisch waren und es
war klirrend kalt an diesem Tag im März 1979.
Mein Vater führte mich in die Kirche mit den
Worten: „So, dann bringen wir das auch hinter
uns." Ach Gott, es war wahrlich nicht viel im Lot
an diesem Tag.

Für die Onkels, Tanten, Omas, die Schwiegereltern, die neuen Schwager und Schwägerinnen und für die anwesenden Bekannten hatten meine Eltern Zimmer gemietet. Außerdem bezahlten sie die ganze Feier im Hotel. Es waren nur wenige junge Leute da, da meine Eltern eingeladen und somit auch das Sagen darüber hatten, wer kommen durfte und wer nicht. Da wir zu diesem Zeitpunkt bereits alles für einen Hausstand hatten, wünschten wir uns von den Gästen nur Geld. Damit wollten wir eine schöne Hochzeitsreise machen.

Es gab kaum ein schönes Hochzeitsbild von uns beiden und so stellten wir uns für ein neues Hochzeitsfoto ein Jahr später, an einem sehr kalten Wintertag in den Garten meiner Eltern. Ich, in meinem weißem Brautkleid und Alex in seinem Hochzeitsanzug. Wir mussten uns sehr beeilen, um nicht zu erfrieren.

Vom Geld zu unserer Hochzeit fuhren wir im Mai nach Meran und von dort aus an die Côte d'Azur. Wir besuchten und erlebten Nizza, Cannes, Monaco und St. Tropez. Ich genoss die Zeit mit Alex sehr. Wir hatten an der Côte d'Azur ein Hotel, wo uns morgens die Türe zum Speisesaal von einem vornehmen Angestellten aufgehalten wurde. Dafür gaben wir ihm ein gutes Trinkgeld, wofür er sich überschwänglich bedankte. Es war ein Gefühl, als ob mir die ganze Welt gehörte. Als wir nach Hause kamen, war das Geld unter den Leuten und wir voll mit wunderbaren Erinnerungen an eine unvergessene Reise. Es war eine schöne und beeindruckende Zeit, an die ich gerne heute noch zurückdenke. Nach der Hochzeit bezogen wir eine größere Wohnung in einem Hochhauskomplex. Wir richteten das Kinderzimmer schön ein und ich war voller Neugier und Vorfreude auf alles, was das Leben noch mit mir vorhatte. Besonders aber freute ich mich auf das Baby. Die letzten vier Wochen vor Kristins Geburt kam meine Oma aus dem Ruhrgebiet zu mir und verwöhnte mich mit ihren Kochkünsten. In dieser Zeit besuchten uns auch häufig unsere Freunde Dieter und Klaus, die Taufpaten wurden. Im September wurde unsere Tochter Kristin geboren, mein Wunschkind. Sie sah genau so aus, wie ich sie mir vorgestellt hatte. Blaue Augen und den Kopf bereits voller Haare. Sie war von Anfang an ein überaus ruhiges und zufriedenes Kind. Alex war bei der Geburt dabei, aber ich habe nie von ihm erfahren, was er dabei gefühlt oder wie er die Geburt für sich erlebt hat. Als man mir Kristin auf den Bauch legte, direkt nach der Geburt und mir gratulierte, kam mir die Idee, wenn ich in Kürze noch mal schwanger würde, könnten die Kinder aufwachsen wie Zwillinge. Ich fand meine Idee super. Als ich sie allerdings dem Arzt im Kreißsaal mitteilte, reagierte er sehr ungehalten und meinte, ich solle mich doch erst mal an mein erstes Kind gewöhnen. Sicherheitshalber bekam ich noch eine Rötelnimpfung und durfte drei Monate lang nicht schwanger werden.

Kristin war ein absolut liebes, unkompliziertes Baby. Ich war mit ihr alleine, die ganze Woche über, denn Alex war auf Lehrgängen der Bundeswehr. Er kam nur am Wochenende nach Hause zu uns. Ich hatte ein gutes Verhältnis zu meinen Schwiegereltern, die nicht weit von uns wohnten und die ich oft besuchte. Natürlich fuhr ich mit dem Baby auch zu meinen Eltern, die stolze Großeltern waren.

Als die Kleine fünf Monate alt war, lud ich im Februar zur Taufe ein. Es hatte im Vorfeld bereits Besuche meiner Eltern gegeben, wobei sie mir mit Konsequenzen drohten, wenn ich Kristin evangelisch taufen lassen würde. Dann würden sie den Kontakt zu uns abbrechen. Sie kamen, um mit Alex und mir „Taufgespräche" zu führen, denn ein evangelisches Enkelkind, das gab es in dieser Familie nicht. Doch ich blieb dabei, wenn auch mit stark klopfendem Herzen: Evangelisch geheiratet, also auch evangelisch getauft. Der

Druck der Eltern auf mich war fast unerträglich und Alex für mich irgendwie nie da.

Weil ich eine überstolze Mutter war und man mir für den Tag von Kristins Taufe sogar einen Rolls-Royce zur Verfügung stellte, bat ich alle weiblichen Gäste um das Erscheinen in langen Kleidern in der Kirche. Oh Gott, es war eiskalt draußen! Nach der Taufe gingen meine Eltern, extra aus Trier angereist, noch kurz zum Essen mit in unsere Wohnung und fuhren dann wieder nach Hause. Trotzig, nicht ihren Wunsch erfüllt bekommen zu haben, tat mein Vater den Schwur, er werde es mir bis ans Sterbebett nicht vergessen, dass sein erstes Enkelkind evangelisch getauft worden sei. Was sagt man nicht alles aus einer Gekränktheit heraus oder aus Wut und später bereut man es.

Drei Monate nach Kristins Geburt wurde ich gleich wieder schwanger. Diese zweite Schwangerschaft stand aber gesundheitlich unter keinem guten Stern. Im vierten Monat bekam ich eine Cerclage, das heißt, der Muttermund wurde zugenäht, um vorzeitige Wehen aufzuhalten. Dennoch hatte ich häufig welche in der Schwangerschaft und musste einige Male ins Krankenhaus. Trotz dieser Umstände fühlte ich mich in meinem Körper richtig wohl. In dieser Zeit des Krankenhausaufenthaltes hätte ich meine Mutter sehr gebraucht. Ich fragte sie, ob sie einige Tage kommen könne, um sich mit um Kristin zu kümmern. Sie verneinte nur und schob jede Menge Ausreden vor. Angeblich lag gerade viel zu Hause an, weshalb sie dort bleiben müsse.

Dann kam, zwölfeinhalb Monate nach der Geburt von Kristin, unser Sohn Tim auf die Welt. Ich war und fühlte mich glücklich und gesegnet, zwei gesunde Kinder zu haben, für die ich alles tun wollte, damit es ihnen gut ging.
Meine Eltern waren eigentlich stolze Großeltern, die sich langsam in das Unabänderliche fügten und ihre Enkel sehr liebten. Sie teilten sie sich, ich denke mal unbewusst, auf. Kristin war Omas Liebling und Tim für meinen Vater der Junge, mit dem man später mal was anfangen konnte und den er sich immer schon gewünscht hatte. Beide Kinder waren fast zehn Jahre lang die Freude der Großeltern, bevor sich auch bei meiner Schwester Nachwuchs einstellte. Für meine Schwiegereltern waren unsere Kinder bereits die vierten und fünften Enkel, also nichts Besonderes mehr.

So pflegeleicht wie Kristin in der Anfangszeit war Tim nicht. Ich musste bereits nach wenigen Tagen abstillen, hatte hohes Fieber und lag wieder im Krankenhaus. Obwohl ich Milch genug hatte, klappte das Stillen nicht. Hinzu kam, dass er Dreimonatskoliken hatte und Tag und Nacht so herzzerreißend schrie, dass meine Nerven blank lagen. Kristin begann gerade zu laufen und ich hatte oft zu wenig Hände, um alles zu koordinieren. Dann saß ich weinend auf der Couch, fühlte mich schwach und ging sehr mit mir ins Gericht, mich nicht hängen zu lassen. Ich versuchte mich in die neue Situation einzugewöhnen, den Haushalt mit zwei kleinen Kindern zu managen, eine gute Mutter und Hausfrau zu sein, Ordnung in die Wohnung zu bringen, mit den Kleinen spazieren zu gehen, denn frische Luft war wichtig, zu kochen und alles drumherum zu regeln, als eine dienstliche Versetzung für Alex kam und wir in die Südpfalz umziehen mussten.

Es war für mich schwer, an speziellen Tagen, wie dem Muttertag, zu akzeptieren, dass ich kein Geschenk oder eine kleine Aufmerksamkeit von Alex erwarten konnte. Ich hoffte jedes Jahr, dass Alex auf die Idee käme, zumindest bis die Kinder größer wären und es selbst könnten, einfach einen kleinen Gänseblümchenstrauß von der Wiese zu pflücken, sie den Kindern in die Hand zu drücken, um mir den Muttertag zu verschönen. Jedes Jahr ignorierte er das mit der Begründung, ich sei

nicht seine Mutter. Das tat sehr weh und hat
auch bittere Spuren auf meiner Seele hinterlassen.
Gerade hatte ich, zusammen mit einer anderen
Mutter von zwei Kleinkindern, eine Mutter-
Kind-Krabbelgruppe in Koblenz gegründet, be-
reiteten wir uns nun auf einen neuen Abschnitt in
unserem Leben vor.

UMZUG IN DIE PFALZ UND FRÜHE EHEZEIT

Eine Nachbarin in dem Sechsparteienhaus – es
war eine ehemalige Franzosensiedlung, nun aber
für Bundeswehrangehörige – begrüßte mich am
Einzugstag mit einem Strauß Blumen. Unsere
neue Wohnung bestand aus fünf Zimmern und
war wirklich sehr geräumig. Als auch Tim zu laufen begann, mieteten wir ein kleines Haus in der
Nähe mit einem Garten. Die Gartenarbeit
machte mir großen Spaß und ich versuchte vieles
für uns anzubauen. Nun brauchte mein Mann
das Auto, um zur Arbeit zu fahren, während ich
mit den Kindern wieder tagsüber alleine war.
Mit meiner Erfahrung mit einer Mutter-Kind-
Gruppe ging ich auf die neue

Gemeindeverwaltung, da ich am neuen Ort ebenfalls eine solche Gruppe für junge Mütter mit Krabbelkindern gründen wollte. Es dauerte fast ein Jahr, bis wir endlich von der Gemeinde einen Raum bekamen, wo ich mich mit Müttern und ihren Kindern einmal in der Woche traf. Wir tauschten uns, während die Kinder zusammen spielten, zu vielen Themen aus. Natürlich in erster Linie über Kinder und Erziehung, aber auch über Essen und Ernährung. Den Raum den wir nun belegen durften, hatte ich einem Reporter der „Tageszeitung" zu verdanken. Er hatte mich bei dem Anliegen wunderbar unterstützt, indem er einen Artikel über uns Mütter schrieb. Zwanzig Mütter mit ihren Kleinkindern fanden sich hier bis zur Kindergartenzeit zusammen.

Mein Ehrgeiz war es immer, allen zu zeigen, dass ich alles alleine schaffen kann. Probleme anfassen, erledigen und weiter im Text, so funktionierte ich viele Jahre. Ich beschloss, alles zu tun, um aus meinen Kindern gute, glückliche Menschen zu machen, sie je nach Bedarf zu fördern und meinem Mann nie Anlass zu geben, sich über etwas ärgern zu müssen, wenn er nach Hause kam. Die Wohnung in Ordnung zu halten, die Kinder zu beschäftigen und den Garten zu bestellen, die Büroarbeiten machen, alles war mir überlassen. Ich baute Gemüse und Kartoffeln an und hatte eine liebevolle Nachbarschaft. Ich lernte durch die Krabbelgruppen-Mütter stricken und auch leckere Kuchen backen, egal welcher Teig es war. Jedes Wochenende gab es bei uns Frankfurter Kranz, die Lieblingstorte meines Mannes, später auch Schwarzwälder Kirschtorte oder Hefestreusel. Ich war glücklich, wenn es allen um mich herum gut ging. Ich fand sogar noch Zeit, im Kirchenchor zu singen und eine Putzstelle anzunehmen, als meine Kinder den Kindergarten besuchten. Jeden Sonntag wurden, da die Familie von Alex aus Schwaben kam, Spätzle von Hand hergestellt zum Mittagessen, „damit es dem Bub gut geht", wie meine Schwiegermutter mir sagte.

Ich konnte und durfte mich sieben Jahre voll und ganz den Kindern und ihrer Erziehung widmen, bevor ich wieder in meinem Beruf einstieg.

BORKUM

Als die Kinder drei und vier Jahre alt waren, wurde Tim sehr krank. Er hustete stark und besonders in der Nacht waren die Luftnotattacken sehr groß. Mit meinen Kindern betete ich

abends, weil ich glaubte, sie würden dann besonders gut beschützt werden, besonders von den
Engeln. Doch der Erfolg der Gebete blieb erst
mal aus und ich bekam große Angst um Tim.
Der Hausarzt diagnostizierte bei ihm ein allergi-
sches Asthma und riet mir, schnellstmöglich eine
Mutter-Kind-Kur an der See zu machen.
Innerhalb von knapp zwei Wochen wurde ich
mit beiden Kindern in ein christlich geführtes
Haus nach Borkum geschickt, wo wir vier Wochen bleiben sollten. Mein Mann brachte uns
zum Zug nach Karlsruhe und bevor ich einstieg,
sagte ich ihm ganz spontan, dass ich nicht wisse,
ob ich noch mal nach Hause zurückkäme. Ich
spürte mittlerweile zu oft, dass meine Ehe nicht
das war, was ich mir erwartet hatte und Hoffnung, dass sich daran etwas ändern würde, hatte
ich kaum noch. Zu groß war meine Enttäuschung über einen Partner, der mir nichts von
oder über sich selbst erzählte, der mir noch immer fremd war.
Unter einem „christlich geführten Haus" konnte
ich mir gar nichts vorstellen, bis ich erlebte, dass
vor allen Mahlzeiten gebetet und als Abschluss
gedankt wurde. Mit den Müttern und ihren Kindern, die in dieser Zeit ebenfalls in diesem Haus
waren, hatte ich schnell guten Kontakt. Sie gehörten den unterschiedlichsten Glaubenskreisen

an, was ich sehr interessant fand, und gerne hörte ich ihnen beim Austausch darüber zu.

Die Tage auf Borkum waren geprägt von Anwendungen für die Kinder, ausgedehnten Spaziergängen am Meer mit ihnen und vielen Exkursionen in die Umgebung. Schon in der zweiten Woche ging es mit Tims Gesundheit aufwärts. Die Luftnot war fast weg und ich war dankbar und glücklich.

Die Zeit auf Borkum war für mich eine Befreiung. Ich traf dort nur nette Menschen. Menschen die sich gegenseitig halfen, ob mit gegenseitiger Beaufsichtigung der Kinder oder Ratschlägen und Hilfen. Aber auch die Einheimischen der Insel brachten den Kindern und mir eine Freundlichkeit und Hilfsbereitschaft entgegen, die ich so nicht kannte. Ich war dankbar für alles, jedes gute Wort, jede Geste, jede Handreichung und nahm all das tief und glücklich in mich auf.

Wenn ich einen Brief an meine Eltern schrieb, malte ich einen Leuchtturm auf die Rückseite des Briefes, unter dem stand: „Gott ist auf Borkum". Das war für mich in dieser Zeit stimmig und entsprach dem, was ich in mir empfand und erlebte, es war das, wie ich mir Gott vorstellte. Frieden, Glück, Freude und Gesundheit, ich hatte eine Art Seelenfrieden gefunden. Später sagten mir meine Eltern, dass sie sich ernsthaft Sorgen um meine geistige Gesundheit gemacht hätten, weil ich dies auf die Rückseite der Briefe geschrieben hatte. Nach dieser erfolg- und erlebnisreichen Kurmaßnahme kehrte ich nach Hause zurück mit gesunden Kindern, einem Koffer und einem Herz voll wunderbarer Erinnerungen an eine schöne Zeit, aber auch voller Hoffnung. Hoffnung, dass sich irgendetwas ändern würde in unserer Beziehung. Ich wusste nur nicht genau, wie ich damit beginnen sollte, denn meine Fragen an Alex waren und blieben weiterhin unbeantwortet.

Nun hatte ich wieder genügend Zeit zu Hause und brachte unserer Tochter Kristin das Fahrrad- , Roller- und Rollschuhfahren bei. Mit vier Jahren machte sie ihr Seepferdchen und mit fünf den Frei- und Fahrtenschwimmer. Tim entwickelte sich zu einem begeisterten Sportler. Mit vier Jahren kam er zu den Bambinis in die Fußballmannschaft. Alles was mit Bewegung zu tun hatte, da war er dabei. Seine Fröhlichkeit war ansteckend, er hatte den Schalk im Nacken und war oft zu Steichen aufgelegt. Ein frohes, lustiges Kind, welches das Leben auf die leichte Schulter nahm und mir nie Anlass gab zu klagen. Kristin war ihm immer eine große Schwester und Vorbild und zog ihn in seiner Entwicklung schnell mit.

SARDINIEN

Im Sommer nach der Mutter-Kind-Kur auf
Borkum unternahmen wir auf Initiative meines
Mannes eine Reise mit dem Auto nach Sardinien.
Er wolle uns zeigen, wie schön die Insel ist, von
der er immer schwärmte. Ich bereitete alles für
den Urlaub vor. Wir wollten vier Wochen mit
den Kindern dort bleiben. Mit dem Auto fuhren
wir nach Genua, von dort mit der Fähre nach
Sardinien und dann zu unserem Urlaubsort. Das
Klima war supergut und für den frühen Sommer,
wie üblich, sehr heiß. Wir hatten eine riesige
Wohnung angemietet. Die Vermieter waren herzlich und sehr nett, ich habe sie gleich ins Herz geschlossen, obwohl ich kein italienisch konnte.
Vormittags gingen wir an den nahe gelegenen
Strand, in der Mittagszeit war Ruhe angesagt, weil
es dann am Meer zu heiß war. Erst am späten
Nachmittag erwachte das Leben wieder. Die
Abendessenzeit war meistens zwischen 19 und
20 Uhr. Dann tobte überall das Leben. Der
kleine Ort, die Straßen, Gassen und Tavernen
waren voll mit Menschen, Einheimischen und
Touristen.
Ich lernte unsere netten sardischen Vermieter näher kennen und versuchte ihnen freundlich

entgegenzukommen mit einigen Brocken Italienisch. Unser Vermieter feierte in dieser Zeit seinen Geburtstag und ich lernte den ganzen Tag, den Spruch „Alles Gute zum Geburtstag und ein gutes neues Lebensjahr" in seiner Sprache zu sagen. In einem nahegelegenen Blumenladen kaufte ich einige sündhaft teure Blumen und gratulierte ihm am Abend mit dem erlernten italienischen Wunsch. Er freute sich so sehr, dass er unsere Familie für den nächsten Abend zu seiner Geburtstagsfeier einlud. Ich konnte es nicht glauben. Da saßen dreißig Menschen und sehr viele Kinder jeden Alters fröhlich laut redend und lachend zusammen im Innenhof des Hauses, wild gestikulierend, wir sollten uns dazu setzen. Viele wollten mit mir erzählen, weil sie dachten, ich verstünde Italienisch. Besonders von den Kindern waren sie begeistert und zeigten das auch. Es wurde für mich ein unvergesslich schöner Abend.

Im Laufe unseres Urlaubes dort begegneten uns auch Menschen, die Alex aus vorhergehenden Urlauben mit seiner Exfrau kannte. Diese Reise war für ihn eine reine Aufarbeitung seiner ersten Ehe. Er fuhr mit mir beziehungsweise mit uns zu den Orten, an denen er früher mit seiner Exfrau war. Es war seine Erinnerung, die er auffrischte. Einige Sarden sprachen mich mit dem Namen seiner Exfrau an oder begannen mich zu befummeln. Das war für mich nicht normal und ich brachte es Alex gegenüber zum Ausdruck. Doch für ihn hatten diese Begegnungen keine Brisanz. Er meinte nur, ich könne mich ja wehren und damit war das Thema für ihn vom Tisch. Wieder war es seine Ignoranz meines Anliegens, die mich zum Grübeln brachte und traurig machte. Diese Reise hatte daher nicht nur Freude und Dankbarkeit, sondern auch Bitterkeit in meinem Herzen hinterlassen und warf noch mehr Fragen für mich auf. Fragen, auf die ich wiederum nie Antworten erhielt. Nach dem langen Urlaub war ich froh, wieder zu Hause in gewohnter Umgebung zu sein. Gleich in den ersten Tagen besuchten wir die Großeltern und erzählten ihnen von unseren Erlebnissen, natürlich nur von den guten.

Kristin und Tim waren gerne bei meinen Eltern. Während Opa mit ihnen umhertollte oder spazieren ging, war Oma für das Essen zuständig. Nie hörte ich Klagen oder Kritik, im Gegenteil. Opa wuchs über sich hinaus mit Abenteuern, Lagerfeuer auf dem Feld oder Wanderungen mit „selbstgebrauten Zaubertranks", Besuch von Tiergehegen oder eine Schifffahrt auf der Mosel, als sie dort waren. Vor der Einschulung fuhren die Großeltern mit jedem Enkelkind in die Schweiz, wo sie Urlaub machten als Vorfreude auf die Schule.

Da vertraute mir mein Sohn eines Tages an, er verstehe nicht, warum die Oma oft, besonders an Freitagen, so seltsam sei, wenn sie sie besuchten. Verändert komme sie ihm vor. An solchen Tagen würde sie unsicher in der Wohnung umhergehen und die Kinder früh ins Bett schicken. Sie hätten beide den Opa darauf angesprochen, dieser habe aber Stillschweigen von ihnen verlangt, besonders Alex und mir gegenüber, denn die Oma sei krank, sagte er ihnen. Es seien die Nebenwirkungen von Tabletten, die sie nehmen müsse.

So, nun war es raus und ich beschloss, die Kinder vorerst nicht mehr zu meinen Eltern zu lassen. Erinnerungen kamen wieder, die schmerzten und die ich nicht ertrug. Mein Magen rebellierte und ich spürte eine Ohnmacht in mir auf meine Eltern. Irgendwie erschien mit so vieles total verlogen, und ich konnte es nicht ändern. Ich stellte wieder mal vieles in Frage. Vielleicht hatte ich mich zu sehr in dem Glauben gewogen, meine Mutter würde sich zusammenreißen, wenn die Kinder bei ihr waren. Vielleicht wollte ich das Unmögliche glauben, weil es einfacher war, so damit umzugehen. Meine täglichen Telefonate mit den Eltern reduzierte ich im folgenden halben Jahr auf ein Minimum.

Noch einmal bezogen wir ein gemietetes Haus mit Garten, in dem wir noch fast fünfzehn Jahre wohnten. Die Einschulung der Kinder stand bevor und dieses Haus hatte den großen Vorteil, dass es nahe am Schul- und Sportzentrum war und die Kinder zu Fuß dorthin gelangten. Wieder war und fühlte ich mich für alles zuständig und verantwortlich, für Kinder, Küche, Garten, Haus, Anrufe sowie Post- und Bankgeschäfte. Wahrscheinlich auch, weil Alex nun die ganze Woche dienstlich in Deutschland unterwegs war und unser Leben zu Hause irgendwie weiter gehen musste.

Aus unserer Gruppe der Krabbelkindermütter entstand eine Gruppe von jungen katholischen Frauen, deren Kinder nach dem Kindergarten die Schule besuchten. Das war ein großer Vorteil, denn die Kinder kannten sich ja bereits. Lange Jahre war ich Klassenelternsprecherin und saß auch im Schulelternbeirat.

Tim fand einen Fußballclub und hatte viele Spielkameraden. Kristin war im Schwimmverein, doch sie liebte es mehr, zu Hause beim Kochen und der Hausarbeit mithelfen zu können. Sie spielte gerne mit kleineren Kindern der Nachbarn, die zu uns kamen. Sie hatte etwas Mütterliches an sich.

Wir hatten eine gut funktionierende Nachbarschaft, ja, ein sehr freundschaftliches Miteinander. Viele Feste wurden gemeinsam mit den Nachbarn gefeiert, jede Beförderung, jeder Kinder oder Erwachsenengeburtstag. Wir waren vier Nachbarinnen die, als unsere Kinder größer waren, tolle Reisen zusammen machten, unter anderem nach Tunesien und in die Dominikanische Republik. Eine jüngere Nachbarin hatte zwei kleinere Kinder, die sie öfter zum Betreuen zu mir brachte. In dieser Betreuungsrolle ging Kristin sehr auf. Sie war eine zuverlässige und liebevolle Spielkameradin. Von der Anliegerstraße, in der wir wohnten, bis in die Innenstadt war es nicht weit. Alle Geschäfte konnte man gut fußläufig erreichen. Hier gab es noch einige Tante-Emma-Läden, eine Metzgerei und einen Edeka-Markt, bevor nach und nach die großen Discounter Einzug hielten.

So weit ist eigentlich alles gut, dachte ich. Hier in der Pfalz fühlte sich meine Seele wohl. Ich war in der Nachbarschaft integriert und trotzdem holte mich oft eine Traurigkeit und Leere ein, die ich zu verdrängen versuchte. Ja, oft ging ich hart mit mir ins Gericht, ob ich nicht undankbar sei und zu viel erwartete. Doch ich denke, ich war es

nicht. Ich spürte aber, dass meine Ehe ein Haupt-
faktor dafür mein Unglücklichsein war. Sie war
nicht so, wie ich sie mir erwartet und erträumt
hatte. Ich schuf für mich einige Freiräume unter
der Woche. Da Alex nur an den Wochenenden
nach Hause kam, machte ich nicht mehr jeden
Tag die Betten und auch das Säubern der Wohnung fand nicht mehr in dem Ausmaß wie vorher
statt. Das war schon ein großer Schritt für mich,
ja, es war eine beginnende Rebellion.

KRISTIN KOMMT IN DIE SCHULE

Der Einschulungstag von Kristin war für mich
als Mutter ganz schlimm. Mein geliebtes Kind in
den unüberschaubaren Komplex der Schule entlassen! Hoffentlich passierte ihr nichts, hoffentlich kam sie zurecht, fand sie ihre Klasse. Ich
wollte sie noch nicht loslassen, sie ist doch noch
klein, dachte ich bei mir. Doch sie gewöhnte sich
schnell in die Klassengemeinschaft ein und ich
konnte meine Ängste und Bedenken ablegen. Mit
ihrer Einschulung begann ein neuer Lebensab-
schnitt für uns alle.

Ich ging auf in meiner Mutterrolle. Ich war stolz auf meine heranwachsenden Kinder, war Mitglied der katholischen Frauengemeinschaft, war Klassenelternsprecherin, überhaupt aber war ich, wenn auch noch nicht sehr bewusst, dankbar für alles, was ich erledigen konnte. Da ich die ganze Woche über alleine war, lud ich die jungen Frauen der Frauengemeinschaft einige Male abends zu mir nach Hause ein, wo wir in geselliger Runde zusammensaßen und Zeit miteinander verbrachten, wenn meine Kinder schliefen. Da sie aus dem Ort waren, hatten sie ihre Männer, Omas oder Tanten als Aufpasser für ihre Kinder. Bei mir gab es niemanden, der da war.

Wir sangen gemeinsam Lieder, die eine der Frauen auf ihrer Gitarre begleitete, und tauschten uns offen über viele Themen aus. Es gab viele Frauen, die das Stricken entdeckt hatten und für sich und ihre Lieben wunderschöne Werke entstehen ließen. Tolle Pullis, Schals oder Mützen für die Kinder und auch für die Erwachsenen. Ja, sogar Strickmäntel entstanden dabei. Die Bandbreite war groß.

Eine dieser Frauen war Dani. Sie hatte drei Kinder, war sehr flink und begabt mit ihren Handarbeiten. Stricken, Häkeln, Nähen, sie konnte alles und war mir eine gute und versierte Ratgeberin bei den Strickarbeiten, die ich anfertigte. Stets

155

konnte ich sie fragen, wie etwas zu machen sei, Dani hatte immer eine Idee oder einen Rat, besonders aber ein offenes Ohr. Dann bekam ich meine erste Nähmaschine. Während sie schon lange nähte, tat ich mich schwer mit den Schnittmustern, die für mich aussahen wie eine Autokarte. Doch durch ihre Ruhe und die Erklärungen schaffte ich es, für Kristin und Tim Hosen nach einfachen Schnittmustern zu nähen. Das Stricken und Nähen machte mir Freude, doch es füllte immer nur kurz die Leere in mir aus. Ich hatte doch alles, was manch anderer nicht hatte. Ein gemietetes Haus, gesunde Kinder, Geld für Essen, Geld für Kleidung eigentlich konnte oder sollte ich zufrieden sein. Ich versuchte die aufkommenden Gefühle von Ignoranz, Ohnmacht, Kälte, von Frust und Enttäuschung zu verdrängen und mir einzureden, alles werde gut. Egal wie, nur hoffentlich bald.

ZEIT, DASS SICH WAS ÄNDERT

Ich war nie ein Mensch, der sich für Politik interessiert. Wenn der liebe Gott gewollt hätte, dass ich dort hätte mitmischen sollen, wäre ich wahrscheinlich nicht Krankenschwester, sondern Politikerin geworden, sagte ich mir. Doch dann passierte etwas, was mich wachrüttelte und anspornte, etwas zu bewegen in unserer Stadt. Im Jahr 1986 kam es zu einem tragischen Unfall im Kernkraftwerk Tschernobyl in der Ukraine. Gerade noch war unsere Welt in Ordnung, nun drangen auf einmal schlimme Meldungen aus dem Radio. Die Kinder sollten nicht mehr draußen spielen, die Fenster solle man geschlossen halten und kein Obst und Gemüse mehr aus dem Garten essen. Eine atomare Staubwolke machte sich auf den Weg zu uns und erschütterte unseren Glauben an Frieden auf der Welt.
Wir hatten alle große Angst in diesen Tagen. Die Welt bestand nur noch aus Tschernobyl, hatte man das Gefühl und hörte im Radio und im Fernsehen dazu aktuelle Daten und Fakten, mit denen man bisher noch nie etwas zu tun hatte. Die Kinder verstanden nicht, dass sie nicht mehr draußen spielen durften, und ich dachte nur, ich

müsse etwas dagegen tun und laut werden. Ich wunderte mich, dass in vielen Städten in Deutschland Menschen auf die Straße gingen und gegen Atomkraft demonstrierten – und bei uns war es ruhig. Da rief ich alle bekannten politischen Parteien des Ortes an und fragte, ob sie sich beteiligen würden an einer Demo gegen die Atomkraft. Als ich diesen Wunsch der Stadt mitteilte, sagten sie mir, ich müsse das zuerst mit dem Ordnungsamt absprechen. Das war erst überfordert. Eine Demo am Ort? Mit wie vielen zerbrochenen Scheiben zu rechnen sei in der Fußgängerzone und wann genau die Demonstranten am Rathaus ankämen, damit sie die Straße sperren könnten für den Verkehr, wollten sie wissen. Die Zeitung druckte nur eine Miniversion meiner eingereichten Information über die geplante Demonstration durch unsere Stadt, an der sich jeder beteiligen konnte. Was diese Aktion brachte war, dass der Bürgermeister sich am Tag der angemeldeten Demo krank meldete, das Ordnungsamt zwei Polizisten abstellte, um vor dem Rathaus für Ordnung zu sorgen, die Presse keinen Vertreter schickte und auf dem Marktplatz dreißig Frauen mit ihren Kindern erschienen. Die Offiziere der Bundeswehr hatten ihren Frauen untersagt, an der Demo teilzunehmen. So machte ich mich mit den Teilnehmerinnen,

Vertreterinnen verschiedener Parteien und Partei-
losen auf den Weg um zum Rathaus. Mit einem
großem Transparent, worauf „Atomkraft? Nein
danke" stand voran und uns Müttern mit den
Kindern dahinter, gingen wir durch die Fußgängerzone bis kurz vor unser Ziel, wo wir eine
Straße überqueren mussten und die Polizei schon
auf uns wartete, um diese kurzfristig für den Verkehr zu sperren.
Vor den Anwesenden trug ich unser Begehren
dem stellvertretenden Bürgermeister laut vor. Wir
Eltern verlangten von der Politik, Gemüse und
Obst, erlegtes Wild, aber auch Beeren und Pilze
aus dem Wald auf vorhandene Strahlung zu mes-
sen und wir baten, mit uns Gespräche darüber zu
führen. Ebenso verlangten wir von den Verant-
wortlichen der Politik, die aktuellen Werte zu
veröffentlichen. Wir forderten sie auf, mit uns zu
reden und uns auf dem Laufenden zu halten über
alles, was mit dem GAU zu tun hatte. Der Amts-
träger nickte oft und versprach uns Anwesenden,
dies tun zu wollen. Dann fing es an zu regnen
und die Versammlung löste sich rasch auf. Gehört haben wir nie mehr etwas über die Messun-
gen oder die Ergebnisse. Aber ich fand es doch
makaber, dass die Presse keinen Vertreter
schickte, denn es war sonst nicht viel los in

unserem Ort und die Abwesenheit des Bürgermeisters ließ Raum für Spekulationen.
Als ich von dieser Versammlung nach Hause kam, rief mich eine politische Partei an und fragte, ob ich nicht für sie kandidieren wolle. Das machte mich stolz und ich erwog, darüber nachzudenken. Doch Alex nahm mir schnell mit wenigen heftigen Worten meine Illusionen und alles blieb wie bisher.

BEKANNTSCHAFT MIT MARTHA

Als Tim ein Jahr später eingeschult wurde, nahm ich eine Halbtagsstelle in einem von Nonnen geleiteten Altenheim an unserem Wohnort an. Es war ein Selbstversorgungsbetrieb mit Vieh, Weinbergen und Ackerbau, in dem viele behinderte Frauen arbeiteten. Hier war ich, statt der anfänglich vereinbarten drei Monate, letztendlich über zwei Jahre als Krankenschwester angestellt.
Ich arbeitete in dem Klosterkomplex, wo ich Stationen putzen, Leute badete und frisierte und Essen austeilte. Viele behinderte Frauen arbeiteten schon Zeit ihres Lebens für den Orden an

unterschiedlichsten Stellen. Diese Frauen lernte ich kennen und schätzen. Sie waren warmherzig, lustig und überaus hilfsbereit. Viele fertigten sehr schöne Handarbeiten an. Unter ihnen war Martha, die mir bei den anfallenden Arbeiten zur Hand ging. Martha war sehr anhänglich und wusste sich stets zu präsentieren. Sie und ihre Freundin Maria waren schon als Babys ihren Eltern weggenommen und in ein Heim verbracht worden, wo sie aufwuchsen und vom Wohlwollen und den Launen unterschiedlichster Nonnen abhängig waren. Die behinderten Frauen wurden dort eingesetzt, wo es notwendig war, auf dem Feld, im Weinberg, in der Wäscherei, im Kartoffelkeller oder im Schweinestall. Martha berichtete mir im Laufe der Zeit viel, sehr viel aus und über diese Zeit, Groteskes, Unglaubliches und Schlimmes, wenig Schönes. Wie gesagt, sie befand sich ihr ganzes Leben schon in dieser Abhängigkeit. Ich schloss Martha schnell ins Herz, weil ich feststellte, dass sie ein „Stiefkind" der Stationsnonne war. Was sie auch tat, sagte oder machte, irgendwas war immer falsch, meinte diese und ließ Martha ihre große Antipathie gegen sie spüren. Vielleicht erinnerte mich das Ganze auch unbewusst an meine Mutter und ihren Umgang mit mir. Ich empfand es als große Ungerechtigkeit, so mit anderen umzugehen, anstatt den Menschen unter dem Kittel zu sehen. Martha merkte, dass ich sie mochte, und begann sich zu öffnen. Damals bewohnte sie ein Zimmer im Kloster zusammen mit einer mongoloiden Frau, die für sie eine Art Kindersatz war und die sie bereits jahrzehntelang betreute.

Ich nahm Martha und Maria oft mit zu mir nach Hause, weil sie inzwischen sehr an unseren Kindern hingen. Alex machte sich über die beiden lustig oder äffte sie nach. Unseren Kindern waren sie eng verbunden und nahmen Anteil an allem, was ihr Leben anbelangte. Martha war immer sehr anlehnungsbedürftig und genoss es sehr, in den Arm genommen zu werden. Maria war die burschikosere der beiden Frauen, sie war ehrlich, lustig und herzensgut. Martha kannte die Pflanzen, den Wald und allgemein die Botanik sehr gut und konnte mir gute Ratschläge geben, welchen Tee ich woraus machen kann und gegen was er hilft. Im Herbst ging sie jedes Jahr in den Wald und sammelte für meine Familie und meine Eltern kistenweise Kastanien. Martha war und wurde ein wertvoller und wichtiger Mensch in meinem Leben.

Wir hatten sogar eine große Ähnlichkeit und Menschen, die uns sahen, glaubten oft, wir seien Mutter und Tochter. Unsere Freundschaft hat viel aus-, aber immer standgehalten.

Als meine Zeit als Angestellte in dem Kloster zu Ende ging, bestellte ein Gericht mich als Vormund für Martha. Dies blieb ich fast 28 Jahre lang. Egal wie viele Kilometer uns die letzten Jahre ihres Lebens auch trennten, wir waren ein gutes Team und blieben durch Telefonate und Besuche eng verbunden.

WIEDER IM BERUF

Nach vielen Erfahrungen im Kloster bewarb ich mich in einem Krankenhaus, das weiter entfernt von unserem Wohnort lag. Ich bekam eine Halbtagsstelle als Nachtwache. Nach der Einarbeitungszeit auf einer Station für Innere Medizin wechselte ich in den Nachtdienst. Diese Art von Dienst führte zu keinen Einschränkungen in unserem Alltag, im Gegenteil. Meine Kinder schliefen nachts, während ich arbeitete, und ich weckte sie morgens, wenn ich nach Hause kam, bevor ich mich hinlegte. Mit Freude und Ehrgeiz ging ich auf in der Arbeit mit und an den Patienten. Oftmals fuhr ich früher zum Dienst, weil „meine Patienten" mir sehr wichtig waren. Ich wollte immer hundert Prozent geben. Der Vorteil des Nachtdienstes war, dass ich eigenverantwortlich handeln konnte und musste. Ich war eine sichere Fachkraft und die Innere Medizin wurde mein Spezialgebiet. Natürlich reizten auch das zusätzliche Gehalt und die freien Tage zwischen den Nachtdiensten, obwohl das Augenwischerei ist. Der Körper hat sich kaum umgestellt auf Nachtdienst, da ist man wieder zu Hause, und wenn der Körper sich auf Zuhause eingestellt hat, muss er nachts wieder wachbleiben. Es ist schlimm, was man seinem Biorhythmus mit Nachtdiensten antut. Aber das merkt man erst immer viel später. In der freien Zeit zwischen den Nachtdiensten und während der Schulferien konnten wir als Familie mehrfach im Jahr verreisen. Mein Vater meinte einmal dazu, mein Mann und ich seien uns in nichts so einig wie im Verreisen. Meine Gesundheit war stabil, doch meine Rückenschmerzen nahmen drastisch zu. Das schwere Heben, Tragen und Lagern der Patienten im Nachtdienst veranlassten mich nach zwei jähriger Tätigkeit im Krankenhaus erstmals, eine Kurmaßnahme zu beantragen. Hinzu kam, dass ich ein großes Bedürfnis hatte, Zeit für mich alleine zu haben, einfach nur mal Zeit nur für mich. Daher plante ich, die Kinder in einen Skiurlaub und im Anschluss daran eine Woche zu meinen Eltern zu schicken. So konnte ich sehr gut drei Wochen überbrücken. Alles war organisiert und ich freute mich auf alles Neue in der Kur. Es war das erste Mal, das ich alleine auf eine Kur fahren würde und ich hatte viele Pläne, diese Zeit sinnvoll für mich zu gestalten. Dabei hatte ich allerdings meinen Mann vergessen, der mit der Situation gar nicht klarkam. Er versuchte mit allen Mitteln, mir die Kur auszureden. Ehrlich gesagt, ich verstand gar nicht warum, denn er fuhr doch seit Beginn unserer Ehe alle zwei Jahre in eine Kurmaßnahme. Ich kam nach Neustadt an der Saale, wohin er mich persönlich fuhr, um dort gleich am ersten Wochenende wieder aufzutauchen. Da musste ich ein Machtwort sprechen, denn von „meiner Zeit" dort war ich weit entfernt und die wollte ich mir durch niemandem nehmen lassen. Ich brauchte Ruhe. Ruhe, um festzustellen, wo ich in dem ganzen Familiengefüge stand, wo und was meine Position war und was ich ändern wollte oder konnte. Gleich am ersten Abend lernte ich Uschi B. kennen, eine Namensvetterin. Uns beide verband gleich eine angenehme Sympathie. Wir verbrachten in Neustadt eine schöne, unvergessliche Zeit. Uschi war mein Not- und Rettungsanker für meine Themen, eine Vertraute für meine Gespräche und sie beriet mich in Modefragen, da ich überhaupt kein Talent besaß, mich chic anzuziehen. Mit der neuen Bekleidung, die sie mit mir aussuchte, gingen wir abends zum Tanzen. Endlich konnte ich wieder tanzen. Ich hatte es so sehr vermisst, aber zu Hause hatte ich dazu keine Zeit und Möglichkeit. Nun, kurz gesagt, es trug zu meiner Genesung bei.

Damals ging mir, auch durch die gemeinsamen Gespräche mit ihr, so langsam auf, dass nicht ich alleine schuld war an der Sprachlosigkeit in unserer Ehe. Ich stellte zudem fest, dass ich nach all den Ehejahren immer noch nichts von und über meinem Partner wusste, weder etwas über seine Kindheit noch seine Jugend, seine Schulzeit, seine Eltern, nein, rein gar nichts. Immer wieder fragte ich mich, wer der Schattenmann neben mir ist, mit dem ich verheiratet war. Natürlich hatte ich während der Kur Zeit genug, nach Antworten oder Ideen zu suchen. Als ich nach Hause kam, wollte ich mich von Alex trennen. Ich wusste nur eines, diese Ehe wollte ich so nicht weiterleben. Ich hatte schon lange gemerkt, dass mein Körper rebellierte und die Seele weinte, aber ich hatte die Symptome noch nicht richtig zuordnen können. Zu dieser Zeit waren die Kinder jedoch am Anfang der Pubertät und ich legte wieder den Rückwärtsgang ein, denn ihnen den Vater zu nehmen, nein, das wollte ich nicht und hätte es ihnen auch nicht erklären können. Überhaupt sprach ich mit den Kindern nie über mein tiefes Unglücklichsein. Sie waren noch zu jung und ich selbst hatte noch zu große Angst vor Einsamkeit und Alleinsein. Noch gab es für mich kein Bild oder eine Vorstellung, ob und wie ich alles alleine schaffen könnte.

Die Kur lenkte aber auch meinen Fokus auf etwas anderes. Auf Uschis Empfehlung hin begann ich Gedichte und Lebensweisheiten zu lesen. Ja, ich verschlang sie förmlich. Wie man mit wenigen Worten so viel Weisheit ausdrücken kann, gerade so, als ob man eine Geschichte vorliest, das fand ich spannend und freute mich über jeden neuen Band, den ich mir zulegte. Ich las indianische genau wie indische und arabische Gedichte und Weisheiten. Auf einmal war meine Welt wieder größer und bunter.

Zu Hause, brachte ich für die Nachbarn zu Geburtstagen oder anderen Anlässen fortan kleine Gedichte oder Wünsche in Reimform aufs Papier und ich spürte eine große Freude dabei in mir. Meine Begeisterung und neugewonnene Freude an Gedichten brachten meinen Mann in Rage. Ich versuchte ihm zu erklären, was mir daran Spaß machte Gedichte zu schreiben, doch er reagierte nur trotzig. Ich glaube, er hatte große Angst, vor allem vor Veränderungen.

In meiner Arbeit als Nachtwache ging ich auf. Ich konnte mir Zeit nehmen, bei Sterbenden zu sein, mit ihnen beten oder sie begleiten. Oft war es beschwerlich und traurig, denn diese Patienten lagen in Mehrbettzimmern und besonders in Herbst und Winter, wenn die Stationen voll belegt waren, war es schwer, einen separaten Raum zu finden, wo man sich verabschieden konnte. Das geistige Beten und Begleiten war mir ein besonderes Herzensanliegen. Dabei bat ich in meinen Gebeten am Sterbebett darum, der Sterbende möge meine Ahnen im Himmel grüßen. Dies war für mich eine schöne Vorstellung und ich glaubte daran, dass mein Wunsch erhört würde.

Meine Eltern konnten mich immer noch nicht loslassen. Sie wollten über alles, was mich und meine Familie anbelangte, informiert sein. Von einem Wiedersehen bis zum nächsten hielten wir fast täglich telefonischen Kontakt.
Obwohl meine Mutter im Laufe ihres Lebens dreimal zum Entzug in einer Suchtklinik war, hielt sie das nicht ab, mit dem Trinken weiterzumachen. Als sie wieder einmal aus einer solchen Klinik nach Hause kam, hatte sie einen Schal gestrickt. Eigentlich fertigte sie nie Handarbeiten an und ich war sehr erstaunt. Als sie mir den Schal übergab, lag ein kleiner Zettel dabei, auf dem stand, sie habe bei jeder Masche an mich gedacht und bereue es sehr, nicht für mich dagewesen zu sein, als ich sie gebraucht hatte vor meiner Niederkunft. Sie mache sich große Vorwürfe, den Alkohol bevorzugt zu haben, anstatt zu mir

gekommen zu sein und mich unterstützt zu haben. Ich bin nicht schnell perplex, aber da war ich sprachlos. Das hat mich sehr überrascht und irgendwie auch berührt.

Mitte der 90er Jahre begann mein Mann Alex eine Gesprächstherapie, die viel Schlimmes für ihn ans Tageslicht beförderte. Aber ich muss ehrlich sagen, es interessierte mich nicht mehr. Zu lange schon stellte ich Fragen und wartete auf Antworten. Zu lange hatte er geschwiegen und zu lange hatte ich stumm gelitten in unserer Ehe. Es war genug. Mein Gefühl für ihn bestand nur noch aus Mitleid.

In der Therapie kam heraus, dass sein Vater schwer traumatisiert von Russland nach Hause gekommen war. Das erste gemeinsame Kind mit seiner Frau sollte ihm neuen Lebensmut geben, doch dann starb es durch den schrecklichen Unfall und für den Vater gab es nichts Lebenswertes mehr. Er verlor den Lebenssinn. Seine Kinder, besonders aber Alex, der dem verstorbenen Bruder am ähnlichsten war, wurde oft von ihm mit einer Peitsche gezüchtigt (Erziehung nannte er das lapidar) und die Mutter, hilflos, floh in die perfekte Hausarbeit. Alex stellte bald fest, dass es, wenn er ihr dabei als Kind zur Hand ging,

auch mal ein nettes Wort von ihr gab. Da er dem
verstorbenen Bruder sehr ähnlich sah, sprachen
die Eltern ihn auch mit dessen Namen an und erwarteten, dass er sich so entwickeln würde wie
dieser. Doch wie sollte das gehen? Wie durch ein
Wunder überstand er diese schwere Zeit und die
Züchtigungen. Diese Geschichte, so traurig sie war, hatte ich mir
schon im Laufe der Ehezeit selbst zusammenge-
puzzelt. Für Alex jedoch waren die Eröffnungen
des Psychologen sehr schwer zu verkraften, weil
er alles verdrängt hatte. Damals sah ich ihn oft
weinen.

Als Kristin 14 Jahre alt war, wurde Alex innerhalb weniger Wochen für zwei Jahre nach Ostdeutschland versetzt, zum Aufbau Ost, wie es
hieß. Ausgerechnet jetzt, da sie ihn brauchte. Sie
war auf der Realschule nicht die beste Schülerin
und nun das. Seine Versetzung war für uns alle
schwer, doch ich konnte es nicht ändern. Kristin
bestrafte sich und auch mich damit, dass sie sich
zur Vegetarierin erklärte. Kurze Zeit aß sie nur
noch vegan und hielt die nächsten fünf Jahre
standhaft ihr Gewicht. Sie begann zu rauchen
und schädigte ihre Gesundheit. Im Winter ging
sie mit eiskalten, fast blauen Händen in die
Schule und ich verging fast vor Sorge, dass sie

sich bleibende Schäden zufügt. Während Tim mittags am liebsten viel Fleisch zum Essen haben wollte, was auch normal ist in der Pubertät, war es für mich Stress, jeden Tag abzuwägen, was für meine Tochter als Nahrung noch in Frage kam. Ehrlich gesagt, ich war mit ihrer Pubertät in dieser Zeit total überfordert, nicht nur wegen des Essens. Sie begann sich die Haare am Hinterkopf zu rasieren. Ich konnte nicht verstehen, wie man sich so verschandeln kann, denn sie war ein hübsches, attraktives Mädchen. In dieser Zeit war ich heilfroh, meine Nachbarinnen kontaktieren und mit ihnen über meine Sorgen sprechen zu können. Da sie in ihrem Umfeld einige Nichten im gleichen Alter wie Kristin hatten, nahmen sie mir auf sehr nette und ruhige Art meine Angst, dass ich etwas übersah. Stets betonten sie, dass sei alles normal in der Pubertät.

Ich versuchte nun alles was möglich war, meinen Kindern Vater, Mutter und Freundin zu sein und dazu meine Freizeit noch mit Arbeit zu füllen. Mein Körper gab mir bereits viele Signale kürzerzutreten, doch ich beachtete und verstand sie nicht und vieles wuchs mir über den Kopf.

MEINE ZWEITE KUR

Vier Jahre nach meiner ersten Kur meldete sich mein Körper, besonders meine Wirbelsäule machte sich schmerzhaft bemerkbar und ich musste erneut eine Kur beantragen. Die orthopädische Kur fand in Willingen statt, wo ich gleich in den ersten Tagen eine tolle Clique fand, mit der ich eine schöne Zeit verbrachte. Die Frauen motivierten mich, die ich eher eine Bewegungslegasthenikerin bin, zu sportlichen Aktivitäten, was für sie selbstverständlich war. Sie praktizierten bei sich zu Hause im Verein Yoga und Line Dance und versuchten nun, auch mir den Sport und schmackhaft zu machen, zusätzlich zu den schon anstrengenden Anwendungen in der dortigen Klinik. Geschadet hat es mir jedenfalls nicht. Ich rauchte weniger und fand sogar Gefallen an den Sporteinheiten, da sie mein Gewicht reduzierten. Wir haben heute noch, dreißig Jahre danach, Kontakt untereinander und denken mit Lachen an die unbeschwerte Zeit unserer Kur von Willingen zurück. Jeder von uns hatte eine eigene Problematik, über die wir, wenn wir spazieren gingen, offen sprachen. Wir hörten uns zu und versuchten zu verstehen, was angesprochen wurde.

Ich meldete mich zusätzlich zu einem Gespräch bei einem Psychologen in der Klinik an, wo ich meine Ängste und Sorgen meine Tochter betreffend zum Ausdruck bringen wollte, ihr einseitiges veganes Essen, den frühen Beginn des Rauchens, die Pubertät und so weiter. Der Psychologe hörte sich alles geduldig an und meinte dann, solch ein Verhalten sei doch normal in der Pubertät, aber er verstehe nicht, warum ich derart an sie klammern würde. Zuerst verstand ich seinen Einwand nicht, aber als er ihn etwas vertiefte, kam eine Erinnerung hoch. Es war etwas, das ich tief in mir abgelegt und verdrängt hatte, meine Abtreibung. Als ich ihm davon erzählte, wunderte er sich, dass ich keine Wut gegen meine Eltern empfinde, die mir damit ein Stück meines Lebens kaputt gemacht hätten. Nein, sagte ich ihm ganz cool, es sei ja alles schon länger vorbei und da sei keine Wut in mir und auch kein Groll. Aber sie hätten mir meine große Liebe kaputt gemacht, meinte er, sie hätten mir eigentlich alles genommen, was mir damals wichtig war. Trotzdem, so sehr ich auch in mich hineinfühlte, ich empfand keine Wut und keinen Groll, eigentlich gar nichts – dachte ich zumindest.

Gott sei Dank bereitete er mich darauf vor, was kurze Zeit später folgte. Ich war nach dem Gespräch nicht fähig, in den Essenssaal zu gehen, blieb in meinem Zimmer und bekam auf einmal Herzrasen und Luftnot, ganz heftig. Ich war nicht fähig, vom Bett aufzustehen, und plötzlich war die ganze Situation des Schwangerschaftsabbruches wieder da. Wie gerufen, kam eine Schwester der Station in mein Zimmer und ein Arzt, die sich sehr rührend um mich kümmerten. Aber Wut auf meine Eltern wollte sich trotzdem nicht einstellen.

Mit vielen neuen Erkenntnissen, aber auch gut erholt und genesen kam ich wieder nach Hause und legte gleich wieder mit den Einsätzen im Nachtdienst los.

Alex arbeitete bereits einige Zeit im Osten von Deutschland in der Nähe von Berlin und Potsdam. Da hatte er die Idee, mich zu fragen, ob ich Lust hätte, mal Berlin kennenzulernen. Er würde es mir gerne zeigen, was ich davon hielte, wenn wir mal einige Tage dorthin fahren würden, nur wir zwei.

Berlin, das hörte sich spannend an und ich sagte auch gleich zu. Mit einem jüngeren Pärchen und einem Kameraden von ihm, die wir dort trafen, gingen wir auf Exkursion durch Berlin und Umgebung. Natürlich packten wir sehr viele Sehenswürdigkeiten in jeden Tag und abends noch einen Besuch in einem Theaterstück oder einem Kabarett. Es war ein schönes Beisammensein, wir lachten viel und hatten Spaß bei der Stadterkundung, besonders aber beim Shoppen. Der Kamerad, Benno, war quasi die graue Eminenz im Hintergrund, immer da, wenn man etwas brauchte oder wenn es galt, etwas zu besorgen. Man konnte sich sehr gut mit ihm unterhalten, obwohl er etwas gehemmt erschien. Leider vergingen sie viel zu schnell, die schönen Tage in Berlin. Begeistert vom Erlebten, den Koffer voll Erinnerungen an schöne Begegnungen mit Menschen in dieser Riesenstadt, kam ich wieder nach Hause und konnte meinen Kolleginnen und Nachbarn, aber auch den Kindern ganz viel erzählen. Berlin hatte mich in seinen Bann gezogen und ich besuchte diese wunderbare Stadt in den folgenden Jahren noch einige Male. Überall konnte man das rapide Wachsen, die Schönheiten und auch die schnell zunehmenden Veränderungen der Großstadt sehen.

Einige Monate später lud Benno das Pärchen von unserer Berlinreise wie auch Alex und mich zu sich nach Hause ein, um rheinischen Karneval zu feiern. Benno war zwar wie Alex im Osten stationiert, hatte aber eine Wohnung an der Ahr, wo man die närrischen Tage feiert wie in Köln. Welche Lebensfreude, welche Leichtigkeit! Lauthals

die bekannten Karnevalslieder mitsingen, schunkeln und flirten im Trubel, das hatte ich mir so lange schon gewünscht. Bei uns zu Hause schaute ich mir an diesen Tagen das bunte Treiben, die Sitzungen und Auftritte immer im Fernseher an. Alex blieb in Bennos Wohnung, es lag ihm nichts an diesem Trubel, und dieser zog mit uns beiden Frauen dorthin los, wo das Leben pulsierte. Wir waren mitten drin im Jubel, Trubel und der Freude – welch ein Feeling! Zwei Tage nutzten wir Frauen die Chance, närrisch zu sein und lauthals kölsche Lieder mitzusingen.
Doch das Leben ist kein Ponyhof, sagt man ja. Wenn es eine Zeit des Schönen gibt, folgt meist wieder eine Zeit der Prüfungen.

Wenige Monate später musste ich mich einer gynäkologischen Operation unterziehen, die Gebärmutter wurde entfernt. Ich wurde als Patientin in dem Krankenhaus, in dem ich arbeitete, in ein Zweibettzimmer aufgenommen und der Eingriff durchgeführt. Vorher hatte ich noch mit meiner lieben Martha gesprochen und sie gebeten, für mich zu beten, dass die Operation gut verlaufen möge. Wenn jemand beten konnte, dann war es Martha aus dem Kloster. Sie sicherte mir zu, am Operationstag morgens eine Messe für mich zu bestellen. An die Kraft des Gebetes glaubte ich fest und es half mir der Glaube, dadurch gut geschützt zu sein.

Ich wurde relativ ruhig in den Operationssaal gefahren. Der Eingriff verlief gut und die folgenden Tage im Krankenhaus in der Adventszeit auch. Alex besuchte mich mit den Kindern und brachte mir einen künstlichen Adventskranz mit für das Krankenzimmer. Die Operation hinterließ bei mir aber eine zunächst unerklärbare Schwere und das Gefühl, nun keine vollständige Frau mehr zu sein. Ich kämpfte lange dagegen an, doch es fiel mir sehr schwer, meinen Körper nun zu akzeptieren. Wieder kämpfte ich gegen mein Ego, gegen Minderwertigkeitsgefühle, Ängste und blieb gegenüber den Argumenten meiner Nachbarinnen, das Positive in der Operation zu sehen, zunächst verschlossen. Derjenige, der nichts zu meinen Bedenken und Ängsten sagte, war mein Mann.

Um die Zeit meines Aufenthaltes im Krankenhaus zu überbrücken kam meine Mutter um sich um die Kinder zu Hause zu kümmern, da Alex wieder zurück nach Berlin musste. Sie kümmerte sich erst mal um das Tagebuch meiner Tochter und stöberte in deren Sachen. Was sie ausfindig machte, erzählte sie mir mittags bei ihren Besuchen im Krankenhaus. Obwohl ich ihr sagte, dass ich dieses Verhalten nicht gut fände und ich es nicht wolle, dass sie Detektiv spiele, gingen ihre Stöbereien weiter. Die Sachen seien alleine Angelegenheit meiner Tochter und da habe niemand was dran verloren, meinte ich noch. Kristin habe ein Recht auf Privatsphäre. Leider erbrachte das Gespräch nicht viel Einsicht bei ihr und mir nicht die erhoffte schnelle Genesung. Ich merkte, wenn meine Tochter mich besuchte, dass die Lösung mit Oma nicht gut war, aber es war sonst niemand da. Gott sei Dank war Tim der ruhigere Part der Kinder. Er durchlief die Pubertät komplikationslos und stets gut gelaunt. Durch seinen Sport hatte er viele Freunde, um ihn brauchte ich mir keine Gedanken zu machen, auch nicht um seine schulischen Leistungen.

In der sich anschließenden Zeit meiner Rekonvaleszenz zu Hause nahm ich Kontakt zu Selbsthilfegruppen auf und las viel über Magersucht und Ernährungskrankheiten. Meine Tochter erschien mir zu schlank, zu dünn und ich hatte wirklich Panik, dass sie krank sei oder werden würde. Nie hatte ich dabei Hilfe oder Unterstützung an oder durch meinem Mann. Er nahm diese Situation und meine Bedenken nicht ernst.

Eigentlich viel zu früh ging ich wieder in die Nachtwache, weil mein Hausarzt meinte, ich sei einsatzfähig für den Dienst. Oft stieß ich hier an meine körperlichen Grenzen, wenn es darum ging, schwere Patienten zu heben, zu lagern oder schwere Sachen zu tragen oder zu bewegen. Aber wieder im Dienst sein hieß auch, vollen Einsatz bringen zu müssen.

Nach dieser Operation legte ich meinen Ehering ab, denn ich merkte, dass ich unglücklich war. Es gab keine Veränderung in meiner Ehe, ich hatte resigniert. Es herrschte eine kuriose Sprachlosigkeit zwischen Alex und mir. Ich stellte ihm keine Fragen mehr über sein Leben, denn es interessierte mich nicht mehr. Nur noch versuchen, das Tägliche gut zu meistern, das war meine Devise. Ich hatte abgeschlossen mit allem, was meine Ehe betraf. Der Ehering war für mich wie die Kette an einem Sklaven. Er erdrückte mich, nahm mir die Luft und es ging mir psychisch wirklich besser danach. Ich fühlte mich frei und befreit, als ich ihn in eine Schatulle ablegte. Ja, es war, als ob eine zentnerschwere Last von mir abfiele.

KONFIRMATION UND NEUE BEKANNTSCHAFTEN

Unsere beiden Kinder wurden gleichzeitig konfirmiert. Alex und ich begleiteten sie und die anderen Kinder, in der zwei jährigen Vorbereitungszeit und mit ihm zusammen schmückte ich den Kirchenraum für den hohen Festtag der Konfirmation. Wie ich mich auf diesen Tag freute! Unser Haus war bereits am Vortag voll mit Gästen. Ich hielt eine Rede in der Kirche, in Form von Wünschen, die wir als Eltern den Kindern mit auf den Weg gaben, und anschließend feierten wir auf einem Aussiedlerhof, wo ich bereits länger schon an Wochenenden in der Weinstube kellnerte. Die Dankeskarten für die Gäste, schön gestaltet mit einem Bild beider Kinder und ihren Unterschriften, hatten wir schon vor einigen Wochen erstellt und jeder Gast erhielt eine Karte nach dem Kaffeetrinken. Tim bedankte sich in unser aller Namen für die Geschenke und das Kommen der Gäste. Das Abendessen fand noch bei uns zu Hause statt. Danach fuhren die meisten Gäste wieder heim. Es war ein schönes Fest für alle und in der Nacht flogen wir als Familie vom Flughafen Frankfurt aus nach

Fuerteventura. Die Erholung tat nach all den vielen Vorbereitungen und Aufregungen mehr als gut!

SENIORENBILDUNGSREISE NACH ROM

Mit dem evangelischen Dekan, der die Kinder konfirmiert hatte, durfte ich als einzige Katholikin zwei Seniorenbildungsreisen begleiten. Eine Reise führte uns vierzehn Tage nach Südfrankreich, auf den Spuren der Hugenotten, und die zweite für zwei Wochen nach Rom. Hier erlebte ich eine Audienz mit Papst Johannes Paul II. Er schritt in den Gängen des Petersdoms die Reihen von Menschen ab und schüttelte Hände. Auch ich konnte ihm meine Hand geben, als er einen Segen sprach. Ein unvergessliches Erlebnis ist das für mich.

Auf diesen beiden Reisen lernte einen betagteren Mann kennen, den mir der Dekan sehr ans Herz legte und den ich heute noch als „Lehrer meines Lebens" bezeichne. Ich möge auf unseren Ausflügen meine Augen oft auf den Senior richten und gut auf ihn aufpassen, bat er mich. Er hatte bereits ein hohes Alter, war aber körperlich noch rüstig und geistig sehr wendig. Dieser Mensch war ein sehr belesener, kluger und stolzer Mann, der mir viel Schönes mitteilen und vermitteln konnte, ohne dabei überheblich zu wirken. Er erklärte mir das, was die Reiseleiterin uns nicht erzählte. Er hatte ein Riesenwissen, was sicherlich mit seinem früheren Beruf zusammenhing, als er Oberstudienrat an einem Gymnasium war. Einmal nahm unsere Gruppe an einer Führung durch die Katakomben teil und vor lauter Erzählen verloren wir beide die Zeit und auch den Weg aus den Augen. Gruselig war es dort unten, als auf einmal ein schwarz gekleideter Mönch vor uns stand und uns nett aufforderte, ihm zu folgen. Für uns beide war das ein kleines Abenteuer. Nach den vielen und langen Stadtführungen saßen wir abends auf der Dachterrasse unseres Hotels mit Blick auf den Petersdom und tranken einige Gläschen Rotwein zusammen. Unvergessen! Durch den Kontakt auf dieser Reise blieben wir einander freundschaftlich verbunden. Als wir wieder zu Hause waren, lud er mich häufiger zu sich ein. Er wohnte eine halbe Stunde Autofahrt von unserem Wohnort entfernt. Es war eine wunderbare Zeit, die ich mit ihm verbringen durfte und für die ich heute noch dankbar bin. Er führte mich in die Malerei, die Musik und in die

Kunst des Schreibens, Erzählens und des Ausdrucks mit Worten ein. Er selbst hatte bereits mehrere Bücher veröffentlicht und war ein richtiges Allroundgenie. Mit ihm zusammen fand ich sogar eine Kunstgalerie aufregend und spannend und einen Theaterbesuch mit einem Symphonieorchester interessant. Ich sog seine Aufmerksamkeit, seine Bildung und seine Lebenserfahrung total in mich auf und in den folgenden zwölf Jahren, die uns so verbanden, war er der einzige Mensch, der sich täglich, wirklich täglich telefonisch nach meinem Wohlergehen erkundigte und jederzeit wusste, ob ich traurig oder glücklich war. Er kannte die Hintergründe meines Unglücklichseins und erfuhr auch als Erster, wenn ich mich über etwas riesig gefreut oder geärgert hatte. Heute bin ich mir sicher, dass er den Samen gelegt hat für all das, was Jahre später in meinem Leben passieren sollte.

EINE WERTVOLLE NEUE BEKANNTSCHAFT

Um in meiner verbleibenden Freizeit zwischen den Nachtwachen etwas Gutes zu tun, stellte ich mich einmal in der Woche in den Dienst einer alten Dame, deren Gesellschafterin ich wurde. Diese Dame war, als wir uns kennenlernten, 80 Jahre alt und agil. Zu unserem gemeinsamen Einkauf jede Woche kamen private Treffen und Sektfrühstücke hinzu. Gespräche und wachsendes Vertrauen verbanden uns in der Folgezeit. Wir wuchsen zusammen wie Großmutter und Enkelin. Sie war alleinstehend und ich war beeindruckt, wie viel Schlimmes sie in ihrem Leben erfahren und erlebt und wie gut sie gelernt hatte, damit umzugehen. Wir sahen uns regelmäßig und nach unserem Einkauf bedachte sie mich stets mit Lind-Pralinen oder Lachsschinken für meine Familie. Dann tranken wir noch ein Glas Sekt zusammen und erzählten uns Anekdoten aus unserem Leben. Sie kannte meine Kinder und auch meinen Mann von einigen Besuchen und ich erkannte, dass unter ihrer harten Schale ein sehr weicher Kern war. Sie hatte einen großen Platz in meinem Herzen, denn sie erinnerte mich mit ihrer Güte an meine bereits verstorbene Oma.

Ihr ganzes Leben hatte sie auf ihren Lebensabend hin gespart, den sie in ihren eigenen vier Wänden verbringen wollte. Ihre Dreizimmerwohnung war eine richtige Puppenstube. Leider musste sie ihr letztes halbes Lebensjahr als Selbstzahlerin in einem Altenheim verbringen, da sie eine 24-Stunden-Betreuung brauchte. Hier besuchte ich sie so oft es ging und kümmerte mich um ihre Anliegen. Als sie starb, setzte sie mich als ihre Erbin ein.

EINE SCHWERE ENTSCHEIDUNG

Mein Vater lag seit einigen Tagen im Krankenhaus in Trier, weil er einen Bauchdeckenriss erlitten hatte und operiert werden sollte. Er war zur Vorbereitung darauf schon einige Tage dort. Einen Tag vor der geplanten Operation fuhr ich mit Kristin zu ihm. Er beschwerte sich und meinte, seine Frau sei schon einige Tagen nicht mehr bei ihm gewesen noch habe sie mit ihm telefoniert, er brauche dringend frische Wäsche. Sein Blick sagte mehr als seine Worte und ich merkte, dass er wirklich Angst um meine Mutter hatte, weil sie alleine zu Hause war und immer noch trank. Wie hilflos er war, er war in keiner guten Verfassung. Ohne Worte dachten wir dasselbe: Hoffentlich ist nichts passiert zu Hause, und ein mulmiges Gefühl beschlich mich. Kurz und gut, ich fuhr mit Kristin ins Elternhaus, wo ich meine Mutter ziemlich betrunken im Bett antraf. Ich war so platt, sauer, wütend, zornig und aggressiv, sie so vorzufinden, dass ich sie anzog und einige Sachen von ihr in eine Reisetasche packte. Sie wehrte sich, doch ich schaffte es, sie ins Auto auf die Rückbank zu legen und durch einen schlimmen Orkan, der uns begleitete, in eine Suchtklinik zu bringen, die nicht weit von unserem Wohnort in der Pfalz entfernt war. Es musste doch irgendjemand mal was unternehmen gegen dieses Martyrium, dem wir alle nun schon so lange ausgesetzt waren. Nun, mein Vater konnte es nicht, er lag ja stationär. Ich hatte das Gefühl, etwas unternehmen zu müssen, und dieser Weg war für mich schlüssig. Am selben Abend rief ich meine Schwester an und berichtete ihr von dem Erlebten. Obwohl ich meine Mutter jeden Tag besuchte, mit ihr spazieren ging und sie auch mit zu uns nach Hause nahm, sprachen wir nie über das Thema Alkohol. Für meine Tochter war das Erlebte ein

Schock, denn sie wusste bis dahin nicht, dass ihre Oma Alkoholikerin war.

Drei Tage schaffte ich es mit Notlügen, meinem Vater am Telefon zu sagen, die Mutter sei gerade im Garten oder bei meinen Nachbarn. Dann sagte ich ihm die Wahrheit, dass ich die Mutter in eine Suchtklinik gebracht hätte und sie dort einen Entzug machen könne. Leider war das Resultat, dass er sich am nächsten Tag, frisch operiert selbst aus dem Krankenhaus entließ und sie aus der Suchtklinik nach Hause holte.

Nach diesem Aufenthalt in der Klinik hatten meine Mutter und ich längere Zeit Funkstille. Nie hat jemand von uns beiden danach über diese Situation gesprochen. Nie!

GEMEINSAMKEITEN

Bei uns im Haus ging es zeitweise zu wie in einem Taubenschlag. Es war oft „Tag der offenen Tür". Die Kinder konnten jederzeit Schulkameraden und andere Kinder mitbringen. Es war ein Kommen und Gehen und ich fand es immer sehr interessant, welche Denkweisen, Ansichten und Meinungen andere Kinder zu unterschiedlichsten

Themen hatten. Was ich dabei immer besonders genoss, war, dass das Haus lebte. Es lebte vom Lachen, dem Erzählen, dem Austausch und viel Optimismus der Kinder.

Die Geburtstage der Kinder gestaltete ich meistens alleine. Mit Tim, Kristin und drei ihrer Mitschülerinnen fuhr ich an ihrem Geburtstag ins nahegelegene Erlebnisbad. Mit einem Essen, bestehend aus Pommes mit Majo und einem Getränk dazu, welches man vorher anmelden musste, hatten wir alle großen Spaß beim Schwimmen und Tollen im Wasser. Ich alleine aber trug die Verantwortung, dass nichts passierte. An Tims Geburtstag durfte er natürlich ebenfalls Schulkameraden einladen. Wir gingen zum Minigolfspielen in die Stadt und anschließend gabs was Deftiges zu essen. Auch hier war ich alleine. Wie gerne hätte ich Alex dabeigehabt, gerade um mit den Jungen etwas zu unternehmen.

In den Herbst- und Wintermonaten habe ich mit den Kindern immer gerne gebastelt. Aus den letzten Blumen, die wir sammelten und trockneten, fertigten wir Kränze für die Türe oder den Tisch an. Wir malten Bilder, töpferten und erlernten die Seidenmalerei. Hier entstanden erste Seidentücher, Seidenbroschen, Seidenbilder oder Krawatten, die ich auf Heimwerkerbasaren anbot. Ich bemalte mit ihnen Weihnachtskugeln oder wir bastelten Adventskränze. Dazu strickte ich viel und die selbstgefertigten Pullis bekamen die Kinder und Alex zu Weihnachten. Lange Jahre kamen meine Eltern über Weihnachten zu uns in die Pfalz. Nach einem Gottesdienstbesuch gab es leckeres Essen, wir sangen zusammen einige Weihnachtslieder und dann folgte die Bescherung. Diese Zeit war wichtig für uns alle. Wichtig zum Durchatmen, wichtig, um Hoffnung zu schöpfen, wichtig, um zusammen zu sein. Doch ich merkte auch, egal welches Geschenk ich meiner Mutter machte, es kam irgendwie nie richtig bei ihr an. Sie bedankte sich immer höflich, aber nie herzlich.

Eines verstand ich zu dieser Zeit aber schon: Meine Eltern verband eine Art von Hassliebe. Keiner konnte mit, aber auch nicht ohne den anderen Partner leben. Daher war Weihnachten immer etwas Besonderes. Da herrschte geschönter Frieden, da schrieben sie sich gegenseitig ihre Gefühle auf Papier und gaben es als Weihnachtsbrief dem anderen. Sie konnten sich nie sagen, was sie wirklich bewegte oder belastete, geschweige denn, was sie sich voneinander wünschten. Der Traum von uns allen, unser Hoffen auf ein friedvolles Miteinander innerhalb der Familie, das war die Freude durch und mit den Kindern, die alles noch leicht nahmen. Daher waren die Weihnachtstage eigentlich die schönste Zeit für uns, auch wenn dieser erhoffte Friede brüchig war.

Nicht nur zu Weihnachten, auch zum Geburtstag meiner Mutter im September wollte ich immer ein besonderes Geschenk für sie finden. Dazu wünschte sich stets, der Jahreszeit entsprechend, selbstgebackenen Pflaumenstreuselkuchen von mir. Den habe ich auch immer gebacken und ihn ihr sogar in den Schwarzwald gebracht, wo sie gerade mit meinem Vater Urlaub machte. Stets war es jedoch nur eine kurze Überraschungs-freude, die schnell verblasste. Ich hatte das Ge-fühl, die Freude, etwas von mir geschenkt zu bekommen, kam nie in ihrer Seele an. Doch genau diese Freude war es, die ich ihr immer machen wollte.

Die Mutter einer Schulkameradin von Kristin war Yoga-Lehrerin. Mit ihr freundete ich mich an und besuchte einige Jahre ihre Hatha-Yoga-Kurse. Meist fanden sie vor meinem Nachdienst statt, so dass ich immer sehr erholt und ausgeruht dort erschien. Yoga machte mir sehr großen Spaß, weil nach den Anstrengungen besondere, von ihr angeleitete Übungen zu einer

Entspannung führten, die ich in meinem Leben noch nicht gefunden hatte. Aus einem Urlaub in Tunesien hatte ich mir ein komplettes Bauchtanz-Outfit mitgebracht und es machte mir eine große Freude den arabischen Bauchtanz zu erlernen. Ich war glücklich, mich im Rhythmus der Trommeln drehen und bewegen zu können. Ich lernte meinen Körper auf eine andere, besondere Weise kennen und akzeptieren. Hier konnte ich im Takt der Trommeln auch die „Enttäuschung und Ohnmacht " loslassen, die ich spürte. Eigentlich war ich mit meinem Leben unter der Woche, alleine mit den Kindern, die mich nun nicht mehr dringend brauchten, zufrieden. Ich hatte einen Bekanntenkreis, Freunde an meinen Hobbys, an meinem Garten und meiner Arbeit im Krankenhaus. Allen um mich herum ging es gut, auch Martha und meinem lieben „Lehrer" Erich. Trotzdem vermisste ich etwas, das ich nicht in Worte fassen konnte. Es war immer noch diese Leere in mir, die sich bemerkbar machte und oft mit einer Traurigkeit einherging. Da passierte etwas, was meinen Blick auf das Leben und die Medizin veränderte. Alex hatte einen schweren Bandscheibenvorfall und lag schon einige Zeit im Bundeswehrkrankenhaus in Wildbad, wo man ihn über Weihnachten und das neue Jahr nach Hause entließ. Er traf zwei Tage vor

Heiligabend in einem Krankenwagen ein, gezeichnet von sehr starken Schmerzen. Alles war schmerzhaft für ihn, zu sitzen, zu stehen oder zu liegen. Es war auch für mich schwer, ihn so leiden zu sehen. Am Tage seiner Ankunft zu Hause hatte ich, warum auch immer, die Männer der Müllabfuhr zum Kaffee eingeladen. Das war das erste Mal, dass ich das tat, und sie waren erstaunt, wie schlecht es Alex ging. Da meinte der eine von ihnen, ich solle doch mal Theo anrufen, der könne ihm bestimmt helfen. Auf meine Frage, wer das denn sei, sagte er, Theo sei Geistheiler und wohnte nicht allzu weit entfernt. Zuerst habe ich gelacht, wirklich gelacht, bis die Tränen kamen, weil ich dachte, ein Geistheiler in unserer Nähe, das könne nicht wahr sein. Die kennt man sonst doch nur aus Zeitschriften. Doch der Müllwagenfahrer blieb am Thema und rief tatsächlich diesen Theo an. Er erklärte ihm, wo er gerade sei und dann gab er Alex den Hörer. Schon nach kurzer Zeit sagte Theo zu Alex am Telefon, ohne dass das Krankheitsbild besprochen worden war, dass er einen heftigen Bandscheibenvorfall habe und unbedingt am nächsten Tag zu ihm zu einer Behandlung kommen solle.

Es erwartete uns ein gut gebauter Mann, der damals noch eine Gaststätte hatte und in einem Nebenraum Patienten behandelte. Er besah sich meinen Mann und begann allerlei Handbewegen zu machen. Als wir ihn nach einer gefühlten Ewigkeit verließen, versprach er Alex, er werde wieder gesund sein, wenn er im neuen Jahr zurück ins Bundeswehrkrankenhaus müsse.

Das Weihnachtsfest wurde ein Spießrutenlauf für alle, denn Alex ging es wirklich schlecht. Starke Schmerzen und entsprechend viele starke Tabletten setzten ihn matt. Bis Neujahr riefen wir noch einige Male den Geistheiler an, der Alex mit seinen Fernbehandlungen immer noch Hoffnung auf Heilung machte, aber es auch schaffte, die Schmerzen nach jedem Anruf zu reduzieren. Dann geschah etwas Unglaubliches. In der Nacht vom 2. auf den 3. Januar stand Alex mitten in der Nacht vor mir, weckte mich und rief immer wieder, er sei geheilt. Tatsächlich konnte er sich bewegen, ohne Schmerzen zu haben, und das blieb auch so. Der Bandscheibenvorfall war geheilt, was durch folgende Röntgenaufnahmen bestätigt wurde.

Für mich als Krankenschwester war diese Art der Behandlung ganz neu und ich versuchte rational zu verstehen, was ich bei Theo gesehen und erlebt hatte. Wie kann eine Handbewegung eine Linderung bewirken, ohne Tabletten? Ich hatte viele Fragen, auf die ich erst mal noch keine Antwort bekam. Theos eigene Art der Behandlung und der Erfolg der Schmerzreduktion, ohne den Menschen anzufassen, blieben mir präsent, so dass ich langsam begann, mich mit Geistheilung zu beschäftigten. Ich fand Theo richtig nett und wir beide kamen gut miteinander aus. In den folgenden Jahren half er nicht nur meiner Familie, meinen Eltern, Freunden, unseren Nachbarn und Bekannten, sondern auch vielen meiner Patienten im Krankenhaus durch sein Geistheilen. Seine Telefonnummer war quasi meine Notfallnummer.

Meine Tochter hatte einmal ein Überbein auf dem Handgelenk und ich hieß sie bei Theo anzurufen. Es war unglaublich. Wir saßen alle am Tisch, also die Kinder und ich und sahen, wie sich dieses Überbein während des Telefonates bewegte und tatsächlich auf diesem Weg nach zwei Tagen verschwand. Er half mir, mit dem Rauchen aufzuhören, und als ich einen Unfall mit meinem Fuß hatte, nahm er mir die Schmerzen, ohne körperlich anwesend zu sein. Bei einem Bekannten reduzierte er die epileptischen Anfälle und meinem „ungläubigen Vater" nahm er die Schmerzen im Rücken, so dass er wieder deutlich besser laufen konnte. Mein Vater glaubte nie an etwas Höheres, eine andere Kraft und Stärke, aber er war einige Male bei dem Geistheiler und

ließ sich von ihm behandeln, ebenso meine Mutter. Sie hatte durch ihr Rauchen die Lungenkrankheit COPD und war bereits gezeichnet durch schlimme Luftnot, die Theo lindern konnte.
Seine Behandlungen und Heilungen machten diesen Mann berühmt und Menschen kamen von überall her zu ihm mit allen möglichen Krankheiten, um seine Hilfe in Anspruch zu nehmen.

Fast zeitgleich lernte ich eine Kartenlegerin aus Karlsruhe kennen. Sie begleitete und begeisterte mich fast so lange wie Theo, über zwanzig Jahre lang. Meine Kolleginnen im Krankenhaus hatten mir von ihr erzählt und ich war neugierig geworden, was und wie sie etwas macht, wie sie aussieht und was sie mir zu sagen hätte. Also fuhr ich mit einer lieben Kollegin dorthin. Im Flur ihres Wohnhauses warteten bereits viele Frauen darauf, an die Reihe zu kommen. Im Wohnzimmer legte Frau K. Karten auf einem Couchtisch und wir erfuhren, was die Karten ihr sagten oder was sie in ihnen sah. Ich muss sagen, ich war sehr erstaunt, was sie über mich wusste und mir über meine Familie sagte, obwohl sie mich dazu nicht vorher befragt hatte. Was mich am meisten überraschte, war, dass alles auch so eintraf, wie sie es vorhergesagt hatte. Frau K. begleitete mich viele Jahre, war mir eine große Hilfe und Stütze, besonders in der Zeit des späteren Alleinseins zu Hause, bei der Angst um den Schulabschluss der Kinder und vielem anderen. Sie war mir mit ihren Karten eine sehr große Hilfe, ein Segen, ein Geschenk des Himmels, welches ich gerne annahm. Jeder Mensch hat eine oder mehrere Begabungen, Talente, das macht unsere Welt ja so bunt und quirlig. Es gibt Menschen, die über den Tellerrand schauen dürfen, wie man sagt. Dazu zählen auch Geistheiler und Kartenleger, so sie denn seriös und ehrlich arbeiten. Diese Gabe hat nicht jeder Mensch und ich denke, man kann sie auch nicht erlernen, sie wird einem in die Wiege gelegt. Ich war und bin dankbar, dass das Leben mir diese Menschen zur Seite stellte, dass ich ihr Können, ihre Herzlichkeit, ihr außergewöhnliches Talent kennenlernen und erfahren durfte, besonders in späterer Zeit, als ich sonst niemanden mehr hatte.

Kristin war eine mittelmäßige Schülerin, die bereits eine Klasse wiederholte und der vieles andere wichtiger war als die Schule, diese war für sie ein notwendiges Muss. Nun stand der Endspurt mit Klassenarbeiten und Benotungen an und meine Sorge war, ob sie den Realschulabschluss schaffen würde. Um Tim brauchte ich mir keine Sorgen zu machen. In dieser Zeit war ich heilfroh, auf die Kartenlegerin zurückgreifen zu können. Voller Sorge um die Zukunft meiner Tochter fuhr ich nach Karlsruhe und wurde von ihr beruhigt. Kristin werde ihren Abschluss bekommen, ich bräuchte mir keine Gedanken zu machen, auch nicht um ihren Bruder. Beide würden ihren Weg gehen, sagte sie mir nach dem Blick in die Karten. Wenn derzeit auch alles etwas turbulent sei, beide würden ihren Abschluss erhalten. So fuhr ich beruhigt, gestärkt und hoffnungsvoll wieder nach Hause. Sie behielt Recht, beide Kinder schafften die Mittlere Reife. Dankbar nahm ich die Hilfe der beiden Menschen an in Zeiten, in denen ich krank war oder wurde, in denen ich keinen Ausweg mehr sah für mich, und als ich Mut brauchte, um wieder Licht und klar zu sehen. Auch Erich, mein wunderbarer Lehrer aus Neustadt, schaffte es immer wieder, mich für Dinge zu begeistern, für die ich zu Hause sonst keine Zeit hatte. Die klassische Musik, die gehobene Gastronomie, Konzerte oder Museumsbesuche, die Malerei, alles brachte er mir näher und begeisterte mich so immer wieder aufs Neue. Unsere Gespräche über Schriftsteller, die er kannte oder deren Werke er mir vorstellte, legten den Grundstein für eine einzigartig schöne und wertvolle Freundschaft. Wenn ich ihn besuchte, setzte er sich zuerst an sein Klavier und ich durfte klassische Musik genießen, bevor wir zum Essen in ein Hotel im Umkreis fuhren. Diese Tage waren und sind noch heute unvergessen, denn ich hätte das Geld nicht gehabt, um mir die schönen Seiten des Lebens in diesem Umfang zu gönnen. Nach einem Besuch bei ihm, gab er mir öfter einen Roman mit nach Hause, nachdem er mir viel über das Leben des jeweiligen Schriftstellers erzählt hatte. Diese Flut an Informationen genoss ich sehr und sog sie auf wie ein Schwamm.

DER UNFALL IN FRANKREICH

An einem Sommertag im Jahr 1997 fuhren Alex und ich ins nahegelegene Frankreich. Wir wollten eine Tagestour machen nach Saverne, wo auf einem Kanal Hausboote fuhren und anlegten. Der Tag fing sonnig an und endete fatal. Wir besichtigten die Stadt, tranken Kaffee, besuchten eine Kirche, wo gerade eine Trauung stattfand, und standen dann am Kanal bei den Hausbooten, wie viele andere Menschen auch. Eigentlich wollte ich mir nur kurz die Füße vertreten. Auf dem Weg zu einer Holztafel, auf der ich die Preisliste der Hausboote vermutete, blieb ich mit meinem linken Fuß an etwas Sperrigem hängen, fiel hin und konnte nicht mehr aufstehen. Ich sah meinen Fuß neben dem Bein liegen und konnte ihn nicht bewegen. Nach einer gefühlten Ewigkeit kam ein junger Mann zu mir, legte mir seine Lederjacke unter den Kopf und rief die Feuerwehr. Dann merkte auch mein Mann, dass ich es war, die da lag, und kam ebenfalls zu mir. Immer wieder versuchte ich zu realisieren, was mir passiert war, bekam aber keinen klaren Gedanken in den Kopf. Die herbeigerufene Feuerwehr brachte mich ins Krankenhaus von Saverne, wo mir die Ärzte und das Personal in englischer und französischer Sprache zu erklären versuchten, was geschehen war. Im Schock, unter Medikamenten und mit meinen verblassten Sprachkenntnissen fuhren sie mich zum Röntgen, gaben mir Infusionen und Spritzen, bevor ich einen Gips bekam, vom Fuß bis zur Leiste. Was mich traurig machte, war, dass ich mir für diesen Tag eine neue Jeanshose gekauft hatte, die nun von der Feuerwehr aufgeschnitten worden war, damit sie meinen Fuß stabilisieren konnten.

An dem einbetonierten Pfosten, an dem ich hängen blieb, hatte ich mir meinen Fuß gebrochen, ebenso die Wade und das Schienbein. Ich sollte schnell operiert werden, was ich aber nicht wollte. Nicht im Ausland, sondern wenn schon, dann in dem Krankenhaus, wo ich arbeitete. Ich bat meinen Mann, den ADAC zu rufen, damit dieser mich dorthin bringen könne. An diesem Abend gab es allerdings keinen freien Transport mehr, erst am nächsten Morgen, sodass ich die Nacht auf der chirurgischen Station verbringen musste. Ich hatte starke Schmerzen und Angst, ja, ganz viel Angst bei dem Gedanken, was der Unfall wohl für Konsequenzen für mich haben und wie ich damit umgehen würde. Ich malte mir alle möglichen Szenarien aus.

Meine Zimmernachbarin war eine Elsässerin, die als Lehrerin Deutsch unterrichtete. Welch ein Glück, denn sie war sehr bemüht, das, was man mir das Pflegepersonal sagte, zu übersetzen und meine Wünsche und Anliegen dem Personal zu vermitteln.

Am nächsten Morgen, nach einem leckeren französischen Frühstück, kamen zwei sehr nette Fahrer des ADAC und nahmen mich mit zurück nach Deutschland. Nun war die Bruchstelle am Fuß schon ganz schlimm eingeblutet, weswegen der Chefarzt der Chirurgie unseres Krankenhauses noch zwei weitere Tage abwartete, bevor er meinen Fuß beziehungsweise das Sprunggelenk operieren konnte. Ich war glücklich, in diesem Krankenhaus zu sein, in vertrauter Umgebung und wusste, dass die Ärzte alles tun würden, um mir zu helfen. Meine Kolleginnen kamen mich besuchen, ebenso Ärzte des Krankenhauses und natürlich meine Familie. Doch an Laufen war nach der Operation erst mal nicht zu denken. Ich bekam einen Rollstuhl, mit dem ich mich auf der Station bewegen konnte und ich blieb vierzehn Tage als Patientin dort.

Nach meiner Entlassung nach Hause, übte ich auf Krücken zu laufen, was aber gar nicht so einfach war. Es war ein schöner warmer Sommer in Deutschland und Alex stellte mir eine Liege in den Garten, auf der ich ruhen und lesen konnte. Für jeden Handgriff musste ich nun jemanden rufen oder bitten. Das war nicht meine Welt, aber es ging nicht anders. Eine Krankengymnastin kam ins Haus, die mit mir Übungen machte, auch meine Martha besuchte mich. Sie sorgte sich ehrlich um mich, genau wie Erich aus Neustadt und es kamen natürlich auch die Nachbarn zu Besuch. Trotz seines hohen Alters scheute sich Erich nicht, mit dem Zug zu mir zu kommen. Alle wollten sehen, wie es mir ging, also langweilig war es wirklich nicht.

Ich erfuhr in dieser Zeit auch viel Zuwendung von meiner Kollegin Patcy. Wir arbeiteten schon einige Jahre im Nachtdienst zusammen. Mit ihr konnte ich über ernste, aber meistens sehr lustige Dinge sprechen. Patcy hatte immer eine Geschichte aus dem Leben parat, die sie zum Besten gab und über die wir dann herzlich lachten. Sie brachte schöne Videofilme mit, die ich noch nicht kannte und die uns die Zeit beim Kaffeetrinken verkürzten. Während ich gebannt die Handlung der Filme verfolgte, saß sie neben mir und verrichtete Näharbeiten. Sie kam oft und während ihrer Anwesenheit fühlte ich mich irgendwie leichter und unbeschwerter. Sie war mir ebenfalls eine große Hilfe und Stütze in dieser Zeit, als ich auf Hilfe von anderen Menschen angewiesen war. Das habe ich ihr nie vergessen. Nach einem halben Jahr auf Krücken und der Aussage des Hausarztes, er glaube nicht, dass ich noch mal ins Laufen komme, schickte mich die Krankenkasse in eine Rehaklinik ins Allgäu. Und das über Weihnachten und Silvester. Isny hieß der Ort, der den Patienten am Heiligen Abend fast zwanzig Grad und Sonnenschein bot. Man hatte nicht das Gefühl, es sei Weihnachten. Am Nachmittag machte ich auf Krücken mit mehreren Patienten einen Spaziergang in der Sonne. Schneller als gedacht brachten mich die Therapien dieser Klinik wieder auf die Beine. Sicherlich war es auch mein Wille, schnellstmöglich wieder

autark und nicht von anderen Menschen abhängig zu sein. Nun stand der Heilige Abend bevor,
doch wir Patienten, die nicht nach Hause konnten oder beurlaubt waren, hatten alle etwas
Grummeln im Bauch. Das erste Mal ganz alleine
zu sein über diese Tage, weg von den Kindern
und der Familie. Ich fühlte mich, wie einige
Frauen um mich herum auch, sehr einsam. Wir
saßen nebeneinander in der Weihnachtsmesse,
wischten uns die Tränen weg und genossen das
tolle Vier-Gänge-Menü der Kurklinik, bevor wir
uns abends auf dem Flur zusammensetzten und
noch etwas tranken, zur Feier des Tages. So
lernte ich das Danziger Goldwasser kennen. Aber
das war für mich nicht Weihnachten. Meine Gedanken waren zu Hause im Wohnzimmer und
bei den Kindern, denen ich Päckchen geschickt
hatte mit Geschenken, ebenso Alex und meinen
Eltern. Wir telefonierten noch zusammen an diesem Abend und wünschten uns frohe Weihnachten. Doch der Abend war für mich sehr tränen-
reich, als ich später noch mal das Jahr mit seinen
Höhen und Tiefen an mir vorüberziehen ließ.
An Silvester kam Alex mit dem Auto nach Isny
in die Kurklinik, die ich am folgenden Tag verlassen sollte. Am Silvesterabend gab es dort Musik
und Tanz. Trotz Bedenken meinerseits tanzten
wir beide tatsächlich zusammen einen Walzer

und alle Patienten um uns herum klatschten dazu. Ich war dankbar und glücklich, auch für die Hilfe, die ich in dieser Klinik erfahren durfte. Dies war für mich ein kleiner Sonnenstrahl, der mir half, gefestigter in das neue Jahr gehen zu können. Es dauerte trotzdem noch weitere zwei Monate, bis ich wieder als Nachtwache arbeiten konnte. Mit Hilfe von Theo, dem Geistheiler, nahmen meine Genesung und Heilung Fahrt auf. Erst viele Jahre später verstand ich, was mir diese Lektion sagen wollte.

Zu Hause eröffnete mir Kristin, sie wolle Krankenschwester werden. Zuerst war ich gar nicht begeistert und ließ sie einige Wochen ein Praktikum auf einer Station im Krankenhaus machen, in dem ich arbeitete. Doch ich wurde eines Besseren belehrt. Sie war umsichtig, fleißig und nett zu den Patienten und bekam danach auch rasch eine Ausbildungsstelle, wo sie ihre Berufung in dem schweren Beruf fand. In ihr erwachte ein ungeahnter Ehrgeiz, den sie in der Schulzeit nicht gefunden hatte. Sie wurde eine zuverlässige, fachlich firme und anerkannte Krankenschwester. Wenn sie von ihrem Dienst nach Hause kam, erzählte sie mir immer lebhaft, was sie auf ihrer Arbeit erlebt hatte.

Im zweiten Ausbildungsjahr lernte sie ihren späteren Mann kennen, der ebenfalls eine Pflegeausbildung machte. Er war ihre große Liebe und brachte die Ruhe zurück in ihr Leben, die sie lange Zeit nicht gefunden hatte. Kristin und ich gönnten uns noch zwei gemeinsame Urlaube, auf Kreta und in der Türkei. Leider hatten wir nur eine Woche Zeit für das Land, aber es war eine Zeit nur für uns, mit schönen Ausflügen und guten Gesprächen. Nur wir beide, das habe ich sehr genossen und es tat uns sehr gut. Tim besuchte im Anschluss an die Realschule ein Ausbildungszentrum für Informationstechnik.

Hier möchte ich etwas zu meiner Schwester Annalena sagen. Sie war von Bonn aus mit ihrem Mann, der begonnen hatte, Jura zu studieren und mit 41 Jahren die Universität verließ, ohne einen Abschluss gemacht zu haben, an die Schweizer Grenze gezogen. Sie wohnten auf der deutschen Seite. Während sie als Heilerziehungspflegerin in der Schweiz arbeitete, war er als Hausmann für die beiden Kinder zuständig. Der Jüngere ihrer zwei Jungen war mein Patenkind und ich habe immer alles getan, um ihm viel Freude zu machen. Sein Bruder, genau eineinhalb Jahre älter als er, hatte bereits seine Kommunion hinter sich, als nun der Jüngere an der Reihe war. Mit Tim, unserem Sohn, fuhren Alex und ich zu der Kommunion in den Südschwarzwald. Meine Eltern waren ebenfalls angereist zu diesem Fest. Der Vorabend verlief gut, im Zeichen von Einigkeit in der Familie und der Freude, sich endlich mal wiederzusehen und zusammen zu sein. Wenn es hochkam, sahen wir Schwestern uns zweimal im Jahr, meist dann, wenn wir zu Besuchen bei den Eltern in Trier waren. Neuigkeiten von mir oder meiner Schwester wurden stets durch meine Mutter oder meinen Vater transportiert. Die Stimmung am Vortag der Kommunion war gut zwischen uns allen und irgendwie auch ausgelassen. Zur Kommunion, früh am nächsten Morgen, zogen die Kommunionkinder Kutten an, darunter hatten sie Anzüge oder Kleider. Die Kutten symbolisierten die Gleichheit der Menschen, meinte der Pfarrer, so dass die Kommunion kein Schaulaufen für Modenarren werden würde. Anschließend gingen wir in eine Lokalität zum Essen, bevor wir zum Kaffeetrinken wieder zu meiner Schwester fuhren. Hier wurde meine Mutter sehr unruhig, zunehmend nervöser und schaute hilflos und hektisch zwischen uns Kindern und ihrem

Mann hin und her. Dann sagte sie, sie müsse dringend mit uns beiden reden. Also gingen wir mit ihr ins Schlafzimmer, wo wir ungestört waren. Sie drückte mir stumm ein Papier in die Hand und meinte: „Kannste mal lesen." Es war ein Befundbericht, in dem stand, sie habe Brustkrebs und müsse schnellstmöglich operiert werden. Während ich den Befund las, lief sie aufgeregt im Zimmer umher. Dann las meine Schwester den Zettel und fragte mich, was das Ganze bedeute. Ich erklärte es ihr und sie fing an zu weinen. So eng liegen manchmal Freude und Leid beieinander. Natürlich trübte diese Eröffnung das abschließende Beisammensein, doch wir wussten da Gott sei Dank da noch nicht, was uns mit dieser Diagnose außerdem erwartete. Alex und ich hatten für uns vier in der darauffolgenden Woche einen Urlaub auf Teneriffa gebucht. Doch meist ist so, dass man noch mit Planungen beschäftigt ist, während das Leben bereits die Weichen in eine andere Richtung stellt. Mein Vater bat mich inständig, wirklich inständig, den Urlaub abzusagen und ihn zu unterstützen, wenn meine Mutter operiert würde. Das tat ich auch. Die geplanten vierzehn Tage Teneriffa wurden ersetzt durch vierzehn Tage Anwesenheit beim Vater und täglichen Besuchen der Mutter im Krankenhaus. Man musste ihr eine

Brust abnehmen, da der Tumor schon groß war. Sie sprach nie darüber, wie sie sich fühlte oder was in ihr vorging. Man konnte es aber erahnen, wenn man es wissen wollte. Ich tat, was wichtig war, fuhr jeden Tag mit meinem Vater zu ihr und versuchte, wenn auch mit wenig Erfolg, sie durch Lachen oder lustige Worte zum Schmunzeln zu bringen. Ich erhoffte mir davon, dass sie wieder etwas mehr Licht am Horizont sehen konnte. Tatsächlich berichtete sie ihrem Arzt, dass sie es genieße, wenn ich das tat. Mir sagte sie das nie. Diese vierzehn Tage waren für uns und besonders für meinen Vater hilfreich. Ich kochte zu Hause, regelte die Wäsche und tat sonst alles, was nötig war. Abends hielt ich meine Familie telefonisch über die Neuigkeiten auf dem Laufenden. Nach dieser Zeit ging ich wieder in den Nachtdienst. Aber der Dienst war nicht mehr einfach für mich. Alles fühlte sich schwerer an und ich merkte, dass meine Kraft und meine Nerven nicht sehr stabil waren.

GESUNDHEITLICHE PROBLEME BEI ALEX

Da besuchte uns Benno, der Arbeitskollege von Alex aus Berlin, für einige Tage. Er stand vor seinem Einsatz im Kosovo, vor dem er ziemlich großen Respekt hatte, wie er sagte. Alex ging meistens, auch wenn Besuch da war, früh ins Bett. So hatte ich als Nachteule Gelegenheit, länger mit Benno zu erzählen und ihn etwas besser kennenzulernen. Seine Eltern waren schnell hintereinander verstorben und die Trauer war bei ihm noch sehr präsent. Ich hörte ihm zu, versuchte ihm Mut zu machen und Hoffnung zu geben. Er hatte Angst vor dem bevorstehenden Einsatz, was ich verstehen und auch nachvollziehen konnte. Am folgenden Vormittag brachen er und Alex auf, um eine längere Wanderung in der Sommerhitze durch den Pfälzer Wald zu machen. Ich brachte die beiden zum Weintor, von wo aus sie durch den Wald wieder nach Hause laufen wollten. Benno registrierte unterwegs, dass Alex sich öfters an Herz fasste und irgendwie kurzatmig war. Trotz gutem Zureden sah Alex aber keinen Grund, den Spaziergang abzubrechen. Das Glück war noch auf seiner Seite, doch bereits kurze Zeit später wendete sich das Blatt. Es zogen dunkle Wolken an meinem Himmel auf und es kam die nächste Hiobsbotschaft. Alex fuhr auf Anraten eines Arztes zu einer Herzuntersuchung ins Bundeswehrkrankenhaus nach Koblenz. Es sollte eine Abklärung stattfinden. Er sei bald wieder zu Hause, meinte er. Doch dann rief er an und eröffnete mir, die Ärzte ließen ihn nicht mehr nach Hause, er müsse am Herzen operiert werden. Von Bypässen war die Rede und er bat mich, zu ihm zu kommen. Wumm!! Das saß. Zuerst konnte ich mir das ganze Ausmaß nicht vorstellen: mein Sprunggelenk, das beim Laufen noch weh tat, meine krebskranke Mutter und nun Alex. Sicherlich, wir rauchten beide, aber er hatte nie etwas am Herzen gehabt. Und nun gleich so etwas Extremes?

Meine erste und für mich logische Idee war, ich fahre zu meiner Kartenlegerin nach Karlsruhe. Sie würde mir sagen können, wie die Operation von Alex ausgeht. Gedacht – getan. Sie wirkte ernst, sehr ernst, aber sie sagte mir, dass er die Operation gut überstehen werde.

Ich sprach auch mit meinem lieben Freund Erich über meine Angst, meine Gedanken und meine Hoffnung, dass alles sich zum Guten wenden würde. Er war ebenso entsetzt über die Diagnose, bot mir aber prompt seine Hilfe an, wenn ich sie, egal in welcher Weise, bräuchte. Also fuhr ich nach Koblenz, nahm mir ein Hotelzimmer in der Nähe des Krankenhauses, um vor Ort zu sein, wenn Alex operiert werden würde. Ich wollte ihm Zuversicht und Hoffnung geben und zeigen, dass er nicht alleine ist. Er durfte sich nur noch in einem kleinen Radius um das Krankenhaus bewegen. Wir gingen langsam zusammen einige kleine Runden, wobei die Angst immer mitging, dass im nächsten Moment etwas passieren könnte.

EIN GESTÄNDNIS

Am Tag vor der Operation fand ich Alex sehr nachdenklich und introvertiert vor. Er müsse etwas sehr Wichtiges mit mir besprechen, meinte er. Ich tat es rigoros ab und meinte, so wichtig könne nichts sein, dass wir es noch vor der Operation besprechen sollten. Doch er ließ nicht locker und so willigte ich ein, sehr angespannt, angstvoll, aber auch neugierig, was so wichtig sein sollte. In Gedanken war ich noch bei den Worten meiner Kartenlegerin, dass alles gut verlaufen werde. Was also konnte es sein? Flapsig meinte ich sogar: „Na, wo hast du denn ein

Geheimkonto oder Gold versteckt?" Ich solle
das nicht ins Lächerliche ziehen, sagte er, dazu
sei die Sache zu ernst. Wir setzten uns auf eine
Bank im Garten des Krankenhauses, als Alex mir
sagte, dass er mich jetzt länger schon nicht mehr,
aber die ganze Ehezeit über betrogen habe mit
einer anderen Frau. Zuerst glaubte ich, er habe
Halluzinationen, doch ich sah, dass es ihm ernst
war, und meine erste, aber sehr ehrlich gemeinte
und spontane Reaktion darauf war: „Das ist doch
jetzt egal. Nun musst du erst mal die Operation
überstehen, das ist jetzt wichtiger."
Doch dieses Geständnis verfehlte seine Wirkung
nicht. Die Tage, in denen ich vor Ort war, verbrachte ich mit Grübeln, Leiden, Hoffen und Beten, dass er uns erhalten bleiben möge als Vater
für die Kinder. Doch es begann in mir etwas zu
arbeiten und zu wirken, was ich so nicht erwartet
hätte.
Vom Krankenhaus aus schrieb ich Benno einige
Postkarten in den Kosovo und hielt ihn so auf
dem Laufenden, wie es um Alex stand. Ich wollte
ihm damit zeigen, dass jemand an ihn denkt und
er ein wichtiger Mensch auf der Welt ist.
Alex bekam drei Bypässe. Er überstand die
schwere Operation, wobei die Zeit auf der Inten-
sivstation, wo ich ihn besuchte, auch für mich
schlimm war. Er hatte Wahnvorstellungen,

verfolgt zu werden und glaubte, Patienten im Zimmer seien Spione, die ihn beobachteten. Mit sehr gemischten Gefühlen verließ ich ihn und fuhr in mein Hotelzimmer, um mit den Kindern zu telefonieren, aber auch mit Erich, mit dem ich in engem Kontakt stand. Er war mein Anker in diesen schweren Tagen. Gott sei Dank normalisierte sich der Zustand von Alex wieder und als es sich abzeichnete, dass es gesundheitlich vertretbar war, ihn auf eine Normalstation zu verlegen, kündigte ich mein Hotelzimmer und fuhr nach Hause zu den Kindern.

Immer noch hatte ich das Gesagte im Ohr, immer wieder fragte ich mich, was ihn wohl dazu getrieben hatte, mir sein Fremdgehen zu gestehen. Warum, immer die Frage, warum. Ich fühlte mich zunehmend gedemütigt, erniedrigt. Hatte ich doch die ganze Ehezeit daran festgehalten und geglaubt, dass er sich ändern würde, dass er mehr für mich und besonders für die Kinder da sein würde. Mein Kopf fuhr Achterbahn und meine Gefühle auch. Mit niemandem konnte ich darüber sprechen, erst recht nicht mit meinen Eltern oder den Nachbarinnen. Ich hatte das Gefühl, als ob mir jemand die unsichtbare Schlinge um meinem Hals immer fester zuziehen würde und ich fast keine Luft mehr bekäme. Ich fühlte mich be- und ausgenutzt von ihm, denn

schließlich hatte ich ihm die ganze Ehezeit über
den Rücken freigehalten.

Alex erholte sich gut und kam im Anschluss in
eine Rehaklinik an der Mosel. Wir telefonierten
fast täglich und er berichtete mir, wie mühsam
die Übungen seien und wie engagiert er sie absol-
viere, um bald wieder zu Hause zu sein.

Benno hatte indessen seine Zeit im Kosovo gut
überstanden und meldete sich telefonisch zurück.
Es war ein großer Schrecken für ihn gewesen, als
er erfuhr, dass Alex so schnell operiert werden
musste und er die Anzeichen beim Spaziergang
vor einigen Monaten nicht ernster genommen
hatte. Er besuchte Alex im Krankenhaus und eigentlich waren wir alle froh, dass dieser die
schwere Operation so gut überstanden hatte, vor
allem, dass sie rechtzeitig genug erfolgt war.

Auch meiner Mutter ging es langsam besser nach
ihrer Operation und sie kam wieder zu Kräften.

Die Kinder machten gewissenhaft und mit
Freude ihre Ausbildung.

ICH KOMME ZU EINEM ENTSCHLUSS

Eigentlich war alles gut. Doch ich, wo war ich und wie ging es mir? Das fragte ich mich in dieser Zeit häufig. Alles musste weiterlaufen, der Haushalt, der Nachtdienst und die Familie. Aber es lief nicht rund, es lief auch nicht gut, denn ich fühlte mich leer, ausgebrannt, kraft- und mutlos. Am liebsten wäre ich in dieser Zeit ans andere Ende der Welt geflogen und hätte mich dort irgendwo versteckt. Meine Gedanken fuhren Achterbahn und ich hatte Mühe, sie zu ordnen und wieder Ruhe und Ordnung in mein Leben zu bringen.

Es gibt auf der Welt ein Zauberwort, das heißt NEIN. Nein zu sagen ist eine Kunst, die ich nie gelernt hatte. Das Gegenteil hatte man mich gelehrt. Immer für andere da zu sein und wenn jemand eine Bitte äußerte, zu versuchen, diese zu erfüllen, koste es, was es wolle. Und dann bereit zu sein für die nächste Aufgabe. So hielt ich es nicht nur im Privaten, sondern auch im Dienst. Für jeden hatte ich ein offenes Ohr, jedem versuchte ich das Gefühl zu geben, er sei der wichtigste Mensch auf diesem Planeten. So handhabe ich es auch mit den Kindern. Ich tat mich sehr schwer, ihnen Grenzen aufzuzeigen. Sie sollten nicht die Härte und Enge spüren, die mir meine Eltern vermittelt hatten. Wo auch immer eine kleine Lücke in meiner Zeit war, wurde diese ausgefüllt mit dem Gedanken, wem ich noch etwas Gutes tun könnte.

Doch nun ich merkte zunehmend, dass dieses Spiel nicht mehr aufging. Ich merkte, dass meine Kraft nicht mehr für alle reichte und mein Nervenkostüm angekratzt war. Meine Geduld, die mir vorher immer wichtig gewesen war, kam nun schnell an ihre Grenzen. Ich glaubte noch, dass ich alles überspielen könnte und mein Zustand nur vorübergehend etwas reduziert sei. Doch ich merkte, dass mein Körper immer mehr rebellierte. Ich spürte Magenschmerzen, Kopf- und besonders Rückenschmerzen. Meine Galle schien überzulaufen und meine Tränendrüsen produzierten rege Flüssigkeit. Eine tiefere Traurigkeit war da, anders als die, die ich bereits kannte. Mein Schlaf war mit immer wichtig, gerade wegen des Nachtdienstes. Nun bekam ich Schlafstörungen. Meine Gedanken hörten nicht mehr auf sich in meinem Kopf zu drehen und immer wieder fragte und suchte ich nach meinem Platz auf dieser Erde. Wo war ich, wer war ich, was wollte ich, wovon träumte ich? Ich konnte mich nicht finden und nirgendwo sehen.

In einer kurzen Verschnaufpause rief mich meine Schwester an. Sie habe für sich und ihren Mann drei Tage New York gebucht und fände es toll, wenn ich in dieser Zeit zu ihr käme, um auf ihre Kinder aufzupassen, denn sie müssten ja in die Schule. Ich dachte, irgendwie würde ich das auch noch hin- und unterkriegen. Schließlich brauchte sie ja Hilfe. Wieder setzte eine Gedankenflut ein, aber es gab zunächst keine stimmige Lösung für mich, zu ihr in den Südschwarzwald zu fahren. Am Abend rief Benno an und wollte wissen, wie es mir gehe. Ich weinte und sagte, dass ich noch keinen Weg gefunden habe, zu meiner Schwester fahren zu können, da meine Gedanken fahrig seien und ich mich gerade nicht sicher fühle beim Autofahren. Meine Magenschmerzen nähmen zu, auch die Verspannungen auf der Schulter und die Wirbelsäule zicke. Die Schmerzen seien so stark, dass mein Wärmekissen nicht mehr helfe und ich öfter Schmerztabletten einnehmen müsse. Geduldig hörte Benno mir zu und meinte, er werde Alex in der Reha fragen, ob dieser einverstanden sei, dass er mich mit dem Auto zu meiner Schwester bringen und für die drei Tage mit vor Ort bliebe. Schließlich habe er ja noch Urlaub und würde es gerne tun. Gesagt, getan. Ich sah einen kleinen Sonnenstrahl für mich durch die vielen dunklen Wolken hindurchdringen. Ich

sprach mit meinen Kindern über die Situation
und meldete mich für drei Tage ab. Natürlich
sagte ich ihnen auch, dass Benno mich fahren
würde und warum. Sie kannten ihn ja.
Wir beide waren ein gutes Team in diesen Tagen.
Die Kinder brachte Benno morgens in die
Schule, holte sie wieder ab und nachmittags unternahmen wir alle etwas zusammen. Ich kochte
für uns und abends, wenn die Kinder schliefen,
unterhielten wir uns über unser Leben. Benno
war Single, was ihm schon zu schaffen machte.
In seiner Zeit in Berlin hätte er gerne eine Partnerin an seiner Seite gehabt, um gemeinsam etwas zu unternehmen. Er liebte die klassische Musik und ging öfters in die Oper. Er rauchte nicht,
er trank nicht und freute sich sehr auf seine
schöne Wohnung an der Ahr, wenn er am Wochenende von Berlin nach Hause fuhr. Mit seinem Schwager hatte er viele Bergbesteigungen
gemacht und er liebte das Rafting im Wildwasser
von Österreich. Viel Freude hatte er auch am
Mountainbiken in den Bergen und am Marathon-
lauf. Er war sportlich, das krasse Gegenteil von
mir.
Schon am zweiten Abend hatte ich das Gefühl,
Benno wisse eigentlich alles über mich. Es war
eine bis dahin nicht gekannte Vertrautheit zwischen uns, die ich bemerkte, aber die ich noch

nicht einschätzen konnte. Ich machte in unseren Gesprächen auch keinen Hehl aus meinem Unglücklichsein bei meinen Bemühungen, alles unter einen Hut zu bekommen, dazu die Situation mit meinen Eltern, besonders die mit meiner Mutter. Ich erzählte ihm von meiner Überlastung und dass ich nicht wisse, was ich tun solle, wenn ich wieder zurück zu Hause bin. Er war ein geduldiger Zuhörer und stellte wenige, aber gezielte Fragen dazu. Ich lernte ihn in diesen Tagen als sehr zuverlässigen, hilfsbereiten Mann kennen und schätzen. Was er sagte, machte er und praktisch veranlagt war er auch, in allem, was er tat. Durch die intensiven Gespräche mit ihm stellten sich bei mir auf einmal Gefühle ein, die ich nicht kannte. Vertrauen und Vertrautheit und das Gefühl, ernst genommen zu werden. Doch so hätte ich das zu dem Zeitpunkt noch nicht definieren können, weil noch zu vieles für mich zu klären war. Benno war eigentlich nicht mein Typ Mann, doch ich registrierte, dass er „warme" Augen hatte. Sie wirkten traurig, aber gütig. Besonders faszinierten mich seine Hände, die groß, stark und gepflegt waren. Wir waren albern, lachten miteinander und versuchten uns gegenseitig aufzubauen und zu stützen in dieser Zeit mit den Kindern. Ja, es war ein respektvoller Umgang zwischen uns. Wir hatten während dieser Tage im

Südschwarzwald getrennte Schlafzimmer und ich wäre nie auf die Idee gekommen, diese Situation auszunutzen gegen Alex. Eigentlich war ich nur froh, dass meine Schwester Urlaub machen und ich ihr dabei helfen konnte.

Diese Tage bei ihr verliefen ruhig und friedlich. Als sie wieder glücklich zurück war aus New York, machten sich Benno und ich gleich auf den Heimweg, der gespickt war mit Staus. Wir legten noch einen Halt in Freiburg ein und besichtigten dort das Münster und die Innenstadt. Es war für uns wie eine Belohnung, dass wir die Aufgabe gut gelöst und gemeistert hatten. Dann fuhren wir nach Hause und ich freute mich darauf, meine Kinder wiederzusehen. Sie erwarteten uns bereits. Es herrschte aber eine komische eisige Atmosphäre und ich konnte mir nicht erklären, wieso. Ich war glücklich, dass wir die Tage mit meinen Neffen gut hinter uns gebracht hatten, und gespannt, was mich nun an Neuigkeiten erwartete.

Kristin hatte ihren Freund dabei und gemeinsam mit Tim saßen sie fast abweisend und irgendwie gleichgültig im Wohnzimmer und begannen langsam, aber stetig, mich mit Vorwürfen zu überschütten. Zum Beispiel, warum ich Alex in den vergangenen Tagen nicht einmal angerufen habe. Ich war perplex, denn er wusste doch, wo ich war, und ich konnte mir erst keinen Reim auf die Anschuldigungen machen. So langsam brach ihre Wut sich in Worten Bahn. Sie sagten mir, dass Alex sehr enttäuscht sei, dass ich einfach weggefahren sei, ohne ihm zu sagen, wohin und mit wem ich führe. Er hatte ihnen gesagt, er wisse von nichts, sei nicht informiert worden. Ich kam mir vor wie in einem falschen Film. Es war doch im Vorfeld alles geklärt worden und nun so viele Falschmeldungen? Eine Klärung verschob ich auf den nächsten Tag, denn ich war an diesem Abend zu müde und wollte mir die schönen Gespräche der vergangenen Tage nicht kaputt machen lassen.

Einige Tage später wurde Alex aus der Reha entlassen, aber er war nicht mehr der Alex, mit dem ich seit 22 Jahren verheiratet war. Beim gemeinsamen Essen entblößte er seinen Brustkorb und begann sich die Operationsnarbe einzucremen. Immer häufiger stellte er sich mir in der Wohnung mit ausgebreiteten Armen in den Weg und behinderte mich so am Weitergehen. Einfach so, weil ihm gerade danach war. Sein Gesicht signalisierte nur noch Saure-Gurken-Zeit. Da lief das Fass für mich über. Ich entwickelte einen Zorn und eine nie gekannte Wut auf ihn und begann ihn anzuschreien, was ich noch nie vorher gemacht hatte. Doch wenn die Kinder dabei waren, schien er wie ausgewechselt, dann war er ruhig und normal.

Die negativen Veränderungen an ihm machten etwas mit mir. Ich nutzte meine freie Zeit, um Spaziergänge in der Natur zu machen, Hauptsache weg von zu Hause. Vielleicht lief ich auch nur vor mir selbst und meinen nie zuvor gekannten Gefühlen davon, ich weiß es nicht. Ich wollte einfach nur noch alleine sein, wollte versuchen, meine Gedanken zu ordnen und mit einer Lösung nach Hause zu kommen, wie mein Leben weitergehen sollte, das war mein Ziel. Sehr oft besuchte ich einen alten Kirschbaum, unter dem eine Bank stand und wo ich über die Landschaft bis zum Schwarzwald schauen konnte. Anfangs war es dieser Blick, der mich anzog, bald aber war es der Baum selbst. Ich betrachtete ihn, wie stolz und üppig er dastand, wie gut verwurzelt an einer wunderschönen Stelle in der Natur, und ich zog Parallelen zwischen ihm und mir. Was und wie viel Schlimmes, Gutes, Lustiges, Trauriges, Positives oder Negatives hatte er schon erlebt und nichts hatte ihn umgehauen, im Gegenteil, es hatte ihn nur stärker und irgendwie schöner gemacht. Fast genauso fühlte ich mich. Manchmal wunderte ich mich über meine Kraft, mit der ich meine Herausforderungen bewältigte. Wenn ich von einem dieser Spaziergänge nach Hause kam, waren meine Sorgen meist kleiner als vorher. Trotz aller Ablenkungen und aller Bedenken, ich konnte und wollte es nicht mehr verdecken und verstecken, dass ich keine Lust mehr hatte, mit Alex zusammenzuleben. Ich wollte nur noch, dass er das Haus verließ und auszog. Egal wohin. Ich wollte meinen Seelenfrieden zurück, den ich vorher mit den Kindern hatte, wenn wir alleine waren, den ich aber durch die Turbulenzen um mich herum und in mir nicht mehr fand. Ich bot ihm die Trennung an und bat ihn, sich eine Wohnung zu suchen. Doch davon wollte er nichts wissen, er blieb.

Das Schlimmste für mich war, dass bald wieder Weihnachten vor der Türe stand und ich noch nicht wusste, wie ich das Fest in diesem Jahr überstehen sollte. Ich nutzte gerade in dieser Zeit Gelegenheiten, so oft wie möglich abwesend zu sein von zu Hause und besuchte alleine umliegende Städte in der Hoffnung, eine gute Lösung für mich zu finden. Mein lieber Erich erkundigte sich nach wie vor täglich nach meinem Befinden und fragte immer, ob er etwas für mich tun könne. Alleine das Reden mit ihm war Medizin für mich. Dazu schrieb er mir fast täglich einen

Brief, nur um mir eine Freude zu machen und mir zu zeigen, dass er großen Anteil nahm an meinem Leben.

Natürlich bekamen die Kinder die Veränderungen in unserer Familie mit. Besonders Tim fragte mich, was denn mit mir los sei, ob ich krank sei, ob es mir nicht gut gehe oder Depressionen hätte. Was sollte ich ihm antworten, ich wusste es ja selbst nicht genau. Ich fühlte mich krank, war es aber von den Werten her nicht, ich wollte nur noch schlafen, konnte es aber nicht. Ich wollte eine Lösung finden und sah nur Chaos. Ich suchte mich, aber ich fand mich nirgendwo. Meine Lösung war, wenn Alex nicht geht, dann würde ich gehen.

Eine neue Wohnung war eine Idee, der ich nachhing. Mein ganzes Leben war ich fremdbestimmt gewesen. Meine Eltern bestimmten noch über mich, Alex auf seine Art und Weise auch, doch wer war ich eigentlich? Ich fand keine Antwort, denn über mich hatte ich noch nie nachgedacht. Ich hatte immer nur funktioniert. Was konnte oder wollte ich? Wovon träumte ich? Wen interessierte ich wirklich? Fragen über Fragen und dazu noch Weihnachten in einigen Tagen. Ich trug mich für den Nachtdienst über die Silvestertage ein, damit ich nicht zu Hause sein musste. Mein Gefühl war, dass ich Alex nicht mehr ertragen und riechen konnte. Ich konnte ihn nicht mehr um mich haben. Selbst wenn er nichts machte oder sagte, war er für mich ein Störfaktor in der Wohnung.

WEIHNACHTEN 1999 UND MEINE NEUE WOHNUNG

Der Heilige Abend war da und ich saß mit den Kindern und Alex um den Tisch im Wohnzimmer. Die Stimmung war angespannt, aber jeder, besonders ich, versuchte etwas Gutes einzubringen. Von den Kindern bekam ich Parfums und von meinen Eltern eine Bahnkarte, die ich mir gewünscht hatte. Sie waren in diesem Jahr nicht bei uns. Ich war heilfroh, diesen Abend überstanden zu haben, hatte ich doch die Fragen der Kinder gefürchtet, auf die ich immer noch keine Antwort gefunden hatte. Ich fühlte mich schwerelos, als ob ich von Punkt A nach Punkt B schwebte, ohne festen Boden unter den Füßen zu haben. Einige Kolleginnen wussten von meiner häuslichen Situation. Sie waren nicht neugierig, sie waren einfach da, wenn ich reden wollte. Auch zwei Ärztinnen im Krankenhaus, denen ich mich anvertraut hatte und mit denen ich ehrlich über meine Lage und Bedenken sprechen konnte. Was mich verblüffte, war eine große Solidarität unter uns Kolleginnen. Sie boten sich an, mich mit egal was zu unterstützen, ob beim Umzug oder Aufbau von Möbeln oder sogar bei Reparaturen, sie seien da für mich, sollte ich Hilfe benötigen.

Die Weihnachtstage gingen relativ langsam vorbei. Die Kinder fragten, was mit mir los und ob ich krank sei. Wie gesagt, ich konnte es nicht in Worte fassen, konnte ihnen nicht sagen, dass ich am liebsten einfach weggehen würde, weil ich keinen Ausweg mehr sah und meine Grundfeste und Prinzipien stark erschüttert waren. Mein Sohn fragte mich, ob ich nicht ärztliche Hilfe in Anspruch nehmen wolle. Ich merkte, dass seine Traurigkeit groß war und er zusehends sein Lachen verlor. Ich spürte die Veränderungen und auch die Angst der Kinder und ich litt mit ihnen, aber ich wusste nicht, wie und was ich hätte sagen sollen. Was ich vermisste, verändern wollte und wie, ich wusste es ja selbst noch nicht.

Die Silvestertage brachte ich gut hinter mich mit Nachtdienst, bevor ich wieder einige freie Tage hatte. In dieser Zeit machte ich mich auf die Suche nach einer kleinen Wohnung in der Stadt. Eine war zu klein, die andere zu teuer, eine weitere hatte keine Sonne wie in unserem Haus. Also erfand ich zuerst tausend Gründe, keine dieser freien Wohnungen zu nehmen. Dann brachte ich etwas System in das Chaos. Ich wollte die Trennung unserer Konten und Alex willigte ein. Das war der erste Schritt und dann, schneller ich dachte, fand ich wirklich eine kleine Wohnung, in die ich mich gleich verliebte. Sie ist ja nur für eine kurze Übergangszeit, dachte ich mir, so lange, bis ich wüsste, wie es weitergehen soll. Wenn ich eine Lösung für mich gefunden hätte, könne ich ja wieder in unser Haus einziehen. Vielleicht würde Alex es sich überlegen und ausziehen. Es gelte nur abzuwarten. Und genau so erklärte ich es Alex, es war mein ehrliches Vorhaben. Ich bräuchte jetzt dringend Zeit für mich. Zeit, um mich zu finden und zu sammeln, aber auch Zeit, mir meiner Wünsche und Bedürfnisse für mein Leben bewusst zu werden. Meiner Familie teilte ich mit, dass ich eine kleine Wohnung für mich gefunden hätte und diese beziehen würde. Da kam Kristin ins Krankenhaus, weil die Psyche Probleme machte, und Alex wieder nach Koblenz, weil er meinte, seine Bypässe seien nicht in Ordnung. So entstand zusätzlicher Stress für mich, denn in zwei Tagen sollte mein Aus- beziehungsweise Umzug sein. Ich funktionierte! Bin nach Koblenz gefahren, habe das Herzuntersuchungsergebnis abgewartet. Es fiel negativ aus.

Umgehend fuhr ich zurück zu Kristin ins Krankenhaus, die aber nicht bereit war, mit mir zu reden. Es war schlimm, ich sah es und doch glaubte ich noch, alles wieder in den Griff zu bekommen, wenn erst mal etwas Zeit vergangen wäre. Dann würde ich mit den Kindern reden, dann könnte ich ihnen sagen, was mit mir los war. Mit Alex vereinbarte ich, dass wir im Guten auseinandergehen und keiner den anderen benachteiligen würde.

Natürlich wussten auch unsere gemeinsamen Freunde, dass ich ausziehen würde. Sie hatten im Laufe der Jahrzehnte, die wir uns kannten, mitbekommen, wie sehr ich unter der Nichtbeachtung von Alex litt, ja wie unglücklich ich war. Doch in der jetzigen Situation hörte ich von ihnen nur die Durchhalteparolen, die mich schon mein ganzes Leben begleitet hatten: „Halt durch, das wird schon wieder, kann doch überall mal was sein" Von keinem habe ich nach meinem Auszug je wieder etwas gehört.

Bei einem Psychologen, den ich mir als „Seelendoktor" nahm, der mich begleitete und mit dem ich über und während meiner Trennungsproblematik sprach, verbrachte ich nun jede Woche eine Therapiestunde. Er verhielt sich neutral und legte keinen großen Gesprächswert auf Alex. Sein

Augenmerk lag auf mir und er versuchte zu ergründen, warum ich so bin, wie ich bin, und warum ich so reagiere, wie ich es tue. Die Gespräche waren hilfreich, aber einiges konnte oder wollte ich von dem Gesagten nicht verstehen. Es ging oft nichts mehr in meinen Kopf rein. Nach den Gesprächen bei ihm rief ich immer Benno an und teilte ihm die neuesten Erkenntnisse und Ergebnisse des Psychologen, wie auch den aktuellen Stand meines Befindens mit. Benno war mir vertraut, er war ein guter Freund geworden und ich hatte keine Hemmungen, mit ihm über meine Trennung oder Probleme zu sprechen. Er hörte mir zu und fand tröstende Worte für mich. Er hinterfragte dezent und verurteilte niemanden. Während ich mich durch die Überbelastung kopflos und leer fühlte, hatte er immer praktische Tipps für mich, um ein Problem zu regeln oder es von einer anderen Seite zu betrachten.
Wie teilt man seinen Hausstand? Was nimmt man mit? Was war wichtig und was würde die Familie, die zurückbleibt, eventuell vermissen.
Diese Fragen stellte ich mir und meist weinte ich dabei viel. Alles tat weh, auch das Geschirr zu teilen. Dazu stellten sich Ängste ein. Schließlich war ich schon so lange gebunden, dass ich nicht mehr wusste, wie es ist, alleine zu sein und eigene Zeit zu gestalten.

Benno mit seiner netten Art war mir ein guter Zuhörer und Berater, aber letztendlich musste ich alles für mich alleine regeln. Das größte Möbelstück, das ich mitnahm in meine neue Wohnung, war ein Schuhschrank, dazu einige Teller, Besteck und Kochtöpfe. Mit der neuen Wohnung bekam ich sehr nette Vermieter, denen ich ehrlich sagte, dass ich mich von meinem Mann getrennt habe. Sie stellten mir einen echten Perserteppich zur Verfügung, auf dem ich in meinem neuen Wohnzimmer einen Liegestuhl und mein Bügelbrett stellte, bis ich mir eine Couch leisten konnte. Auf einem Balkon zur Südseite hin hatte ich einen kleinen Tisch mit einem Stuhl. Das wars.

In der ersten Zeit meines „Neubeginns" in der Wohnung ließ ich mir abends ein Schaumbad ein, stellte Teelichter rundherum auf und trank ein Glas Sekt dazu. Doch die Ruhe danach, abends alleine zu sein, das war schlimm und völlig ungewohnt für mich. Freundinnen kamen mich besuchen, aber sie gingen auch wieder. Das war für mich eine Zeit, in der ich die ungewohnte, aber ersehnte Ruhe noch nicht ertrug. Diese Lücke versuchte ich durch stundenlange Telefonate zu füllen. Nach und nach kaufte ich mir eine Küchenzeile, eine Waschmaschine und einen

Fernseher. Die Sitzmöbel für die Küche bekam ich von einer Freundin geschenkt.

Alex kam mich in der neuen Wohnung besuchen und meinte nur, er sei sich nicht sicher, ob ich wieder zurückkäme. Auch Kristin hat mich dort einmal besucht. Doch sie stellte die falsche Frage, auf die ich noch keine Antwort hatte. Sie sagte mir, dass Tim schlimm leide unter meinem Auszug und beide sich fühlten, als würden sie im Krater eines Vulkans herumlaufen und nicht mehr herauskommen. Ich hörte mir das an, unfähig, etwas dazu zu sagen. Ich registrierte, was sie sagte, aber ich versuchte ihren Schmerz nicht noch zusätzlich in meinem aufzunehmen. Es gab noch zu viel zu regeln für mich und bald würde ich es ja in Worte fassen können, was mit mir los war. Daran glaubte ich ganz fest.

Als ich auszog, waren meine Kinder 19 und 20 Jahre alt.

Vieles war neu für mich in der Wohnung, obwohl es eine gute Mietgemeinschaft war. Auf einmal war man wieder für eine Putzwoche eingeteilt oder hatte Auflagen, die ich von der Freiheit in einem selbst bewohnten Haus nicht mehr kannte. Drei Freundinnen sorgten für Abwechslung. Sie kamen oft mit Sekt oder einem Eisbecher vorbei.

Wir aßen oder tranken zusammen, quatschten über Gott und die Welt und gingen täglich zusammen spazieren. Natürlich sprachen wir auch über meine Kinder und meine Eltern, von denen ich nach meinem Auszug nichts hörte. Sie schalteten auf stumm und blickten sorgenvoll auf das, was auf mich zukommen würde. Und schließlich schwebte ja noch das Thema über ihnen: „Was wohl die Nachbarn dazu sagen, wenn sie es erfahren?" Ich war die Erste in unserer Familie, die einen solchen Schritt vollzog. Besonders schwer war es für meinen Vater, seine Familie an der Ahr über meine Trennung zu informieren.

Alex verweigerte mir schon bald unser gemeinsames Auto, so dass ich nicht mehr zur Arbeit kommen konnte. Er ließ es schätzen und zahlte mir anteilig einen Preis. Da kam die Solidarität meiner Kolleginnen zum Tragen. Sie holten mich zum Dienst ab und fuhren mich nach dem Nachtdienst wieder nach Hause. Zumindest eine kurze Zeit lang, denn dann stellte Benno mir sein Auto zur Verfügung, da er zwar noch im Osten Deutschlands arbeitete, aber eine Bahncard hatte. Ich war heilfroh, mobil zu sein und ein Problem weniger zu haben.

Alex meinte, wir sollten einen gemeinsamen Anwalt nehmen, der uns beraten würde, auf was wir bei einer Trennung achten sollten, und ich willigte blauäugig ein. Dieser Anwalt, den er ausgesucht hatte, erzählte mir, dass mir keinerlei finanzielle Unterstützung oder Hilfe von meinem Mann zustehe. Ich sei durch meine Berufstätigkeit auf mich alleine gestellt und müsse sehen, wie ich nun klarkomme. Er prophezeite und malte ein düsteres Szenario und nach diesem Besuch bei ihm kam mir in den Sinn, dass das wohl ein abgekartetes Spiel war und Alex ihn bereits im Vorfeld aufgesucht haben musste, um mir Angst zu machen und mich einzuschüchtern, damit ich wieder zu Hause einziehe. Daran gab es nichts zu deuteln. Menschen verändern sich. Neue kommen und alte gehen, das ist der Lauf des Lebens und macht es bunt. Aber was Alex mir innerhalb kürzester Zeit antat, sprengte all meine Vorstellungskraft und mein Vertrauen in einen Menschen, für den ich einmal alles getan hatte. Er missbrauchte seine neue Verantwortung und suchte nach einem Ventil für seinen Hass. Ja, er hasste mich, denn er kam nicht damit zurecht, dass ich gegangen war. Er verbot den Kindern, zu Hause meinen Namen zu sagen und zwang sie, mit allen Menschen zu brechen, die mit mir in Kontakt standen. Das betraf auch die Großeltern und alle anderen Verwandten. Sein Druckmittel war das Geld. Genauso verfuhr er auch mit den Nachbarn und den ehemals guten Freunden. Und alle hielten sich daran.

Es dauerte eine Zeit, bis meine beiden Eltern sich zu mir in die neue Wohnung trauten. Sie waren hin- und hergerissen, wie sie sich verhalten sollten. Also fuhren sie zuerst zu den Kindern, also in die ehemals gemeinsame Wohnung, bevor sie zu mir kamen. Sie versuchten, neutral zu sein, aber kann man neutral sein, wenn es um das eigene Kind geht? Natürlich wollten sie von mir wissen, wie es für mich weitergehen würde, aber das war mir ja selbst noch nicht klar.

Ich suchte meinen Teil einer Freiheit. Ich suchte ihn in Cremetorten, Spaziergängen, Sekt und Wein. Immer war jedoch bald wieder diese Leere in mir und eine Traurigkeit, über die ich stolperte und die ich noch nicht mit etwas anderem ausfüllen konnte.

Es ist häufig so, dass, wenn man große Probleme hat, diejenigen davon profitieren, die sonst zeitlich zu kurz kommen würden. So war es auch bei mir. Meine Martha vom nahegelegenen Kloster kam nun häufig zu mir oder ich besuchte sie. Wen denn auch sonst? Erich kam zu mir und gab mir Mut, nicht aufzugeben, so traurig alles auch sei. Er bedachte mich stets mit kleinen Aufmerksamkeiten. Er litt sehr mit mir, besonders aber wegen der Situation mit meinen Kindern.

Mit einer Kollegin ging ich oft ins Solarium oder
wir fuhren nach Karlsruhe. Einige Kolleginnen
besuchten mich in der neuen Wohnung. Ich fuhr
häufiger als sonst zu meinen Eltern und sah, dass
meine Mutter gezeichnet war durch ihre Krebser-
krankung. Das Thema Trennung wurde zwischen
uns nie angesprochen.
Trotz dieser Abwechslung fühlte ich mich immer
noch einsam und leer. Es war niemand da, der
mich brauchte, und ich wusste immer noch nicht,
wohin mein Weg führen und wie mein Leben
weiter verlaufen würde. Egal, wie oft ich in die
Stadt ging zum Einkaufen, Kaffeetrinken oder
spazieren in die Weinberge, ich sah meine Kinder
nicht mehr und war auch nicht in der Lage, das
ehemals gemeinsame Haus noch einmal zu betre-
ten. Es kam, wie es kommen musste. Ich kam
nicht umhin, mir einen eigenen Anwalt zu nehmen, denn Alex fuhr alles auf, um mich in die
Knie zu zwingen. Das war für mich der Zeitpunkt, sehr entschlossen und resolut zu sagen:
„Ich lasse mich scheiden." Was hatte ich denn zu
verlieren? Das Wertvollste in meinem Leben
hatte ich nicht mehr, das waren meine Kinder
und schlimmer dachte ich, konnte es für mich
nicht mehr werden.

WEITERE
KURAUFENTHALTE

Zwei Jahre nach meinem Auszug bekam ich
noch einmal eine Kur genehmigt. Ich war immer
noch im Nachtdienst tätig, aber gesundheitlich
sehr angeschlagen durch die vielen Wirren. Dieses Mal schickte man mich nach Bad Sooden-Al-
lendorf, wo ich nicht wie angedacht drei, sondern
fünf Wochen bleiben sollte. Es lief vieles verkehrt in dieser Kurzeit und ich wurde arbeitsunfähig von dort entlassen. Am Vortag meiner Entlassung stellte man mich einer Sozialarbeiterin
vor, die mich fragte, was ich früher gerne mal be-
ruflich geworden wäre. Ich antwortete ihr, Lehrerin oder Reisefachfrau, denn Reisen liebe ich
sehr. Warum sie mich das frage, wollte ich wissen
und sie meinte, ich könne nicht mehr in meinem
Beruf als Krankenschwester arbeiten, aber durch
eine Umschulung könnte ich mir meinen Traum
ja noch erfüllen. Es war ein kurzes Gespräch, das
mich ratlos zurückließ. Verstanden habe ich es
nicht, dass ich nicht mehr in der Pflege arbeiten
könne, ich dachte mir nur, warte ab, bis du wieder zu Hause bist, das regelt sich schon alles.
Bandagiert wie ein Veteran kam ich nach Hause.
Wasser in den Gelenken von zu viel Sport und

Schmerzen bis zum Abwinken. Dazu ein Attest, auf dem stand: „Arbeitsunfähig aus Kurmaßnahme entlassen". So wurde ich weiterhin von meinem Hausarzt krankgeschrieben. Es war ein Spießrutenlauf, ob er meine vielen täglich wechselnden Beschwerden ernst nahm und mich weiter krankschrieb. Es kamen täglich neue Symptome dazu. Die Schmerzen waren sehr stark und mittlerweile rebellierte der ganze Körper. Ich hatte Mühe zu laufen und mich zu bewegen. Besonders morgens, wenn ich aufstand, bewegte ich mich wie ein Roboter, so statisch. Ich ermüdete schnell, was ich von mir gar nicht kannte und ich zog mich durch die Schmerzsymptomatik von den Menschen zurück.

Ich hatte noch Lohnfortzahlung, dann folgte Arbeitslosengeld und dann Harz IV, als ich mich auf dem Sozialamt melden musste. Welch ein Weg...wer hätte das gedacht?

Meine kleine Wohnung hatte 60 Quadratmeter und in der ganzen Zeit des Hartz-IV-Bezuges machte mir das Sozialamt das Leben schwer. Mein Rentenantrag war noch nicht beschieden und das Amt meinte, ich solle in eine kleinere Wohnung ziehen, diese sei zu groß für mich. Immer wieder Hoffen, Bangen, Zittern, abhängig sein von der Gunst der Ämter, das zermürbte mich zusätzlich zur Scheidungsproblematik, die

mich mit vielen anwaltlichen Schreiben auf Trab
hielt. Ich hoffte wirklich inständig, dass bald ein
Stressfaktor beendet sein möge, damit irgendwie
Ruhe einkehren könne in mein Leben.
An einem Morgen klingelten tatsächlich zwei
Mitarbeiterinnen des Sozialamtes bei mir. Unter
einem Vorwand inspizierten sie die Wohnräume.
Sie suchten nach Hinweisen, ob ein Mann bei mir
wohnte, denn jemand hatte ihnen gesagt, dass ich
ein Auto fahre. Blauäugig wie ich war, ließ ich sie
gewähren.
Als ich bald darauf wieder einmal meine Eltern
besuchte, hatten sie gerade Besuch von einer
Dame, die mit meiner Mutter im Krankenhaus
das Zimmer geteilt hatte. Sie war in leitender
Funktion im öffentlichen Dienst tätig und ich erzählte ihr von meinem Pech, nicht mehr pflege-
risch arbeiten zu können und nicht zu wissen,
wie es weitergehen sollte in meinem Leben. Geduldig hörte sie sich meine Geschichte und
meine Bedenken an und sagte dann, da müsse ich
wohl Rente beantragen, die stehe mir durch diese
Umstände zu. Zuerst glaubte ich, nicht richtig zu
hören und ich fragte nach, ob ich etwas missver-
standen hätte. Rente? Für mich war Rente etwas
für alte Leute, die bereits mehr als die Hälfte ihres Lebens gearbeitet hatten, aber doch nicht für
mich. Sie lächelte ganz lieb und legte mir nahe,

das wirklich in Angriff zu nehmen und die nötigen Papiere auszufüllen. Hinzu komme, dass ich im Falle einer Bewilligung, Berufsunfähigkeitsrente bekäme, weil ich zu einem Jahrgang gehöre, für den diese noch anerkannt werde. Genau das tat ich. Ich war bereit, diesen Weg zu gehen, denn ich vertraute dieser Frau.

Nun liefen also meine Scheidung, die sich drei lange Jahre hinzog, und parallel mein Rentenverfahren. Es war keine Freude und hinterließ gesundheitliche Spuren. Die Formulare und Gespräche auf den Ämtern sowie die Zeit bis zur Scheidung setzten mir sehr zu. Ich nahm in drei Jahren 25 Kilo an Gewicht zu und merkte zunehmend, dass mein Herz stolperte und weh tat. Aber auch der übrige Körper streikte immer mehr. Alex initiierte immer wieder neue Prozesse, die mir zunehmend Luft und meine Freude am Leben nahmen.

Mit so viel Gewicht mehr und einem knappem Geldbeutel schaltete ich ein Inserat im Internet, dass ich mich über Bekleidung in meiner neuen Größe freuen würde, und nannte auch den Grund, meine Scheidung. Ich beschrieb meine Situation ehrlich und siehe da, es meldete sich eine Frau, die meinte, sie habe genug Kleidung in meiner Größe. Sie komme gerne vorbei und würde mir diese bringen. Gesagt, getan. Zwei Tage später fuhr ein nachtblauer Mercedes vor. Eine sehr elegant gekleidete Frau entstieg dem Wagen und holte jede Menge Taschen mit Kleidung aus dem Kofferraum. Sie hatte sich sogar frühmorgens die Arbeit gemacht, eine Kartoffelsuppe für uns beide zu kochen. Diese brachte sie in einem Topf mit sowie einen Kuchen, den sie extra am Vortag gebacken hatte. Ich war sprachlos und ergriffen, aber auch heilfroh, zu sehen, dass es noch gute und selbstlose Menschen gab. Es wurde ein kurzweiliger Tag mit ihr, an dem ich ihr viel von meiner Situation erzählte. Sie war auch geschieden und wohnte in Mainz. Sie war wesentlich älter als ich und hatte ein großes, gutes Herz. Wir waren auf der gleichen Wellenlänge, wie man sagt. Dieses Kennenlernen war zugleich der Beginn einer schönen neuen Bekanntschaft.

Trotz aller Erschwernisse tat ich auch einiges für mein Seelenwohl. Ich nahm über die Caritas Kontakt zu einer Gruppe auf, deren Teilnehmer sich allesamt in einem Scheidungsprozess befanden. Hier konnten wir in zwei großen Seminaren unsere Sorgen, unseren Kummer, unsere Zweifel, Wut und Enttäuschung in einem geschützten Rahmen an- und besprechen und bekamen

Hilfestellungen von zwei Psychologen, die sich fantastisch um uns kümmerten. Auch aus dieser Gruppe entstanden nette neue Bekanntschaften. Zusätzlich machte ich eine Gesprächstherapie bei einer Psychologin in Landau, die mir sehr ans Herz legte, achtsam mit mir zu sein, mir Gutes zu tun, denn nur dann könne ich auch anderen Gutes tun. Sie sprach auch von meinem „inneren Kind", das Beachtung finden wolle und dies unbedingt auch sollte. Achtsam mit mir sein, das war damals völliges Neuland für mich, denn ich wollte immer nur, dass es allen um mich herum gut geht. Nach mir selbst hatte ich noch nie gefragt.

Ja, ich hatte viele hilfreiche und wunderbare Menschen an meine Seite gestellt bekommen und nahm deren Hilfe dankbar an. Dann bekam meine Krankheit einen Namen: Fibromyalgie. Das war damals ein neuer Begriff für eine Krankheit, die es aber schon lange gab. Nun konnte ich gezielt nach einer Therapie zur Linderung meiner körperlichen Schmerzen suchen. Ich nahm an einer Studie über Fibromyalgie der Universität Landau teil und lernte, dass und wie man Schmerz umkehren kann. Als Mitglied in der Rheumaliga ging ich mit anderen Betroffenen zur Wassergymnastik und in die Kältekammer. Ich erfuhr von einer Selbsthilfegruppe, wo sich von der Erkrankung Betroffene austauschten, und leitete selbst eine. In dieser Zeit fand jedes Jahr in Alzey ein Fibromyalgie-Kongress statt, auf dem namhafte Professoren referierten. Auch dort war ich, um Neuigkeiten über die Erkrankung und die Behandlungsmöglichkeiten zu erfahren.

Und meine Eltern? Wir telefonierten fast täglich miteinander und sie verschonten mich mit ihren Problemen. Ich konnte, wenn ich vor Ort war, ja selbst sehen, dass der Krebs meiner Mutter schon sehr zusetzte. Nach den Besuchen bei ihrem behandelnden Gynäkologen erzählte sie uns stets freudestrahlend und glaubhaft, keine Metastasen zu haben. Ich denke, die Ärzte hatten verstanden, dass diese Lösung für sie besser war. Aber ich sah auch die Ohnmacht meines Vaters, der wieder alles verdrängte und lieber ihrer Version glaubte, sie sei genesen. Beide fuhren noch einige Male in den Schwarzwald, um dort Urlaub zu machen, obwohl die Kräfte bei meiner Mutter bereits mehr und mehr schwanden.
Zweimal fuhr ich notfallmäßig dorthin, um die beiden wieder nach Hause zu holen. Zweimal dachte ich, sie schafft es nicht mehr. Während einem unserer Telefonate fiel sie in ihrem Hotelzimmer bewusstlos hin. Am Tag unserer letzten

Abreise aus dem Schwarzwald gingen wir noch eine kurze Etappe spazieren und ich fragte meinen Vater, ob er denn für das Ableben der Mutter Vorkehrungen getroffen habe. Er sah mich entsetzt an und fragte, wie ich das meine. Na, wie will sie denn beerdigt sein, soll ein Pfarrer kommen oder nicht, wie stellt sie sich ihre Beerdigung vor, sollen die Leute schwarze Kleidung tragen oder nicht? Solche Fragen stellte ich ihm, doch er war total überfordert mit diesem Thema. Ich machte es aber so dringend, dass er tatsächlich zwei Tage später mit ihr zu Hause darüber sprach und sie gemeinsam ein Urnengrab und einen passenden Grabstein aussuchten. Über dieses Thema hatten die beiden nie vorher gesprochen und ich sah, dass ihm eine große Last vom Herzen fiel, als sie sich darauf einließ.

Ich war bereits lange krankgeschrieben. Da sich die Rentenversicherung immer noch nicht entscheiden konnte, meinem Antrag stattzugeben, durfte ich noch einmal eine Kurmaßnahme machen, in Bad Krotzingen. Diese Kur war genau die richtige für mich und meine Erkrankung, die Fibromyalgie. Ich genoss die gezielten Anwendungen sehr, sie waren kein Muss, sondern pure Freude. Meine Kreativität kam wieder und wuchs. Ich lernte aus Specksteinen schöne Dinge zu gestalten. Ich fühlte mich glücklich dort. Ja, ich war glücklich, dies alles erleben zu können und zu dürfen, und fühlte mich vom Leben getragen.

EIN NEUER MANN

Als vierzehn Tage dieser Kur vorbei und ich gerade im Aufwind war und in Freude meine Zukunft zu entwerfen begann, rief mein Vater an. Er bat mich, die Kur abzubrechen, um die Mutter zu Hause zu pflegen. Er schaffe das nicht alleine, meinte er und sie beide würden sich sehnlichst wünschen, dass ich zu ihnen komme. Das wars mit meinem Höhenflug. Ich brach meine Kur ab und fuhr mit gemischten Gefühlen zu meinen Eltern. Ich hatte immer noch keinen Kontakt zu meinen Kindern und zu viele Kilos auf den Rippen, doch die Eltern brauchten mich jetzt.

Es gab sie noch, meine Kartenlegerin aus Karlsruhe, die ich oft kontaktierte und die mir sagte, sie sehe, dass mein Rentenantrag positiv beschieden würde. Trotz vieler Unsicherheiten, die sich einstellten, hatte sie mein Vertrauen und ich wurde nie von ihr enttäuscht. Sie war es auch, die mir relativ früh von einem neuen Mann in meinem Leben erzählte. Er sei jünger als ich, aber das störe ihn nicht. Ich würde ihn bereits kennen, aber noch nicht wahrnehmen, was ja auch kein Wunder war, denn ich war noch in der Beziehung mit meinem ersten Mann. So sehr ich auch herauszubekommen versuchte, wer das wohl sei, ich fand ihn nicht. Alle Menschen um mich herum waren so alt wie ich. Doch bei jedem Besuch bestätigte sie ihr Sehen, dass es diesen Mann bereits gebe, und stets meinte sie, das Schicksal würde uns zusammenführen.

Ja, ich brauchte eine ganze Zeitlang, um zu verstehen. Dieser Mensch, der mich auf Händen tragen würde, der immer für mich da sein und alles mit mir teilen würde, dieser Mensch war Benno. Bedingungslos hatte er mir seit der Anfangszeit unseres Kennenlernens geholfen. Er litt mit mir, weil er sah, wie schwer die Situation mit meinen Kindern auf mir lastete, seit der Kontakt zu ihnen abgebrochen war. Er war meine große Hilfe, besonders bei allen Schreibereien im Scheidungsverfahren. Er war da, als ich oftmals meine Ohnmacht im Alkohol ertränkte, doch nie hat er ein Wort darüber verloren. Er war für mich mein

Strohhalm, der mich vor dem Untergang rettete. Er gab mir immer Mut und Zuversicht zu kämpfen und weiterzuleben. Wir näherten uns langsam an, doch der Neubeginn war nicht leicht für mich. Meine kleine Wohnung hatte ich mit diskriminierenden Karten- und Holztäfelchen über Männer gespickt, weil ich noch nicht für eine neue feste Beziehung bereit war. Benno war das krasse Gegenteil von meinem Sternzeichen: langsam, abwartend, abwägend, während ich sehr impulsiv reagiere und oftmals mit dem Kopf durch die Wand will. Auch er hatte sein Päckchen zu tragen, mit Schwerem, das das Leben ihm zukommen ließ. Ich versuchte alles, wirklich alles, ihm zu zeigen und zu sagen, wie wichtig er mir war. Doch es dauerte noch, bis er verstand, wie ich etwas meinte und Nähe und Vertrauen zulassen konnte. Leider war er kein Tänzer und bei gemeinsamen Gesellschaftsspielen brauste er anfangs auf, wenn er verlor. Doch ich glaubte fest daran, dass nichts im Leben umsonst passiert und alles seinen Sinn hat, auch wenn wir es nicht gleich immer verstehen. Seine positiven Charakterzüge überwogen. Er war rücksichtsvoll, taktvoll, zuverlässig und optimistisch, jedes Problem zu lösen oder eine Lösung zu finden. Handwerklich war er sehr begabt und auch kreativ. Er hörte gerne klassische Musik und bastelte mit großer Leidenschaft. Es gab nichts, was er nicht reparieren konnte, wenn es ausfiel. Dazu er war ein stets ein guter Zuhörer und Analyst.

Benno war sieben Jahre jünger als ich und nie verheiratet. Anfangs war ich mit einem neuen Charakter überfordert, da ich noch genug mit mir zu tun hatte. Doch wir redeten viel zusammen, über uns und das, was wichtig war. Jeder konnte seinen Standpunkt darlegen und wir fanden meistens eine gute Lösung. Ich lernte langsam, ihm zu sagen, mitzuteilen und auszudrücken, was ich wollte in meinem Leben oder in meinem Alltag, aber auch, was ich nicht mehr wollte. Benno akzeptierte mich so, wie ich war, und stand immer hinter mir. Das merkte auch mein Umfeld sehr schnell.

Ich hatte nach meiner Trennung fast sechs Jahre alleine gelebt und Benno machte keinen Hehl daraus, dass er sich ein Leben mit mir vorstellen könne. Ich war noch abwartend, doch ich vollzog den ersten Schritt, indem ich zu ihm in die Eifel zog. Hierher war er versetzt worden nach seinem Einsatz in Ostdeutschland. Man lernt sich besser kennen, wenn man gemeinsam den Alltag bestreitet, dachte ich mir. Mein Umzug zu ihm hatte aber noch einen Vorteil, denn von hier aus war es nicht weit zu meinen Eltern. Ich war der

Meinung, ein Neubeginn sei gut für mich. Umzüge waren mir ja nicht unbekannt. Ich bin sechzehnmal in meinem Leben umgezogen, aber der Umzug in die Eifel ging mir doch nahe und machte mich traurig. Meine Freundinnen zurücklassen zu müssen, die ich täglich traf, meine kleine Wohnung, an der ich mittlerweile sehr hing, aber besonders die Pfalz und die Pfälzer Berge vermisste ich stark. So fuhr ich in den ersten Wochen in der Eifel jede Woche einmal mit dem Auto bis nach Neustadt. Wenn ich die Berge dort gesehen, die Menschen sprechen gehört hatte, konnte ich getrost wieder zurückfahren. Ich erfuhr zum ersten Mal in meinem Leben, was es heißt, Heimweh zu haben und entwurzelt zu sein.

DER TOD MEINER MUTTER

Meine Eltern waren heilfroh, dass ich jemanden an meiner Seite hatte. Doch im ersten Jahr unseres Kennenlernens mussten Benno und ich, wenn wir sie besuchten, stets in einem nahegelegenen Hotel übernachten, denn mein Vater konnte nicht über seinen Schatten springen und akzeptieren, dass ich in Scheidung lebte. Mein Vater sprach und besprach viel mit Benno. Er war bald für meine Eltern ein guter Ansprechpartner, Vertrauter und ehrlicher Ratgeber. In allem, was ich für die Eltern und für andere Menschen tat, war Benno immer an meiner Seite und unterstützte mich mit aller Kraft. Wieder stellte er mir sein Auto zur Verfügung, als ich, nach Abbruch der Kur in Bad Krotzingen, mit der Pflege meiner Mutter begann. Zu diesem Zeitpunkt konnte sie sich noch eigenständig bewegen. Anfangs gingen wir noch kleinere Runden spazieren und besuchten einen Weihnachtsmarkt, wo sie mir einen schönen Stein, einen Labradorit, kaufte und schenkte aus Dankbarkeit. Ich half ihr bei der Morgentoilette und versuchte oft, beide Elternteile aufzumuntern und zum Lachen zu bringen. Das fand ich wichtig, denn die Situation war angespannt und ernst genug. In meiner „Freizeit" ging ich alleine an der Mosel spazieren und genoss die Stille, die ich zunehmend besser ertrug. Meine Eltern brachten oft ihre Enttäuschung, ihr Unverständnis und ihren Schmerz über die Enkel zum Ausdruck, die den Kontakt zu ihnen ohne eine Erklärung so abrupt abgebrochen hatten. Dann weinten sie beide und ich schämte mich und wusste nicht wofür. Alle vierzehn Tage fuhr ich von Freitagmittag bis Sonntagnachmittag von meinen Eltern zu Benno, um in unserem neuen Zuhause zu relaxen und mich zu erholen.

Kurz vor Weihnachten schafften wir es noch, mit meiner Mutter auf ihren Wunsch hin nach Trier zu fahren, wo sie sich zwei neue Hosen kaufte, was ihr bereits sehr schwer fiel. Es gelang mir auch, in diesen Tagen noch einmal nach Karlsruhe zu fahren zu meiner lieben Kartenlegerin. Ich war neugierig und wollte wissen, ob ich alle neuen Aufgaben schaffen würde und natürlich auch, ob es etwas Neues zu meinen Kindern zu sagen gäbe. Sie sagte mir, dass „die Flamme meiner Mutter langsam ab Heiligabend erlösche", was ich nicht richtig verstand, bis es genauso eintraf.

Der Heilige Abend kam und Benno auch. Meine Mutter schlief nur noch im Sessel. Mein Vater wollte eine Bescherung machen, doch es fiel meiner Mutter zu schwer, die Augen offen zu halten. Sie fror trotz der Hitze im Wohnzimmer. Mein Vater kam mit dieser Situation gar nicht zurecht. Sie wollte an diesem Abend früh ins Bett und ich brachte sie dorthin. Seitdem stand sie nicht mehr auf. Die Pflege wurde jetzt zu intensiv für meinen Rücken. Nein, mein ganzer Körper stand unter großer Anspannung. Das Ehebett der Eltern war sehr niedrig und es gab keinen Rollstuhl zum Transport ins Bad. Ich versuchte meinen Vater zu überzeugen, ein Pflegebett zu organisieren. Er wehrte sich sehr dagegen, denn Veränderungen waren nicht sein Ding. Doch nach einigen Tagen gab er endlich seine Zustimmung. Es kamen die nötigen Pflegeutensilien, die ihm, aber besonders mir letztlich das Waschen und Lagern meiner Mutter im Bett enorm erleichterten.

An einem Morgen, sie war kurz ansprechbar, nahm sie meine Hand und sagte mir mit einem ehrlichen Blick: „Ich hab dich lieb." Dann dankte sie mir für meine Hilfe und ich weinte. Ich war so ergriffen, denn das hatte ich noch nie vorher in meinem Leben von ihr gehört.

Einmal, als ich bei ihr am Bett saß und sie fragte, ob wir beten sollen, sagte sie, ich könne alles beten, nur nie ein Vaterunser, das würde sie mir verbieten. Ich war schockiert, mit welcher Aversion sie das sagte, doch ich akzeptierte es.

Ihr Hausarzt beauftragte mich, alleine zu entscheiden, was wichtig für sie sei und was ich brauchte. Er machte keine Hausbesuche, aber was ich benötigte, bekam ich von ihm. Ich registrierte, dass sie nun oft zum Fenster blickte und panisch wurde angesichts dessen, was sie dort sah. Darüber sprach ich mit ihrem Arzt und er meinte, wir sollten mit Morphium anfangen. Mit dem ausgestellten Rezept holte ich das Medikament in der Apotheke ab. Es war mir sehr schwer ums Herz, als ich ihr abends sagte, dass ich ihr nun eine Spritze geben werde. Sie machte freiwillig das Oberbett zur Seite und zeigte mir ihren Oberschenkel. Sie wusste, welches Medikament es war, ich brauchte es nicht benennen. An diesem Abend blieben mein Vater und ich noch lange wach.

Ich habe mich an mein Versprechen gehalten und das Vaterunser nicht gebetet, aber inständig, stumm und zigfach das Ave Maria. Ich bat ihre Ahnen, ihre Seele abzuholen und sie in den Frieden zu führen. Es stand nichts mehr zwischen uns, was wichtig gewesen wäre. Wir hatten über alles gesprochen, was sie sagen wollte. Alles war gut und richtig so, wie es war. Wir saßen an ihrem Bett und wenige Stunden nach der zweiten Injektion schlief sie ruhig und ganz friedlich ein. Mein Vater wollte bis zu ihrem letzten Atemzug nicht wahrhaben, dass sie stirbt. Doch mir fiel ein Zentnerstein vom Herzen. Ungelogen. Eine unsagbar schwere Last fiel von mir ab, anders kann ich es nicht sagen. Wir nahmen würdig Abschied von ihr, bevor wir noch in dieser Nacht aufschrieben, wen wir benachrichtigen sollten.

Meinen Kindern hatte ich geschrieben und sie wissen lassen, dass es ernst stehe um ihre Oma. Ich habe nichts von ihnen gehört. Es war Februar 2006. Die Beerdigung meiner Mutter fand vierzehn Tage später statt und mein Vater war sehr nervös, ob auch Leute aus dem Ort dazukämen. Das war sein größtes Problem, das sich aber rasch auflöste. Es kamen viele Menschen, die von ihr Abschied nahmen. Auf dieser Beerdigung traf ich nach sehr langer Zeit meine Cousins und Cousinen von der Ahr wieder. Wir sprachen auch über das Thema Trinken und Sucht. Sie waren erschrocken, nie etwas davon mitbekommen zu haben, obwohl dies auch in ihren Familien ein Thema war.

In der sich anschließenden Trauerzeit kümmerten Benno und ich uns sehr um meinen Vater. Das Urnengrab meiner Mutter wurde seine Pilgerstätte. Wir sprachen ihm Mut zu, schwelgten gemeinsam in Erinnerungen und versuchten alles, damit er nicht in seiner Trauer versank. Leider musste er kurz nach der Beerdigung zweimal hintereinander operiert werden und erlitt auch zweimal einen Schlaganfall in dem Jahr. Auch er hatte eine Lungenerkrankung und die Luftnot nahm stetig zu.

Einige Monate waren seit dem Tod meiner Mutter vergangen und ich hatte öfter das Gefühl, jemand sei unsichtbar um mich herum anwesend. Es berührte jemand meine Haare ganz zart, aber ich war allein. Nun, ich fuhr zu meinem Geistheiler in die Pfalz, der sich meine Geschichte anhörte, mich dann intensiv ansah und meinte: „Ja, das stimmt. Es ist die Seele deiner Mutter, die noch da ist." Sie weine viele Tränen und ihre Seele sei noch erdgebunden. Sie getraue sich nicht, ins Licht zu gehen, ich solle sie dorthin schicken. Zwar hörte ich seine Worte und fragte mich: Erdgebunden, was ist das? Ins Licht schicken, was heißt das? Als ich ihn fragte, wie ich das machen solle, meinte er nur: „Du weißt, wie es geht." Oha, das war Denksport. Also die Seele meiner Mutter war noch auf der Erde und ich solle sie ins Licht schicken. Lange überlegte ich, wie ich das machen sollte, und natürlich hoffte ich sehr, dass es mir auch gelingen möge.

Ich ging in die Stille vor eine brennende Kerze, ich betete für meine Mutter, sprach mit der Seele und erzählte ihr von den Engeln, die auf sie warteten, um sie ins Licht zu geleiten. Ich erzählte es ihr so, als würde ich ihr ins Gesicht schauen. Wie ein Kind, das sich Engel vorstellt, so erzählte ich der imaginären Seele, wie schön diese Reise sein würde und dass sie sich vertrauensvoll den Engeln anschließen könne. Ja, ich konnte ihr auf diese Weise helfen. Die Seele fand ihren Weg ins Licht, doch das erfuhr ich erst etwas später.

BENNO UND ICH HEIRATEN

Im August dieses turbulenten Jahres haben Benno und ich geheiratet. Für diesen Schritt suchten wir uns einen kleineren Ort in der Pfalz aus, wo wir gemeinsam mit meinen Eltern drei Jahre zuvor ihre Goldhochzeit gefeiert hatten. Nun nahmen wir meinen Vater mit, denn ich wollte nur eine kleine Feier. Im Vorfeld erstellten wir Benachrichtigungen mit einem Hochzeitsfoto für alle, die es wissen sollten. Es wurde ein schöner Tag. Gleich nach der Trauung kamen die ersten Anrufe von meinen Freundinnen. Dann zogen wir drei uns Wandersachen an und spazierten durch den Pfälzer Wald. Ich war glücklich, meine beiden Männer an meiner Seite zu haben, aber besonders, wieder in der Pfalz zu sein.
Über Weihnachten und Silvester planten Benno und ich, wie die Jahre vorher auch, nach

Garmisch-Partenkirchen zu fahren. Eine große Ferienwohnung suchten wir aus, denn wir wollten meinen Vater mitnehmen, damit er über Weihnachten nicht alleine zu Hause wäre. Als wir ihm unseren Plan eröffneten, hatte er viele Ausreden, nicht mitfahren zu müssen. Er vertrage die kalte Luft nicht mit seiner Kanüle, Schnee sei noch nie seins gewesen, er würde lieber zu Hause bleiben in warmen Räumen. Es sei alles gut, wir könnten ja täglich mit ihm telefonieren. Auf dem Hinweg machten wir noch Halt in Karlsruhe bei meiner Kartenlegerin. Vielleicht hatte sie ja Neuigkeiten über meine Kinder oder etwas Positives für das kommende neue Jahr zu berichten. Als ich ihr von dem geplatzten Vorhaben erzählte meinen Vater mitzunehmen in diesen Urlaub grinste sie verschmitzt und meinte nach einem Blick in ihre Karten, ich brauche mir keine Gedanken um ihn zu machen, er sei und werde gut versorgt. Dem maß ich aber keine Bedeutung bei, im Gegenteil, ihre Zuversicht beruhigte mich.
Der Urlaub tat uns beiden gut. Doch immer noch rührte mich die Christmette zu Weihnachten und die Jahresabschlussmesse an Silvester, in denen ich viel weinte, was ich auch heute noch tue, denn dann ist die Trauer um meine Kinder besonders groß und schmerzhaft für mich.

Aus dem verschneiten Bayern riefen wir fast täglich meinen Vater an, denn man konnte ja nicht wissen, ob die Trauer ihn nicht übermannen würde, dachten wir. Als wir ihn nach unserem Urlaub das erste Mal wiedersahen, bemerkten wir, dass er verändert war. Positiv verändert, möchte ich sagen. So befreit und gelöst hatten wir ihn lange nicht erlebt. Am nächsten Tag wurde er zunehmend nervöser und meinte, er müsse mit uns beiden etwas besprechen. Wir saßen in seinem Wohnzimmer und er rang um Worte. Es gebe da jemanden in seinem Leben, aber das sei nicht so, wie wir denken, nein, es sei anders, jedenfalls sei dieser Jemand eine neue Frau. So, jetzt war es raus. Benno und ich sahen uns verdutzt an. Spontan fand ich es erst mal gut für meinen Vater, nicht mehr alleine zu sein, wenn ich mich auch fragte, wo diese so schnell hergekommen war.

Einige Tage später und sehr erleichtert, stellte er uns diese neue Frau vor. Wir holten sie zusammen an einer Busstation in Trier ab. Meinen Vater erkannte ich nicht wieder. Er hüpfte wie ein Jüngling auf sie zu und küsste sie überschwänglich. Nun, das war eine neue Situation für uns. Sie hieß Ingeborg und war zwölf Jahre jünger als er. Sehr elegant war sie angezogen und empfing uns beide gleich so, wie sie meinen Vater auch empfangen hatte, Küsschen rechte Backe, Küsschen andere Seite. Sie habe schon viel über uns gehört, begann sie gleich, schließlich habe sie ja vierzig Jahre mit Papa zusammengearbeitet. Hoppla, was war das denn? Arbeitskollegin? Davon hatte er uns nichts gesagt. Nun denn, Ingeborg war da. Sie war verwitwet und bewohnte ein eigenes Haus nahe der Luxemburger Grenze, war aber ab jetzt häufig im Haushalt meines Vaters anzutreffen. Innerhalb kürzester Zeit stand sie an den gleichen Stellen wie früher meine Mutter und verrichtete die gleichen Aufgaben. Sie bügelte an der Wäschemangel und kochte für ihn. Doch sie schaffte etwas, was es vorher in seiner Wohnung nie gegeben hatte. Es waren auf einmal Blumen auf dem Tisch, auf der Heizung, auf dem Buffett. Sie kaufte Orchideen für drinnen und Rosen für den Garten und dekorierte das Wohnzimmer leicht um. Ingeborg hatte eine besondere, vornehme Art zu sprechen oder etwas zu sagen. Eigentlich war ihr Wesen vornehm und verletzlich. Nur wenn sie sich ärgerte, platzte der Trierer Dialekt aus ihr heraus. Die beiden planten und machten gemeinsame Urlaube an Orten, die für meinen Vater, in früherer Zeit mit meiner Mutter, nie in Frage gekommen wären. Sie fuhren an die Ostsee, nach Tschechien und Bayern. Ingeborg brachte ihn sogar dazu, chinesisch mit ihr essen zu gehen. Auch das war ein Novum und wäre in der Zeit mit meiner Mutter nie möglich oder erwünscht gewesen. Ingeborg hatte zwei erwachsene Kinder. Eine Tochter und einen Sohn, doch die beiden Erwachsenen waren stets darauf bedacht, dass wir Kinder nicht miteinander in Kontakt kamen, warum auch immer. Ingeborg war chronisch neugierig und bei jeder Gelegenheit fragte sie mir Löcher in den Bauch, wie meine Mutter charakterlich gewesen sei. Sie wusste, dass meine Mutter alkoholkrank war. Ja, sie kannte sie sogar, weil sie den gleichen Hausarzt hatte. Sie hatte in der Praxis des Arztes mitbekommen, dass meine Mutter verstorben war. Nun wollte sie wissen, was sie für ein Mensch meine Mutter war, wie mein Vater früher zu uns Kindern war und so weiter. Ingeborg hatte immer viele Fragen, vor allem sehr intime und persönliche.

Es war nicht möglich, mit meinem Vater darüber zu sprechen oder ihn zu informieren, denn er hatte Ingeborg auf das Podest gehoben, auf dem einst meine Mutter stand. Er war so verliebt und wollte alles andere, als unbequeme Fragen beantworten oder zulassen. Er verlangte von meiner Schwester und mir uneingeschränkte Akzeptanz und Loyalität Ingeborg gegenüber.

Ich war froh, dass es sie gab. Sie nahm mir durch ihre Anwesenheit im Haus viel ab, was ich sonst selbst managen gemusst hätte. Es war ein gutes Miteinander mit ihr und meinem Vater, wenn man gewisse Spielregeln beachtete. Sie respektierte Benno und mich und freute sich immer sehr, wenn wir zu Besuch kamen.
Durch diese neue Verbindung konnten Benno und ich öfter in Urlaub fahren. Wir besuchten Malta, Frankreich, Irland, England, Spanien und Polen. Besonders oft aber die Pfalz, wo wir in Schweigen-Rechtenbach am Weintor Quartier bezogen. Den Ort, in dem ich einmal lange mit meiner Familie gelebt hatte, konnte ich nie mehr besuchen.

Weil meine Kinder keinen Kontakt mehr zu mir wollten, suchten Benno und ich einen Weg, auf andere Weise Gutes zu tun. Wir bekamen über Hilfsorganisationen drei Patenkinder, aus Kenia, Kambodscha und den Philippinen, die wir während der Zeit des Projektes, das immer fünf Jahre lief, unterstützten. Mit den Kindern hatten wir einen regen Austausch durch Briefe, die uns Mitarbeiter der Organisation übersetzten. Wir waren froh, ihnen kleinere Freuden machen zu können. Fotos wurden hin- und hergeschickt, wir nahmen teil an ihrem Los und Leben. Aber auch an Veränderungen in ihren Familien und ihrem Land.

Da ergab sich für Benno und mich die Möglichkeit der Teilnahme an einer Pilgerfahrt mit dem Zug nach Lourdes. Sie wurde durch eine Gemeinde an der Mosel organisiert und wir fuhren mit. Zweiundzwanzig Stunden dauerte unsere erste Fahrt dorthin, denn der Zug blieb in der Nacht in einem Tunnel stecken und konnte erst am nächsten Morgen weiterfahren. Ich hatte, außer meinen persönlichen Bitten, noch viele Anliegen meiner Freundinnen im Gepäck, um Gesundheit zu privaten, aber auch beruflichen Dingen, die gerade nicht lösbar schienen. Diese Anliegen und Bitten brachte ich jeden Tag in der Kirche vor die Mutter Gottes, die ja bekanntlich dort sehr verehrt wird. Es fiel mir leicht, zu beten und zu bitten. Lourdes war für mich eine andere Welt. So viel Krankheit und Elend, aber auch so viel Hoffnung, Zuversicht und tiefe Gläubigkeit auf engstem Raum, hatte ich vorher noch nirgendwo erlebt. Als ich zurückkam, hatten sich tatsächlich viele Probleme der Bittenden geregelt. Aber mein größtes Anliegen noch nicht. Die Erfahrungen und die Atmosphäre von Lourdes bewogen uns, noch viermal dorthin zu fahren. Als Nächstes als Pilgerflug und dann drei private Reisen mit dem Auto, immer über meinen Geburtstag im April. Ich hatte das Gefühl, meine Gebete, die Erfahrungen und das Erlebte vor Ort wurden immer intensiver. Da gab es so viele wunderbare Begegnungen mit Menschen, neue Erfahrungen und immer auch kleine Wunder. Auf dem Pilgerflug von Lourdes zurück zum Flughafen Hahn gerieten wir in starke Turbulenzen. Ich saß neben dem leitenden Pfarrer unserer Pilgergruppe und dachte mir, mit einem Gottesmann an meiner Seite würde uns schon nichts passieren. Aber dieser schwitzte vor Angst und umklammerte sein Taschentuch so sehr, dass seine Finger fast weiß waren. Er konnte nicht mehr aus dem Flugzeugfenster sehen. Doch wir hatten eine erfahrene Pilotin. Sie meldete sich über das Mikrofon und sprach uns Passagieren Mut zu. Sie schaffte es wirklich uns zu beruhigen und brachte uns sicher wieder auf den Boden zurück.

Viele Jahre war ich an meinem Geburtstag am liebsten irgendwo unterwegs, nur nicht zu Hause. So hatte ich die Freiheit, an meinen Tag zu denken oder nicht, ihn zu feiern oder nicht, je nachdem, wie ich mich fühlte. An einem meiner Geburtstage besuchte ich mit Benno eine Messe in einer unterirdischen Kirche in Lourdes, in die Unmengen an Menschen hineinpassten. Diese Messe wurde von einem Bischof aus Irland gehalten. Nach seiner Predigt sagte er zu den Anwesenden, nun sängen sie für alle Geburtstagskinder des Tages, um ihnen zu gratulieren. Und die Kirche ja, die ganze Kirche sang „Happy Birthday to you". Und ich war mittendrin. Das war der schönste und ergreifendste Geburtstagsmoment, meines Lebens.

Natürlich waren meine Kinder immer in meine Gebete eingeschlossen. Ich weiß nicht, in wie vielen Kirchen, Klöstern, Kapellen und bei wie vielen Anlässen ich für sie gebetet und eine Kerze angezündet habe. Wie viele Bitten hinterließ ich in den Gästebüchern der Kirchen, die wir besuchten. In meinen Gebeten dankte ich Gott immer besonders dafür, dass ich trotz aller Trauer um sie keinen Hass in mir trug. Darin war ich mir mit Benno von Anfang an einig. Egal was ist, wir wollten niemals Hass zulassen. Das hätte mich wahrscheinlich auch blind gemacht für all das Schöne, was mir das Leben schenkte.

In Lourdes nahm ich mir auch Zeit, mich an die Grotte zu setzten, die Atmosphäre auf mich

wirken zu lassen und neue Gedichte zu schreiben, was mich mit großer Freude erfüllte.
Für meinem Vater und Ingeborg brachten wir ein
kleines symbolisches Holzkreuz mit von dort,
welches sie fortan in ihren Geldbeuteln aufbe-
wahrten. Natürlich brachten wir auch jede Menge
geweihtes Wasser mit.

Obwohl er immer dankbar für unsere Besuche
und Hilfen war, legte mein Vater seinen Sarkas-
mus mir gegenüber nie ab. Immer wieder gab es
unschöne Spitzen gegen mich, meist vermehrt,
wenn nun auch Ingeborg anwesend war. Immer
wieder ließ er sich zu unschönen Äußerungen
hinreißen und stellte mich so immer und immer
wieder bloß. Und Ingeborg? Sie fand es oft lustig,
aber sie rügte ihn hin und wieder auch dafür. Sie
hing an seinen Lippen und Worten, sie war emotional abhängig von ihm. Er gab ihr das Gefühl,
dass er, wenn er andere lächerlich machte, der
Stärkste und Tollste sei. Ich fragte mich immer,
warum er so reagierte, da ich doch alles für ihn
tat und immer da war, wenn er mich brauchte. Es
war eine Taktik von Zuckerbrot und Peitsche, die
er anwandte, denn nach seinen Beleidigungen
kam wieder „Schön, dass es dich gibt". Diese Art
verletzte mich immer noch, doch ich schob es

mittlerweile auf sein hohes Alter und den zunehmenden Starrsinn.

Ob evangelische oder katholische Kirchen, Synagogen oder Moscheen, Benno und ich besuchten gerne Kirchen aller Konfessionen und tauschten uns viel über Glaubensthemen aus. Es war Benno, der mir sagte, ob eine Kirche oder Kapelle eine gute Energie hatte oder nicht. Er spürte das an und in seinem Körper. Bei mir stellte sich dieses Fühlen erst später ein, wenn auch ich darauf reagierte. Wenn ich in einer Kirche in mich hinein fragte, ob die darin enthaltene Energie gut sei, bekam ich, wenn es so war, stets warme Hände, als ob ich sie an einen Heizstrahler hielt. Dieses Fühlen und Fragen intensivierte sich in der folgenden Zeit.

In meiner Zeit in der Eifel setzte ich meine Gesprächstherapie fort. Ein engagierter Psychologe hörte sich geduldig meine Sorgen und Probleme an. Besonders meinen Vater und sein Verhalten mir gegenüber nahm er in Augenschein. Der Psychologe meinte, ich möge ihm mal zeigen, wie ich meinen Vater erlebe als Mensch mir gegenüber, also wie ich ihn sah. Ich stand auf, ging in Schrittposition und hob den Arm mit einer drohenden Geste der Hand. Ja, ich war selbst erstaunt darüber. Dann fragte er mich, wie ich mich denn selbst darstellen würde. Da saß ich zusammengekauert auf einem Stuhl unter dieser drohenden Hand mit ausgestrecktem Zeigefinger, der auf mich zielte. Das war für mich ein Schlüsselerlebnis. Dieser Psychologe meinte, es sei jetzt mal an der Zeit, mich aufzurichten und meinem Vater auf Augenhöhe zu begegnen. Ich sei 52 Jahre alt und immer noch das eingeschüchterte Kind von früher, das sich nie gegen den autoritären Vater wehren konnte. Er machte mir Mut für mich einzutreten gegenüber meinem Vater, doch es haperte mit dem Umsetzen. Ich wollte ihn nicht verletzen, fand Entschuldigungen für ihn und lebte so weiter wie bisher.

Dann kam endlich mein Rentenbescheid. Tatsächlich bekam ich eine Erwerbsminderungsrente bei Berufsunfähigkeit. Endlich hatte wenigstens dieses Hoffen, Zittern und Bangen ein Ende und ich etwas mehr Freiheit. Nun war ich berentet und eine große Last fiel von mir ab. Doch das Leben gönnte mir keine Verschnaufpause. Es ging weiter und erneut stand ein dienstlicher Umzug für uns an. Benno wurde nach Bad Neuenahr versetzt.

BAD NEUENAHR

Hier fanden wir in einem Dreiparteienhaus eine geräumige Wohnung mit zwei großen Balkonen zur Sonnenseite hin. Über uns wohnte Agnes, unsere Vermieterin, und als dritte Partei eine Familie mit drei kleinen Kindern. Agnes war seit kurzem Witwe und litt noch sehr unter dem Tod ihres Mannes. Dieser war ein höherer Mitarbeiter im dortigen Casino gewesen. Bad Neuenahr war ein mondäner Kurort und das Leben dort teurer als in der Eifel. Der große Vorteil war, dass Benno Arbeit am Ort hatte und ich viele Möglichkeiten einzukaufen. Schon bald machte ich Bekanntschaften mit neuen Frauen die, wie ich, Zeit für sich hatten und diese vielseitig sportlich ausfüllten. Sie waren ebenfalls zugezogen und aktiv mit Wandern, Walken und dem Rad unterwegs. Ich schloss mich ihnen gerne an und lernte so das Ahrtal aus vielen Perspektiven kennen. So sorgte ich für körperliche Bewegung mit Walkingstöcken oder meinem alten Fahrrad. An der Ahr entlang zu radeln machte immer großen Spaß, denn das wurde auf dem Rückweg meist mit Kaffee und einem Stück Kuchen belohnt. In der Zeit der sportlichen Aktivitäten und dazu noch in Gesellschaft dachte ich nicht an meine Schmerzsymptomatik. Agnes, unsere Vermieterin, spielte leidenschaftlich gerne Karten und zeigte mir mit ihrer Freundin zusammen neue Spiele. Es ging mir hier gut und ich fühlte mich sehr wohl, aber irgendwie nicht angekommen. Dann geschah, wir wohnten gerade drei Monate dort, etwas Eigenartiges. Ich erwachte in der Nacht und hatte ein Gedicht im Kopf. Das war so schön, dass ich aufstand und die Zeilen aufschrieb. Das Gleiche erfolgte in den nächsten zwei Nächten und als das Gedicht fertig war, war es eine Geschichte in Reimform. Sie erzählte von Naturgeistern und Elfen, von Zwergen, dem König Oberon und seiner Frau Titania, von denen ich nie vorher etwas gehört hatte. Ja, diese „Geschichte" enthielt sogar eine wichtige Botschaft der Naturgeisterwelt an die Menschen. Doch ich verstand noch nicht, was ich da niedergeschrieben hatte.

Wieder war es in der Nacht, als andere Gedichte entstanden, kurze und auch längere. Ein Schreibblock und ein Kuli lagen nun stets auf dem Nachttisch und wurden rege gebraucht. Es entstanden immer mehr Gedichte mit unterschiedlichsten Inhalten, doch ich verstand immer noch nicht, was all das mit mir zu tun hatte.

Nach einem Mittagessen, ich saß gedankenverloren am Tisch, flüsterte mir eine Stimme ins Ohr: „Komm, mein Kind." Doch es war niemand da außer mir. Sofort griff ich zu meiner Schreibkladde und schrieb ein Gedicht darüber, welches ein Gebet wurde. Nun hatte ich auch außerhalb des Hauses, bei den Spaziergängen oder Fahrten mit dem Rad stets Papier und einen Kuli bei mir, denn ich war mir nicht sicher, wann, wo und wie schnell wieder etwas Neues entstehen würde. Immer mehr Gedichte entstanden auf diese Art und Weise, ja, ich dachte und träumte mittlerweile schon in Reimen oder Versen.

Noch nie in den letzten Jahrzehnten wohnten meine Schwester und ich so nahe zusammen. Sie lebte, nach ihrer Arbeit in der Schweiz, nur knapp fünfzehn Kilometer entfernt von mir und ich hatte große Hoffnung, dass wir durch diese Nähe zusammenwachsen und uns besser kennenlernen würden. Ich sah es wirklich als eine große Chance für uns an, doch leider blieb es ein unerfüllter Wunsch von mir.

Wenn Benno und ich Urlaub in der Pfalz machten, besuchten wir immer noch meine liebe

Martha im dortigen Kloster. Es waren wichtige
Besuche, die uns glücklich machten, denn wir
gingen mit Martha zum Essen aus oder sie durfte
sich kaufen, was ihr gut gefiel. Dann war Marthas
Welt wieder bunter und wir hatten ein gutes Gefühl, dazu beigetragen zu haben.
Natürlich bot sich bei diesen Aufenthalten auch
die Gelegenheit, das Angenehme mit dem Nützli-
chen zu verbinden. Nach dem Besuch bei Martha
fuhren wir zu dem Geistheiler in der Pfalz, der
mich behandelte und mir stets Mut zusprach. Ich
hatte meinen neuen Bekannten an der Ahr von
ihm erzählt und war mit ihnen auch schon einige
Male bei ihm. Er hatte sie alle überzeugt von seiner Heilkunst und seinem Können, auch wenn
einige an so was zunächst nicht glauben konnten.
Aber sie erfuhren Hilfe und Linderung durch ihn.
Natürlich und nicht zu vergessen, meine Kartenlegerin in Karlsruhe, die wir auf diesen Besuchen
auch konsultierten und auf die ich mich immer
sehr freute. Es war nach wie vor spannend, was
sie für mich in ihren Karten sah und besonders
schön, wenn das Vorhergesagte eintraf.
Dann lernte ich eine neue Frau kennen, die in der
Nähe meines Vaters wohnte. Sie war etwas jünger als ich und hellsichtig. Das heißt, sie konnte
viele Dinge von und über jemanden sehen, was
ein anderer Mensch nicht sehen kann. Wenn wir

sie an der Mosel besuchten, erzählte sie Benno und mir viel über das, was uns die Zukunft bringen würde, ganz ohne Staralüren. Sie klärte mich auf, dass es meine Aufgabe sei, in diesem meinem Leben Gedichte zu schreiben. Diese werde ich einmal vielen Menschen vorlesen, weil sie die Seelen der Menschen ansprechen würden. Das Schreiben sei für mich ein wichtiger Schritt und so in meinem Seelenplan vorgesehen. Doch, wir seien auch Heiler. Das betonte sie sehr und merkte an, dass die Heilaufgabe uns Menschen zuführen werde, die an unterschiedlichsten Krankheiten litten. Dies würde sich in unserem Leben noch herauskristallisieren, doch auch das gehöre zu unserer Lebensaufgabe. Sie war uns oft Anlaufstation, wenn wir Fragen hatten zur Gegenwart oder Zukunft, besonders für mich, die ich weiter in Trauer um meine Kinder war. Vieles von dem, was sie damals ansprach oder erklärte, war für mich noch unbekanntes Land, doch das änderte sich.

Heute weiß ich, dass hilfreiche und liebe Menschen uns nicht zufällig begegnen. Nein, sie werden uns zur Seite gestellt, geschickt, damit wir unsere Aufgaben auf dieser Welt erkennen und bewältigen können. Andere sind eine Lektion für uns, nämlich dann, wenn sie uns das Leben schwermachen. Daraus sollen wir lernen.

Nun, es dauerte nicht lange, bis ich mich in Bad Neuenahr wohl fühlte in der netten Frauenclique. Ich war noch immer Mitglied in der Rheuma-Liga und durfte jede Woche im warmen Wasser der Therme mit anderen Leidensgenossinnen Gymnastik machen. Doch ich merkte auch, dass ich oft ein Glas Wein mehr trank, als gut für mich war. Deshalb entschloss ich mich, in eine Selbsthilfegruppe am Ort zu gehen, um zu erfahren, was ich tun könnte, um weniger zu trinken, so war mein Plan.

Mit diesen Leuten, die allesamt ein Problem mit dem Trinken hatten, tauschte ich mich über mein Trinkverhalten aus. Für mich war der Wein abends, so sah ich es damals, eine Belohnung, dass ich den Tag gut herumgebracht und vieles erledigt bekommen hatte. Doch der Leiter dieser Selbsthilfegruppe führte mir vor Augen, dass das kompletter Selbstbetrug sei, denn dann hat dich die Sucht schon in ihrer Kralle, meinte er. Nicht du beherrschst mehr die Sucht, sondern sie beherrscht dich. Er gab mir den Rat, sofort mit dem Trinken aufzuhören, wenn ich nach Hause käme und allen Wein zu entfernen. Nur so ginge es.

Die ersten Male kam ich tatsächlich sauer nach Hause und sagte Benno, ich würde versuchen, den Konsum zu reduzieren. Aber es ging mir immer wieder durch den Kopf, das mit dem sofortigen Aufhören. Ich sah oft meine Mutter wieder betrunken vor mir. Wahrscheinlich war es doch richtiger jetzt die Notbremse zu ziehen, dachte ich und machte es auch so. Ich trank nichts Alkoholisches mehr und habe komischerweise den Alkohol nicht vermisst. Der Wein schmeckte auf einmal nicht mehr und es gab Tafelwasser oder Tee. Trotzdem ging ich noch einige Male in diese Gruppe. Da kam eine neue Frau zum Gruppentreffen, die gleich den ganzen Raum für sich einnahm mit ihrem Gerede. Schnell war dann eine Stunde um und keiner der Anwesenden hatte Gelegenheit gehabt, etwas von sich zu erzählen. Am Schluss kam sie auf mich zu gespurtet, stellte sich vor mich und sagte: „Und dich, dich kenne ich auch. Wir hatten schon einige Leben zusammen." Ich war perplex und wusste nicht, was ich sagen oder entgegnen sollte. „Nein, um Gottes willen, nicht die!", rief etwas in mir, „die hört ja nicht mehr auf mit Reden." HILFE, schrie mein Kopf, bei der wirkt wahrscheinlich schon der Alkohol im Hirn. Ich wollte rasch nach Hause, aber sie verwickelte mich in ein Gespräch. Und siehe da, in den nächsten Wochen trafen wir uns häufiger und sprachen über das Leben, das Schicksal und uns. Jung war sie schon Witwe geworden, hatte keine Kinder und war auf der Suche nach einer spirituellen Gruppe, wie sie es nannte, um ihren Glauben zu vertiefen. Sie sprach oft von ihren „geistigen Helfern, aber besonders von ihrem Freund Jesus", was ich immer als Fantasterei abtat. „Mit ihm an meiner Seite", sagte sie, „wer will mir da was auf dieser Welt? Keiner!" Das brachte sie so laut und ungehemmt im Café vor, dass ich mich oftmals schämte, wenn die Leute uns ansahen. Doch ich fragte mich, wie steht es denn mit meinem Glauben? Wie tief ist er? Ist er so fest und so tief wie der Glaube, den sie mir beschreibt? Ich ging schon lange nicht mehr regelmäßig in einen Gottesdienst, aber ich besuchte oft die Mutter Gottes in der Kirche in Ahrweiler. Diese Kirche hatte viel Kraft und wenn ich vor der Mutter Gottes saß und innerlich zu ihr sprach, leuchtete sie. Das sah ich mit eigenen Augen, aber ich verstand es nicht. Ich dachte auch zurück an unsere Aufenthalte in Lourdes und an meinen Glauben danach. Hatte sich in mir viel bewegt, war der Glaube noch stark genug? Aber so gefestigt und sicher wie Bruni, so hieß die Frau aus der Gruppe, fühlte ich mich nicht. Bruni und ich trafen uns manchmal in einem Café oder sie kam zu mir. Nach einigen Besuchen meinte sie immer noch, wie schön es wäre, eine Gruppe zu finden, mit der wir uns über

Glaubensangelegenheiten austauschen könnten. Spontan meinte ich, in eine katholische Gemeinschaft ginge ich nicht mehr. Sie blieb unbeeindruckt und sagte, es könne doch eine neutrale Gruppe sein, Hauptsache, wir kämen voran auf unserem vorgezeichneten Weg. Mir graute es immer noch, wenn ich an die Kirche meiner Kinderzeit dachte, auch nach all den Jahren. Nein, so etwas brauchte ich wahrlich nicht mehr.

Doch siehe da, knapp eine Woche nach einem unserer Treffen hatten wir beide eine Einladung im Briefkasten von einem Bruno-Gröning-Freundeskreis, der sich in Bad Neuenahr traf. Bruni rief mich aufgeregt an und meinte, wir könnten gemeinsam dort hingehen und uns anhören, was diese Gruppe vermitteln würde. Sie habe ein sehr gutes Gefühl und sei neugierig geworden. Nun gut, ich ging mit.

Die nette Leiterin dieses Freundeskreises empfing uns beide herzlich und dann wurde über einen mir noch unbekannten Mann erzählt, eben Bruno Gröning. Wir erfuhren, dass er hier in unserem Land in der Nachkriegszeit ein bekannter Heiler war. Weil er Heilkraft hatte und mit dieser vielen Menschen Hilfe gewährt hatte, gründeten sich weltweit seine Freundeskreise. Diese trugen seine Botschaft von Gott zu den Menschen. Bruno Gröning war ein sehr gläubiger Mensch,

der offen von Gott sprach und die Menschen
aufrief, ihn zu suchen. Es wurden spezielle Lieder
über die Hilfe gesungen und Gebete in dieser
Stunde gesprochen. Doch ich fühlte mich nach
den ersten Treffen etwas irritiert. Brachten mir
die Stunden wirklich Gott näher? Wie konnte ich
das Erfahrene umsetzen für mich? Doch Bruni
war hin und weg von dem in dieser Stunde Er-
fahrenen und so blieben wir zusammen dabei,
Gott sei Dank. Denn die wöchentlichen Treffen
brachten mir tatsächlich Gott näher und ich
überdachte vieles in meinem Leben. Bruno Grö-
nings Heilerfolge sind dokumentiert und bevor er
starb, sagte er, dass jeder, der Hilfe und Heilung
suche, diese Heilkraft noch nach seinem Tod ab-
rufen könne. Einige der Anwesenden berichteten
über Situationen in ihrem Leben, als Gott ihnen
geholfen habe, etwas zu verstehen, zu verarbeiten
oder zu bekommen. Das alles hörte ich mir bei
den folgenden gemeinsamen Treffen an und erlernte dabei eine neue Art von Dankbarkeit. Ich
belas mich über das Leben, Wirken und auch das
Sterben von Bruno Gröning. Benno und ich haben auf einer Reise durch Polen einige seiner
Wirkungsstätten besuchen können.

Die nächste Stunde in der Selbsthilfegruppe und
somit ein Zusammentreffen mit Bruni stand an.

Da stand ich, weil ich einige Minuten zu spät war, vor der verschlossenen Haustür und klingelte, um eingelassen zu werden. Ich konnte sehen, dass die Versammlungsräume beleuchtet waren, also waren auch Leute da. Doch niemand öffnete mir, obwohl ich mehrfach und oft klingelte. Da war ein plötzlicher Impuls in meinem Kopf: „Hierher brauchst du nicht mehr zu kommen, du bist geheilt." Es war nur ein kurzer Moment, aber eine riesige Erkenntnis. Und die war absolut wahr. Ich spürte im ganzen Körper, dass ich geheilt war. Es war ein kleiner Schritt, aber eine wunderbare Erfahrung mit positiver Wirkung. Bei uns zu Hause gab es nur noch Sprudel und alkoholfreie Getränke. Ich fühlte mich körperlich deutlich besser, vor allem aber richtig innerlich frei.

Benno und ich wollten im Frühsommer eine Andalusien-Rundfahrt machen. Nun saßen wir im Flieger, der gleich starten sollte. Ich hatte eine Riesenangst, obwohl ich wahrlich schon oft geflogen war. Ich lehnte mich an Benno, schloss die Augen und betete innerlich zu Gott und zu Bruno Gröning, inständig. Ich bat darum, dass wir gut ankommen und das Flugzeug nicht allzu sehr schaukeln möge. Da sah ich Bruno Gröning tatsächlich vor mir, zum Greifen nah und er schenkte mir ein Lächeln, das mir alle Angst nahm. Der Flug verlief absolut ruhig und ich war dankbar und voller Freude über dieses Erlebte. Lange versuchte ich zu verstehen, wie das möglich war, denn es ging mir nicht aus dem Kopf. Es gab noch einige Begebenheiten mit Bruno Gröning die ich erlebt habe und bei denen ich Heilung für andere erfahren habe durch meine Gebete. Diese Dinge, die mir passiert sind, und die Menschen, die um mich waren, sind die reine Wahrheit. Ich brauchte aber noch Zeit um zu verstehen, warum alles so kam und was das mit mir zu tun hatte.

In unserer Nachbarschaft wohnte eine Frau, die etwas jünger war als ich. Ich hatte beobachtet, wie jemand ihr Auto beschädigte, und sie darüber informiert. Das führte uns zusammen. Sie kam zum Kaffee zu mir oder lud mich zu sich ein. Als Dankeschön für meine Aufmerksamkeit sagte sie mir: „Ich würde dich gerne mal meiner Schwägerin vorstellen. Die legt nämlich Karten und wohnt nicht weit weg von hier." Über Geistheiler und Kartenleger hatte ich bisher noch nie mit ihr gesprochen und war erstaunt und natürlich gespannt, diese Schwägerin kennenzulernen.

Wir besuchten sie nach Absprache und so lernte ich Anne kennen. Zuerst tranken wir zusammen Kaffee bei ihr, bevor Anne mit dem Kartenlegen begann. Sie hat mich voll geflasht, wenn auch anders als meine Kartenlegerin aus Karlsruhe. Anne legte ihre Karten mit Ernst und Demut und berichtete mir, was sie sah. Einiges davon wusste ich schon, aber sie teilte mir auch viel Neues mit. Ich durfte ihr Fragen stellen, die mir wichtig erschienen, und geduldig antwortete Anne mir. Sie war und blieb mir eine wunderbare Vertraute in der Zeit, die wir in Bad Neuenahr lebten. Stundenlang telefonierten wir seit unserem Kennenlernen und unterhielten uns über Gott und die Welt. Natürlich besuchte ich sie öfter. Ich konnte sie alles fragen, sie hatte ihre Karten immer griffbereit und sogar Benno fand den Weg zu ihr, obwohl er Kartenlegen immer etwas belächelt hatte.

Es gab keinen Stillstand der Ereignisse für mich. Rückblickend war es eine Rasanz, die ich damals so nicht wahrgenommen hatte. Ich schrieb weiter mit wachsender Freude Gedichte über die Jahreszeiten, die Natur, die Naturgeister, das Leben und über Gott. Immer war ich überrascht, was an Neuem entstand, aber ich wusste noch nicht, was ich nun mit den vielen geschriebenen Gedichten machen sollte.

Benno hatte die zündende Idee, einen kleinen Gedichtband unter meinem Namen drucken zu lassen. Genau das machten wir und den ersten Band bekamen natürlich mein Vater und Ingeborg. Vielleicht könne ich die Gedichte auch vortragen, meinte Benno. Doch wem? Und wo? Wir überlegten lange, dann fragte mich eine Nachbarin, die einen katholischen Seniorenclub leitete, ob ich die Gedichte vielleicht vor einigen Senioren lesen möchte. Ich sagte spontan zu, nicht ahnend, was da auf mich zukam. Vorab besuchte ich tatsächlich eine Messe, um Kraft zu bekommen für die Lesung. Dann saßen fünf Menschen um einen Tisch zusammen mit dem Pfarrer und warteten auf die Gedichtlesung. Ich stand auf, wollte beginnen und bekam solches Herzrasen, dass ich dachte, das Herz hüpft mir aus dem Hals. Mir wurde schlecht und dazu stellte sich ein Gefühl ein, jemand zöge eine Schlinge um meinen Hals zu. Nur nichts anmerken lassen, sagte ich mir, doch meine Stimme war brüchig. Natürlich bemerkten das die Leute, doch keiner sagte etwas. Ich riss mich wirklich sehr zusammen und war nach wenigen Gedichten so ergriffen von deren Inhalt, dass mir Tränen in die Augen stiegen.

Das war meine erste, bis heute unvergessene Lesung.

Mein Herzrhythmus geriet aus dem Takt und brachte mir am nächsten Tag einen Krankenhausaufenthalt ein. Die „enge Schlinge um meinen Hals" hatte ich deutlich bei der Lesung gespürt und ich verstand jetzt, dass das eine Folge davon war, dass ich niemals in meinem Leben meine Meinung kundtun durfte. Alles was ich sagte wurde abgewürgt oder ins Lächerliche gezogen, so dass mir die ungesagten Worte letztlich quasi „im Halse stecken blieben". Das erkannte ich, aber ich wusste noch nicht, wie ich dagegen angehen und es auflösen konnte.

Eine Kerze wurde ein wichtiges Bindeglied für ein neues Ereignis in meinem Leben. Als ich sie kaufte, wusste ich nicht, dass sie phosphoreszierend war. Das heißt, sie lud sich mit dem Licht der Sonne oder des Tages auf und leuchtete nachts. Diese Kerze hatte ich für Benno und mich aus Lourdes als Souvenir mitgebracht. Sie war geweiht und stand auf einer Kommode im Schlafzimmer, nahe meinem Bett.
Eines Abends, es war schon spät, lag ich lange wach und sah diese Kerze an, die so toll leuchtete im Dunkeln. Da hatte ich das Gefühl, als würde sich das Licht bewegen. Ich ließ meinen Blick im Dunkel des Zimmers kreisen und versuchte es

gleich noch einmal mit dem Blick auf die Kerze. Siehe da, sie bewegte sich wieder. Mir wurde ganz schön mulmig zumute und ich zog die Bettdecke hoch bis unter meine Augenlider. Immer wieder schaute ich zur Kerze, die sich tatsächlich bewegte. Sie scheint zu tanzen, dachte ich zuerst. Dann kam dieses „Licht" näher an mein Bett, als würde es jemand im Dunkeln bewegen. Ich hatte wirklich große Angst. Benno schlief friedlich neben mir und ich wollte ihn nicht wecken. Das würde er mir bestimmt nicht glauben, dachte ich noch, als das Licht dieser Kerze von der Kommode auf den Boden sank und sich direkt neben meinem Bett auf dem Fußboden entlang bewegte. Hin und her pendelte das Licht. Ich lag starr vor Angst, aber auch vor Neugier und musste doch immer wieder zu dem Licht schauen. So ging das einige Nächte, immer wieder begann sich dieses Licht zu bewegen.

Da kam mir Anne in den Sinn, die Kartenlegerin, sie wollte ich befragen. Ich erzählte ihr von der Kerze und dem Licht, auch von den Bewegungen, die dieses Licht machte. Anne meinte während des Kartenlegens, es sei die Seele eines Kindes, das etwas mit mir zu tun habe und das versuche, mit dem Licht auf sich aufmerksam zu machen. Dieses Kind sei noch unreif und wolle, dass ich ihm einen Namen gebe. Dann nannte

ich einen bestimmten Namen, worauf Anne
sagte, das Kind würde diesen bejahen. Mit diesem Namen dürfe und könne ich es ansprechen.
Als Anne mir dies über das Kind sagte und wie
sie es beschrieb, da dachte ich gleich an jenes,
welches ich in jungen Jahren nicht haben durfte.
Anne gab mir den Rat, ich solle dem „Kind" erklären, was damals passiert sei, denn deshalb sei
es da. Es wolle verstehen.
Es war wieder Abend und es passierte das Gleiche wie die Abende vorher. Das Licht der Kerze
bewegte sich und ich begann innerlich ein Gespräch mit dem Kind, meiner ersten Tochter. Ich
sprach natürlich geistig still und begann damit,
dass ich mir das Kind mit meinem damaligen
Freund sehr gewünscht hatte. Ich erzählte ihr alles und ich weinte, ich weinte sehr und bat das
Kind inständig um Verzeihung für das, was ihm
angetan wurde. Ich berichtete, wie es zu dem Abbruch kam und dass ich nie eine Chance hatte,
selbst über die Schwangerschaft zu entscheiden.
Diese Gelegenheit der Entschuldigung, diese ein-
malige Chance zu nutzen und genutzt zu haben,
brachte uns beide zusammen. Meine Christine, so
darf ich sie nennen und das wäre auch ihr Name
damals gewesen, besucht mich heute noch auf
die gleiche Art und Weise wie in Bad Neuenahr.
Die Kerze steht in meinem Schlafzimmer und ich

erkenne an den Bewegungen des Lichts, wenn sie da ist. Sie hätte sicherlich mein Leben sehr bereichert. Noch etwas Wichtiges hat mir diese Begegnung mit ihr gebracht. Meine Schuldgefühle und meine Depression, die durch die Abtreibung entstanden waren, die mir Schmerzen verursachten und Seelenschwere, all das wurde geheilt und verschwand. Ich erzählte Christine auch von meinen beiden Kindern, von dem aktuellen Zustand, der mich traurig machte, nämlich keinen Kontakt mehr zu ihnen zu haben, aber auch von den Gründen, die zu all dem geführt hatten.

Fast zeitgleich passierte etwas anderes. Eine Nachbarin kam vom Einkaufen nach Hause, sie hinkte. Da ich draußen stand, sah ich es und fragte, was sie gemacht habe? „Ach, ich weiß es auch nicht genau, aber die Hüfte tut sehr weh", jammerte sie und schneller als ich denken konnte, sagte ich: „Sollen wir mal danach schauen?" Sehr erschrocken über meine rasche Aussage, fragte ich mich selbst, was das denn soll. Erstaunt sah sie mich an und meinte dann: „Kann ja nicht schaden."
Ich ging mir ihr in ihre Wohnung, bat sie, sich auf das Bett zu legen, und dachte fest an die hellsichtige Frau von der Mosel, die mir vor einiger

Zeit gesagt hatte, wir seien Heiler. Ich hielt meine beiden Hände über ihre Hüfte und begann still zu beten. Auf einmal merkte ich, dass meine Hände sehr warm wurden, und sie merkte es auch, obwohl ich sie nicht berührte. Diese Wärme tat ihr gut. Sie schenkte mir als Dank einen schönen Perlenengel und kurze Zeit später bat sie erneut um meine Hilfe, als sie starke Kopfschmerzen hatte, Die Behandlungen taten ihr gut und ich staunte, wie es möglich war, bei einem Menschen eine Linderung oder Heilung zu bewirken, ohne ihn zu berühren. Das war der Anfang meiner Heilarbeit, die tatsächlich so stattfand. Ich war nur ein Mittler zwischen den Welten und immer wieder wurden meine Hände sehr warm, wenn ich mit ihnen über einen Körper ging, um zu erfahren, wo Störungen waren. Diese Wärme tat den Menschen immer gut. Innerhalb kurzer Zeit behandelte ich viele Leute aus meiner Nachbarschaft und im Freundeskreis. Die kürzeste Behandlung bekam meine damals 90-jährige Nachbarin mit akuten Zahnschmerzen. Ich legte nur meine Hand auf ihre Backe und hatte noch nicht angefangen zu beten, da sagte sie mir schon, die Schmerzen seien weg.

Von diesen ersten Behandlungen ließ ich mir Erfahrungsberichte geben. Was die Leute während der Behandlung empfunden hatten, wie es für sie war und wie sie sich am Schluss gefühlt hatten. Nun, diese Behandlungen fanden vor Ort bei den Menschen, meist aber in meinem Wohnzimmer statt. Ich hatte mir eine Liege zugelegt und bat die Menschen, sich daraufzulegen für die Zeit der Behandlung. Allerdings verstand ich immer noch nicht, was das Leben mit mir vorhatte. Alles war Neuland für mich, aber es funktionierte, denn die Menschen sagten es mir.

Bei meinem Vater wurde die Luftnot aufgrund seiner COPD, einer Lungenerkrankung, immer schlimmer. Er rief mich an und meinte, ob ich nicht mal meine „Helfer" fragen könne, seine Luftnot zu lindern. Ich setzte mich in einen Sessel, rief, nach meiner Vorstellung, die Engel an und bat sie, meinem Vater Luft zu geben. Es klingt unvorstellbar, aber es wirkte. Freudig meldete er sich bei mir und sagte, er merke deutlich, dass er wieder mehr Luft habe. Das geschah öfter, aber er glaubte nie an etwas Höheres. Selbst als ich mit Benno über meinem Geburtstag in Chartres in Frankreich war, rief er völlig aufgelöst an und bat um Hilfe. Ich verfuhr genauso, wie ich es zu Hause gemacht hatte. Ich setzte mich in einen Sessel, konzentrierte mich auf ihn, betete und bat Gott, ihm zu helfen. Über sein Handy

rief er zurück und bedankte sich überschwänglich
für deutliche Besserung.
Eine Bekannte im Badischen klagte über Kot-
steine. Ob ich ihr nicht helfen könne, fragte sie
und ich tat wirklich alles, ihr Erleichterung zu
verschaffen. Auch das klappte unter Zuhilfe-
nahme meiner Gebete.
Jedes Mal wenn sich Erfolg einstellte nach den
Behandlungen, freute ich mich sehr mit den
Menschen. Ich nahm dieses Erleben sehr dankbar an.

Meine Freundin wurde zur Vorbereitung einer
Brustbiopsie im Krankenhaus in einen Vorberei-
tungsraum gebracht. Ich wartete auf sie in einem
Krankenzimmer, schloss meine Augen und betete für sie, ganz ruhig. Da hatte ich plötzlich das
Gefühl, sie werde müde und schliefe, als die Tür
aufging und eine türkische Putzfrau den Raum
betrat. Sie stöhnte viel während der Putzarbeit
und ich fragte, was sie habe. Schmerzen überall,
sagte sie mir. Ich bot ihr Hilfe an. Sie stellte sich
vor mich hin, ich hielt meine Hände über ihren
Rücken und ihre Hüften und auf einmal rief sie
laut, die Schmerzen seien weg. Für mich war es
wieder ein kleines Wunder, welches ich mit großer Dankbarkeit annahm. Als kurze Zeit später
meine Freundin von der Untersuchung

zurückkam, berichtete sie mir, dass sie auf einmal ganz ruhig geworden und im Behandlungszimmer eingeschlafen sei während der Vorbereitung.

Lange brauchte eine liebe Bekannte, Maria, bis sie das erste Mal zu einer Behandlung zu mir kam, sich traute. Ich hatte ihr bereits viel von den kleineren und größeren Wundern erzählt, die ich durch und mit der Heilarbeit erleben durfte, doch sie war skeptisch, weil sie es sich nicht erklären konnte. Nun, sie kam und ließ, was auch legitim ist, während der gesamten Behandlung die Augen auf. Als sie wieder aufstand, meinte sie erstaunt, sie bekomme richtig gut Luft und könne durchatmen. Dies sei vorher so nicht möglich gewesen, denn sie habe eine chronische Lungenerkrankung, die ihr arge Atemnot verursache.

Die Freude der Menschen über eine Linderung oder Heilung teilte ich mit ihnen. Oft wurden mir Bilder gezeigt vor meinem inneren Auge oder es gab Hinweise der geistigen Welt, warum eine Erkrankung da war und was der Mensch daraus lernen sollte.

Eine mittlerweile 87-jährige Freundin kam in dieser Zeit wöchentlich zu mir, weil ihr die Behandlungen so gut taten, sagte sie. Heute noch, nach über zwölf Jahren, ist sie eine große Anhängerin dieser Heilmethode. Sie verehrte seit ihrer Kindheit den heiligen Antonius, den sie immer zu den Behandlungen „mitbrachte", in geistiger Form und er zeigte sich mir während der Behandlungen auf vielfache Weise. Auch meine Schwester kam mit ihrem Mann zu meinen Behandlungen. Sie litt unter einem Lipo-Lymphödem und muss daher Stützstrümpfe anziehen. Ihr hatte ich viel erzählt von den Behandlungen und dem, was sich dabei alles ereignen könne. In Gedanken drückte ich das Wasser aus ihren Beinen. Als sie nach der Behandlung aufstand, rutschten die Stützstrümpfe herunter und die Beine waren deutlich dünner. Das erfuhr und erlebte sie selbst, doch der Glaube an etwas Höheres, der das bewirkt, den hatte sie nicht. Neugierig waren die Menschen zu erfahren, wie ich zu diesen Behandlungen gekommen sei und wo ich sie erlernt habe. Dabei hatte ich das nicht erlernt, sondern wurde geführt, das weiß ich heute. Aber es wäre zu schwierig für mich gewesen, dies zu erklären. Ich sprach immer davon, gut geführt und geleitet zu sein, aber viele Menschen verstanden das nicht.

Um einen schriftlichen Nachweis unseres Heilens zu haben, erlernten Benno und ich zusätzlich Reiki, eine alte Heilkunst des Händeauflegens. Wir arbeiteten sehr intensiv mit dieser Technik, bis wir den Abschluss als Reiki-Meister machten. Wir beide wuchsen in eine neue Materie hinein, die ich fortan mit meiner vorherigen Heilarbeit verknüpfen konnte.

Die Heilarbeit und der Austausch über das Erlebte, die vielen kleinen Wunder die geschahen, ließen uns beide noch enger zusammenwachsen. Wir konnten uns fantastisch ergänzen, austauschen und auch gegenseitig behandeln. Leider hatte Benno noch nicht die Zeit, sich den Behandlungen intensiver zu widmen. Doch er spürte intensiv, dass die Gabe des Heilens auch in ihm lag.

Das Leben war spannend, bunt und schön und die vielen Erlebnisse ließen mich sehr dankbar und demütig werden. Durch die Heilarbeit lernte ich viele Menschen kennen und schätzen. Aber ich lernte noch viel mehr. Ich lernte auch, nicht mehr an Menschen festzuhalten, von denen mir mein Bauchgefühl signalisierte, sie besser gehen zu lassen. Überhaupt auf das Bauchgefühl zu hören, war ein langer Lernprozess für mich, denn durch die Erfahrungen meiner Kindheit war mein Kopf immer in Aktion. Ich habe verstanden, dass, wenn Menschen sich aus meinem Leben entfernten, meistens eine Aufgabe erledigt oder erfüllt war. Doch oft versuchte ich, aus einem Versagensgefühl heraus, wieder den

Kontakt herzustellen, bevor ich begriff, dass ich diese Menschen loslassen durfte und konnte. Es war ein Prozess, der dauerte, sich aber letztlich ungemein für mich lohnte. Als ich ihn verstand, ging es mir besser, denn es kann immer nur etwas Neues in mir entstehen, wenn Platz dafür da ist. Für Menschen, die aus meinem Leben verschwinden, kommen neue hinzu, die mich weiterbringen auf meinem Weg. Noch eine Lektion war für mich sehr wichtig und bedarf heute noch intensivster Pflege. Diese betrifft die Gedanken. Unsere Gedanken sind purer Sprengstoff. Wenn uns dies bewusster wäre, gingen wir anders mit diesem Wissen um. Da uns unser Ego den ganzen Tag beschäftigt, ist es nicht leicht, die Gedanken unter Kontrolle zu bringen. Dafür braucht es viel Ruhe und Stille. Dann können wir es schaffen, negative Gedanken in positive umzukehren. Wenn Menschen sich der Kraft ihrer Gedanken bewusster wären, hätten wir nicht so viele Brennpunkte auf der Welt und viel Negatives würde sich in Positives verwandeln. Das Potenzial dazu liegt in jedem von uns.

Nach meinem ersten veröffentlichten Gedichtband entstanden noch sechs weitere Bände. Jedes

Jahr kam ein neuer dazu. Eine Buchhandlung half mir beim Verkauf und ein ansässiger TV-Sender unterstützte mich ebenfalls und drehte mit mir an unterschiedlichen Orten und Stätten. Wir filmten in einem Blumengeschäft, im Wald, aber auch in meinem Wohnzimmer vor dem Tannenbaum, wo ich vor der Kamera meine Gedichte vorlesen konnte. Diese Aufzeichnungen wurden dann eine Woche lang im regionalen Fernsehen gezeigt. Dann nahm ich Kontakt zu den Seniorenheimen am Ort und in der näheren Umgebung auf, wo ich Lesungen meiner Gedichte anbot. Den alten Menschen wollte ich Freude mit den Gedichten machen, das war mir in vielen folgenden Jahren ein Herzensanliegen. Was hätte ich ohne die Ideen von Benno gemacht? Ging es bei den ersten Lesungen noch ausschließlich ums Zuhören, hatte er die Idee, wir könnten meine Gedichte bunt hinterlegen. Fotos und Bilder hatten wir genug durch unsere vielen Urlaube, und nun stellten wir für jede Lesung Bilder zu den entsprechenden Gedichten zusammen, je nach Jahreszeit oder Titel. Jetzt konnten wir den Zuhörern und Besuchern der Lesungen zu jedem Gedicht über einen Nahdistanz Beamer schöne Fotos zeigen, wodurch die Sinne, besonders die der alten Menschen gefordert und angesprochen wurden. Hören und

Sehen. Den Heimbewohnern gefiel das sehr gut. Durch die positive Resonanz der Menschen wurde ich sicherer beim Lesen und auch die „Schlinge um meinen Hals", wie ich sie immer empfand, löste sich mehr und mehr. Die Menschen verstanden tatsächlich, was ich geschrieben hatte, das wunderte mich sehr, denn die meisten waren doch viel älter als ich und hatten mehr Lebenserfahrung. Ich merkte, dass ich sie mit meinen Gedichten zum Lachen, Nachdenken oder zum Weinen bringen konnte. Also musste es wahr sein, dass meine Gedichte die Seelen ansprechen.

Besonders mit dem letzten Gedicht, das einen Segenswunsch für die Menschen sein sollte, die zu meiner Lesung kamen, entstand immer eine ungewohnte Stille. Man hätte eine Stecknadel fallen hören können. Die Menschen wurden dabei sehr andächtig oder begannen zu weinen. Dieses Gedicht heißt „Ich wünsch dir einen Engel" und beinhaltet sieben Strophen So folgerte ich aus dem Erlebten, dass meine Gedichte tatsächlich etwas in den Menschen ansprachen und bewegten. Viele der Anwesenden kamen nach den Lesungen zu mir und bedankten sich für das, was die Gedichte in ihnen bewegt hatten.

Bei meinem Vater zu Hause standen die Zeichen nun öfter auf Sturm. Es war eine neue, beklemmende Stimmung da und eine Gereiztheit, sowohl bei ihm als auch bei Ingeborg. Wir fragten ihn, ob etwas nicht in Ordnung sei, was er aber stets als Quatsch abtat. Die Stimmung wurde zunehmend eisiger und wir verstanden nicht, was der Grund dafür war. Seine Kraftausdrücke, sein Hohn und Spott gegen mich nahmen zu. Seine unkontrollierten Wutausbrüche waren eine Herausforderung während unserer Besuche bei ihm. Überspielen wollte er diese Stimmungsschwankungen durch gemeinsames Kartenspiel am Abend, wenn ich keine Kraft vom Tag mehr in mir hatte vor lauter Ärger. Wir wunderten uns darüber, aber dachten, wenn er nicht mit uns darüber reden will, muss er das mit sich ausmachen oder mit Ingeborg. Aber auch sie veränderte sich. Sie vergaß bei der Zubereitung des Essens die einfachsten Zutaten und delegierte diese Aufgabe einfach an mich. Wir verstanden die Zeichen und die Veränderungen noch nicht, aber wir behielten die beiden im Auge.

Bruni, die Frau aus der Selbsthilfegruppe, kam nun oft zu uns nach Hause und noch immer war ich mit ihr im Bruno-Gröning-Freundeskreis. An einem normalen Tag, wir tranken zusammen

Kaffee bei mir und sprachen über alles Mögliche, begann sie auf einmal im und am ganzen Körper zu vibrieren, ja richtig zu beben. Es war schon bizarr und erschreckend, als ich sie so sah, aber sie meinte, das passiere meist, wenn ihr Freund „Jesus" nahe sei. Das sagte sie wirklich sehr ernst und ich war hin- und hergerissen, was ich davon halten sollte.

Ganz plötzlich ergriff auch mich ein seltsames Gefühl und ich sah vor meinen Augen ganz nahe das Gesicht von Jesus Christus mit einer Dornenkrone. Das beschrieb ich Bruni gerade und lachte etwas dabei, doch sie wurde hektisch und meinte, die Dornenkrone müsse weg. Er zeigte mir sein Leiden und immer wieder schrie sie, ich solle ihm sagen, dass ich ihn liebe. Das tat ich auch still, ich tat es, weil sie so außer Rand und Band war und ich überfordert war mit dieser Situation.

Dann durfte ich ihn sehen, so wie er für mich richtig war. Ja, ich sah ihn ganz nah bei und vor mir, vor meinem inneren Auge. Ich spürte eine absolute Liebe und Güte, und ich begann zu weinen, Tränen, die ich nicht steuern konnte. Sie kamen aus der Tiefe meiner Seele, wie ich es noch nie erlebt hatte. Er hatte sie derart berührt, dass dieses Weinen einsetzte. Dann verflog dieses Bild wieder.

Liebe Leser, ich habe mich lange gefragt, ob ich davon berichten soll, denn es klingt wahrscheinlich für Sie von weit hergeholt. Aber, genau so trug es sich zu und es war das emotionalste Ereignis in meinem Leben, das ich bis zu meinem letzten Atemzug nicht vergessen werde. Er hat sich mir gezeigt, ohne Dornenkrone und mich wissen lassen, dass er mich liebt. Ich habe es ganz intensiv gespürt. Diese Begegnung war das Schönste, Wertvollste und Höchste, was ich in meinem Leben je erlebt habe.

Dieses Erscheinen wiederholte sich noch zweimal. Nicht mehr in der Intensität wie beim ersten Mal, aber jedes Mal geschah etwas mit und in mir. Ich sah ihn vor meinem inneren Auge und er berührte meine Seele. Wieder flossen Tränen, viele Tränen. Tränen der Liebe, nicht des Leidens. Durch die Tränen hatte ich das Gefühl, ich wasche mich rein, so würde ich es heute ausdrücken wollen. Und während des Sehens stellte sich bei mir ein Gefühl einer unendlichen, nie gekannten Liebe ein. Das Gefühl, dass ich ein wertvoller Mensch bin. Anders kann ich es nicht beschreiben.

Das Erlebte wirkte noch lange nach an diesem Tag und Abend.

Am nächsten Tag traf ich mich nach langer Zeit
wieder mit meiner Schwester, da wir beide ins
Thermalbad gehen wollten. Aufgeregt und doch
hin- und hergerissen was und wie ich ihr von
dem großartigen Erlebten des Vortages erzählen
solle, machte ich mich fertig fürs Bad. Natürlich
dachte ich auch über alle möglichen Reaktionen
ihrerseits nach, die entstehen könnten. Aber ich
wollte es auf mich zukommen lassen und war innerlich bereit, darüber zu sprechen.

Da lagen wir beide nach dem Schwimmen nebeneinander auf der Badeliege und gerade wollte ich
loslegen mit meinem Erlebten, als sie zu mir
sagte: „Erinnerst du dich noch daran, wenn
Mama uns früher die schönen Kleidchen als Kinder angezogen hatte und uns ins Pfarrhaus
schickte?" Erstaunt sah ich sie an. Wie kam sie
denn jetzt darauf? Doch ganz ruhig fragte sie
weiter, ob ich mich auch noch daran erinnere,
dass wir als Kinder immer ins Pfarrhaus geschickt wurden, um dem damaligen Pastor Medikamente zu bringen. Ja, daran erinnerte ich mich
noch dunkel, doch was sollte das jetzt hier im
Schwimmbad? Da begann sie zu weinen und
sagte, dass sie von diesem Pastor lange miss-
braucht worden sei. Immer dann, wenn meine
Mutter sie als Kind dorthin schickte, sei dies

geschehen und seine damalige Haushälterin sei mit involviert gewesen.

Meine Gedanken fuhren Achterbahn, ich konnte nicht mehr richtig und klar denken. Welche Horrorgeschichte war das denn? Doch sie ließ sich nicht beirren und schilderte mir noch mehr Details. Mir wurde richtig schlecht, ich fühlte mich, als müsse ich mich übergeben. Dann meinte sie, eigentlich habe sie unsere Mutter dazu noch befragen wollen vor deren Tod, doch dieses Gespräch habe nicht mehr stattfinden können. Meine Geschichte, die ich ihr eigentlich erzählen wollte, stellte ich nun hinten an. Diese Offenbarung meiner Schwester traf mich sehr und ich war überfordert. Auf der einen Seite war es grausig, so ein schlimmes Vergehen mitgeteilt zu bekommen, auf der anderen Seite erklärte es viel über das Verhalten meiner Schwester mir und den Eltern gegenüber. Bis heute bin ich gedanklich noch mit dieser schlimmen Tat beschäftigt.

Einige Zeit später konfrontierte sie unseren Vater mit ihrer Geschichte und dem Erlebten. Es sei, als ob ihm jemand den Boden unter den Füßen wegziehe, war seine Reaktion. Doch so sehr er sich auch anstrengte und nachdachte, er habe nie etwas davon bemerkt, sagte er ihr.

Erst später erzählte ich ihr dann doch noch von meinem Erlebnis. Es war schnell abgehandelt, denn sie glaubte nicht, was ich erlebt hatte. Und genau so erging es mir, als ich meinem Vater bei einem Spaziergang davon berichtete. Er sah mich ernst und mitleidig an und meinte, ich solle bloß mit niemandem darüber sprechen.

Ich habe ja bereits geschrieben, dass ich mir in der Zeit an der Ahr mehr Kontakt mit meiner Schwester gewünscht hatte. Doch es ergab sich leider nicht. Wir sahen uns selten und eigentlich wusste eine von der anderen nur sehr wenig und oft auch nur das, was vom Vater weitergegeben wurde.
Meine Schwester stand wieder einmal vor einer beruflichen Prüfung, vor der sie Angst hatte. Ihr ganzes Leben war sie auf Schulen, absolvierte Studiengänge und Prüfungen. Daher bat sie mich, an sie zu denken und ihr die Daumen dafür zu drücken, was ich auch tat. Ich betete für sie, inständig. Ich rief die Engel und bat diese um Hilfe, Unterstützung und ein gutes Ergebnis. Da sah ich meine Schwester vor meinem inneren Auge. Sie saß auf einem kleinen Tisch, baumelte mit den Beinen und ich konnte genau sehen, welche Kleidung sie trug.
Geraume Zeit später meldete sie einen erfolgreichen Abschluss und sagte, sie sei ganz ruhig in

die Prüfung gegangen. Welche Kleidung sie anhatte und welche Farbe diese gehabt habe, fragte
ich sie. Sie bestätigte, genau das, was ich gesehen
hatte, angehabt zu haben, in genau den Farben.
So viele wunderschöne Dinge sind mir passiert,
dass es den Rahmen sprengen würde, sie hier alle
aufzuzählen. Meine Helfer, Engel, Geistwesen
oder wie man sie auch immer nennen mag,
machten sich auf vielerlei Art und Weise bemerkbar. Im Licht der Kerze aus Lourdes, die auch
von anderen Wesenheiten oder Seelen benutzt
wurde und heute noch wird, sie gaben mir Inspi-
rationen für neue Gedichte oder waren und sind
zugegen in Gebeten und Meditationen. Sie begannen ganz fein mir über den Kopf zu strei-
cheln. Ganz zart, ganz sanft. Das ist bis heute so,
ich spüre, wenn sie da sind und freue mich immer über die Besuche aus der anderen Welt.

Durch meine Lesungen, es waren ja noch nicht
viele, bekam ich auch Gelegenheit, in anderen In-
stitutionen und Städten zu lesen. Unsere Vermieter der Urlaubswohnung in der Pfalz luden mich
ein, meine Gedichte in einem Café bei Wissem-
bourg im Elsass und in einer dortigen Wallfahrtskirche vorzutragen. Durch eine Fotogruppe im
Internet lernte ich eine Frau kennen, die im Hil-
degard-Gewölbe in Bingen arbeitete und mir das

Leben der Hildegard von Bingen näherbrachte. Sie lud mich ein, meine Gedichte an diesem historischen Ort vorzutragen. In der Folgezeit waren Benno und ich oft auf den Spuren der heiligen Hildegard unterwegs, deren Leben und Lehre uns begleitete. Sogar in einem Weingut an der Nahe gestaltete ich im Advent einen Lesenachmittag. An der Mosel, in dem Ort, wo mein Vater wohnte, hatte ich 2012 eine erste Lesung in einem Seniorenheim.

Mein Leben war voller schöner Momente und Überraschungen. Mir wurden viele Menschen zugeführt, die auch auf einem spirituellen Weg waren. Der gemeinsame Austausch, aber auch gemeinsame Gebete waren und wurden für mich sehr wichtig. Ich lernte, in Stille und Ruhe in Kontakt mit meinen geistigen Helfern zu treten, und durfte ihnen Fragen zu allen Themen stellen, die mir wichtig erschienen. Immer erhielt ich Antworten und konnte so meine liebe Anne, die Kartenlegerin, entlasten.

Alles, was sich entwickelte und entstand, alles, was ich erleben durfte, daran hatte vor allem Bruni großen Anteil. Ich ließ sie an meinem, an unserem Leben teilhaben, doch sie veränderte sich. Ich konnte es anfangs nicht genau definieren, doch ich spürte es. Sie sprach geheimnisvoll von einem Heiler, der an vielen Orten der Welt auftrat und den sie schon einige Male zusammen mit einer Bekannten aufgesucht hatte. Sie machte mich sehr neugierig und so fuhren Benno und ich nach Stuttgart, wo dieser Mann, Braco, auftrat und die Menschen auf eine eigene Art „heilte". Viele Leute waren an diesem Tag in eine Halle gekommen und Helfer des Teams führten uns in einen Saal. Wir standen dicht gedrängt neben anderen Menschen, es war sehr ruhig. Da kam er, Braco auf die Bühne. Ein kleiner Mann, stieg deshalb auf einen Hocker, ohne ein Wort zu sagen, schaute zehn Minuten in die Menschenmenge und ging dann wieder. Menschen fingen an zu weinen, zu schluchzen. Es war das erste Mal im Leben, dass ich die Aura eines Menschen gesehen hatte, und es machte mich unfassbar glücklich. Dann weinte auch ich. Es war, als würde jemand meine Seele während dieses Blickes berühren, so empfand ich es. Auch dieses Erlebnis mit dem Heiler Braco ist für mich bis heute unvergessen.

Natürlich berichtete ich Bruni von dem Erlebnis mit und bei Braco. Sie reagierte sehr erstaunt, dass wir diese Reise unternommen hatten. Bruni war immer die Erste, die erfuhr, wenn ich ein neues Gedicht geschrieben hatte, oder sich etwas

Besonderes in meinem Leben ereignet hatte. Wir hatten kaum Geheimnisse voreinander.

Eines Tages erzählte sie Benno und mir eine wilde Geschichte über ihre Wohnung. Es ging um Strom, um Kabel, die nicht richtig lagen und den Stromversorger, der den Strom bei ihr abzuschalten drohe. Benno bot sich sofort an nachzusehen, denn Elektrik war sein Fach. Doch sie ließ es nicht zu und meinte nur, sie habe für diesen Monat nicht mehr genug Geld, um zu wirtschaften oder sich etwas zu essen kaufen zu können. Natürlich sprangen wir sofort ein. Ich ging ab da jede Woche mit ihr einkaufen. Sie konnte ihren Einkaufswagen vollladen und ich bezahlte gerne für sie. Schließlich kannte ich sie ja und dachte an die Zeit zurück, als das Geld bei mir knapp und ich froh über jede Hilfe war. Dann packte ich ihr zu Weihnachten eine Kiste mit Gebäck und Essensachen als Geschenk und brachte diese zu ihrer Wohnung. Sie war drinnen, machte aber nicht die Türe auf, was ich nicht nachvollziehen konnte. So stellte ich meine Tüte vor der Haustür ab und fuhr irritiert wieder nach Hause. Einige Tage später rief sie an, bedankte sich herzlich und lud mich zu sich ein, um mir ihren Tannenbaum zu zeigen. Bis dahin war ich noch nie in ihrer Wohnung gewesen. Gerne sagte ich zu und wir tranken Kaffee bei ihr. Der Tannenbaum stand schön geschmückt in ihrem Wohnzimmer, er war wirklich sehr groß. Auf dem Weg zur Toilette sah ich kurz in ihre kleine Küche und bemerkte, dass dort viele leere Flaschen von alkoholischen Getränken standen. Doch ich dachte mir nichts dabei, sie konnten ja schon lange dort stehen. Aber das Gesehene wirkte nach. Wenn Bruni und ich zusammen waren, tranken wir ausschließlich Sprudel und ich glaubte tatsächlich, sie habe aufgehört mit dem Trinken.

Doch dem war leider nicht so. Sie hatte eine bereits sehr fortgeschrittene Leberzirrhose und konnte trotz vielem Make-up nicht verbergen, dass ihre Haut und besonders das Gesicht gelb wurden. Bruni starb bald, plötzlich und einsam in ihrer Wohnung. Das war ein Schock für mich, denn ich mochte sie sehr. Sie war es, die mir geholfen hatte weiterzukommen auf meinem Weg und die mir so viel erzählt hatte, was für mich noch wichtig werden sollte. Und nun ihr früher Tod.

Sie wurde in der Eifel beigesetzt. Wir fuhren zu ihrer Beerdigung, wo ich ihre Geschwister kennenlernte. Benno und ich nahmen auf der Hinfahrt die Leiterin des Bruno-Gröning-Freundeskreises mit und erfuhren von dieser, dass sie Bruni sehr viel Geld gegeben und gemeinsame Reisen, auch zu dem Heiler Braco, nach Wien und Kroatien finanziert hatte. Wir waren nicht die einzigen Menschen, die ihr arglos Geld geliehen hatten.

Sie hatte meine Fortschritte mit den Gedichten begleiten dürfen, erlebt, welche Freude mir das Schreiben machte. Es war Neid, in ihr entstanden, Neid auf vieles, was sie nicht hatte oder was sie sich nicht leisten konnte. Doch ich wusste auch, Alkohol verändert das Wesen eines Menschen. Nun war sie tot und sie fehlte mir sehr.

Veränderungen an meinem Vater und seinem Verhalten veranlassten uns, nun häufiger zu ihm zu fahren. Er hatte sich im Aussehen verändert, sein Körper war schmaler geworden und er sah traurig und übernächtigt aus. Ich versuchte ihn zum Reden zu bringen, was mit ihm los sei, und nach langem Hin und Her erzählte er Benno und mir, dass Ingeborg ihn Tag und Nacht „schikaniere". Sie bezichtigte ihn, ihren Schmuck geklaut, ihre Tabletten versteckt und vieles von ihren Sachen weggeworfen zu haben. Nun stehe er jede Nacht auf, weil sie ihn weckte, und suche nach ihrem Schmuck, ihren Tabletten oder Teilen der Wäsche. Doch vieles, was er suche, finde er nicht und sie werde nicht müde, ihn zu bezichtigen, alles weggeworfen zu haben.

Ich dachte an die übervollen Schränke im Haus mit neu bestellter Damenbekleidung, an denen noch überall die Etiketten hingen, die sie noch nie anhatte. Was war denn da los? Geduldig hörte ich mir das Ganze an und sagte sehr spontan: „Das ist Demenz." Zuerst erschrocken über meine lauten Gedanken, setzte ich noch mal an. Ja, das waren alles Zeichen einer Demenz und ich riet meinem Vater, sich mit der Tochter von Ingeborg in Verbindung zu setzen, um das abklären zu lassen.

Mit Ingeborg hatte ich ein gutes Verhältnis während der ganzen Zeit. Sie war auch aufgeschlossen für meine Behandlungen, die sie richtig genoss. Sie erzählte mir anschließend immer, was sie empfunden und was sich in ihrem Körper getan hatte. Einige Male fuhren wir mit den beiden zum Geistheiler in die Pfalz, damit sie auch von dieser Seite Hilfe erfahren konnte.

Ich spürte, dass mein Vater krank war, aber er sprach nicht darüber. Sein weißer Hautkrebs hatte mittlerweile gestreut und er bekam Probleme mit seinen Augen. Mehr wollte er nicht dazu sagen, vielleicht wollte er es auch nicht wissen.

Zu meinen Lesungen im Seniorenheim an seinem
Wohnort nahm ich ihn und Ingeborg mit. Beide
sahen ja, mit welcher Freude die Menschen auf
mich reagierten und wie dankbar sie für meinen
bebilderten Vortrag waren. Mir ging es darum,
den beiden etwas Abwechslung zu bieten und
eine Freude zu machen, wenn auch nur für eine
kurze Zeit.
Mein Vater glaubte noch feste, alles im Griff zu
haben, auch die Sache mit Ingeborg. So verging
einige Zeit bis, schneller als gedacht, eine neue
Entscheidung für die beiden getroffen werden
musste.

Von einem Erlebnis möchte ich noch berichten,
das mich sehr aufgewühlt und bewegt hat. Eine
Freundin, mit der ich einst mein Examen gemacht hatte, war leitende Oberin in einem Krankenhaus. Ihre Sekretärin hatte ein kleines Kind,
ein Mädchen, Anna Maria, bei der man einen
komplizierten Hirntumor diagnostiziert hatte,
den in Deutschland niemand operieren konnte.
Diese Freundin rief mich an und bat mich, für
das Mädchen zu beten, um vielleicht eine Lösung
für eine Operation zu finden. Das tat ich auch
gleich. Ich betete für die Kleine, die ich nicht
kannte, ich betete für alles Machbare und

natürlich auch um eine gute Lösung. Da durfte
ich das Mädchen einige Male vor meinem geistigen Auge sehen. Ich sah, wie es kämpfte, ich
konnte sehen, wie ihre Kräfte mehr und mehr
schwanden. Das brachte mich an den Rand der
Verzweiflung, doch ich gab nicht auf. Ich betete
weiter, wie viele andere Menschen auch, die mit
involviert waren.

Da kam ein Anruf, dass ein Arzt in der Schweiz
den Eingriff machen würde, aber es sei sehr ernst
für die Kleine, denn sie müsse mit dem Heli dort
hingeflogen werden. Das passierte auch und
Anna Maria wurde in einer Klinik in der Schweiz
aufgenommen und operiert. Tagelang begleitete
uns Bangen und Hoffen, ob sie es schaffen
würde.

Benno und ich hielten uns einige Tage im Pilger-
ort Kevelaer auf. Dort wird die Mutter Gottes
sehr verehrt und viele Tausende Menschen pil-
gern jedes Jahr in diese Stadt, um zu ihr zu beten.
Wir kamen gerade von einer Messfeier aus der
dortigen Kirche, als ich plötzlich Anna Maria vor
meinem geistigen Auge sah, die einen Kopfver-
band trug, ein total verschwitztes Gesicht hatte,
aber ihre Augen öffnete. Ich deutete dieses spontan so für mich, dass sie es geschafft hatte. Tatsächlich rief einige Minuten später meine Freundin an und gab Entwarnung. Die Kleine habe

den Eingriff hinter sich und die Chancen stünden gut, dass sie gesund würde. Sie war eine echte Kämpferin und hat tatsächlich alles, die Operation und die Folgezeit, bestens überstanden. Das sind für mich Momente, in denen ich Gott und seinen Helfern ganz inständig DANKE sage. Das sind die Momente, in denen ich glücklich bin, dazu etwas beigetragen zu haben.

Durch das Internet, aber auch durch Freundinnen in der Pfalz erfuhr ich, dass mein Sohn Tim geheiratet hatte, und sah Hochzeitsbilder, die seine Frau dort eingestellt hatte. Dies versetzte mir einen Stich ins Herz. Traurigkeit stellte sich ein, doch ich wusste, ich wollte nie mehr durch das tiefe Tal der Tränen und der Trauer gehen. Mir tat es weh, ich war enttäuscht und wieder wollten sich Schuldgefühle einstellen. Doch ich war nicht bereit noch mehr leiden zu müssen. Mein Leben hatte für mich einen Sinn bekommen und mein Kind hatte sich für einen neuen Schritt in seinem Leben entschieden, den er selbst meistern musste.
Mein Geistheiler Theo in der Pfalz riet mir immer, „beide Kinder loszulassen", doch das schaffte ich nicht und hätte auch zum damaligen Zeitpunkt nicht gewusst, wie. Sie waren noch

sehr in meinem Kopf, in meinen Gedanken, Gefühlen und Gebeten. Ich bat meine Engel immer gut auf die Kinder aufzupassen und sie zu beschützen.

In Bad Neuenahr schloss ich mich einem literarischen Kreis an, der sich jede Woche zu einem Austausch traf. Hier hörte und lernte ich viel über mehr oder weniger bekannte Dichter und Denker ihrer Zeit und ihre Werke. Die Vorsitzende dieses Kreises fragte mich, ob ich mir mit ihr eine literarische Lesung im Kurpark vorstellen könne mit vielen anderen Menschen. Die Idee musste sich erst bei mir setzen, dann arbeiteten wir beide daran und der Wunsch wurde Realität. Die Stadt unterstützte uns mit Werbung dafür. Es kamen dreißig Leute, die mit uns einen literarischen Spaziergang durch den Kurpark machten. Wir gingen langsam die Wege entlang, blieben an bestimmten Stellen stehen und trugen abwechselnd Gedichte laut vor. Sie, die Leiterin des literarischen Kreises trug lustige Gedichte von berühmten Persönlichkeiten vor und an der nächsten Station las ich ein Gedicht von mir. So gab es vor dem Rosengarten Gedichte über die wunderschöne Rose und vor einem kleinen Tümpel, das Gedicht von der Stechmücke, was die anwesenden Menschen und Besucher immer mit einem Applaus belohnten. Wir hatten Unterstützung an diesem Tag von der Sonne, die uns mit ersten warmen Strahlen wärmte und zum Abschluss gab es ein Glas Sekt von der Stadt für alle Anwesenden. Die Menschen, die sich uns angeschlossen hatten, waren begeistert von solch einer Art des Spazierganges durch den Kurpark und wir werteten die positive Resonanz als Erfolg für uns.

Trotz der Heilarbeit zu Hause und meinen wöchentlichen Aktivitäten hatte ich noch genügend Zeit für mich zu walken, wandern oder zu radeln. Es war immer lustig mit den neuen Freundinnen unterwegs zu sein. Für mich war der Austausch mit ihnen sehr wichtig. Erzählen was wir erlebt hatten in der Zeit, wo wir uns nicht getroffen hatten, was jede plante oder vorhatte und immer erzählte ich ihnen auch von meinem Vater und Ingeborg.
Benno freute sich über meine Kontakte und überhaupt alles, was sich für uns auftat. Wir konnten über alles sprechen, versuchten für andere da zu sein und ihnen zu helfen und wir berieten gemeinsam, wenn es um Anschaffungen für uns ging. Wir beide waren und sind bis heute ein tolles Team, gut geführt und geleitet von unseren geistigen Helfern.

Mich begleitete auf meinem spirituellen Weg die Musik von Monika Martin und Bücher von Hans Sterneder schärften meinen Blick für das Mystische in der Natur. Überhaupt war die Natur immer schon wichtig für mich, was mir aber lange nicht bewusst war. Ich las über Naturgeister, zu denen Elfen, Zwerge, Nymphen, Trolls und viele mehr gehören. Wesenheiten, die uns die Natur so schön machen und sich um selbige kümmern. Sie machten, wie meine Engel auch auf sich aufmerksam und zeigten mir, dass es mehr zwischen Himmel und Erde gibt, als ich ahnen kann. Ich bestellte mir Bücher über Engel und verschlang sie. Ich war ja nicht der einzige Mensch, der sich damit beschäftigte, doch ich lernte zu unterscheiden, welche Bücher für mich bestimmt und welche unwichtig waren.

Es gab noch mehr spirituelle Menschen an meiner Seite in Bad Neuenahr. Wir wuchsen gemeinsam auf unserem Weg durch viele Gespräche und Meditationen. Uns allen war eines wichtig: das Gebet. Wenn jemand Hilfe brauchte, saßen wir zusammen und beteten für die Anliegen. Jeder so, wie es für ihn richtig war, aber alle in Demut und Dankbarkeit.

Im Jahr 2014 gründeten Benno und ich einen Selbstverlag, den wir HaBen Medien Verlag nannten. Warum dieser Name? Ich hatte erfahren, dass ich mittlerweile zwei Enkelkinder, Hannah und Ben hatte. Hannah war die erste Tochter meiner Tochter und Ben der erste Sohn meines Sohnes. Aus Hannah und Ben wurde die Abkürzung für den Selbstverlag, den wir 10Jahre lang hatten. Immer noch gab es keinen Kontakt mit meinen Kindern. Ich schrieb ihnen schon Jahre immer zu ihrem Geburtstag oder zu Weihnachten. Leider ohne Resonanz.

Als ich von der Schwangerschaft meiner inzwischen ebenfalls verheirateten Tochter erfuhr, beschloss ich, mit dem zu erwartenden Kind Kontakt aufzunehmen. Ich wusste ja nicht, ob ich es jemals kennenlernen würde. Aus dieser Überlegung entstand die Idee einer geistigen Kontaktaufnahme. Im Gebet und in der Ruhe fragte ich meine geistigen Helfer, ob ich mit dem Kind sprechen könne. Das funktionierte tatsächlich und ich erzählte ihm alles, was vorgefallen war, und dass ich mich, als Oma, ganz dolle freuen würde, sie irgendwann mal im Arm halten zu dürfen. Dieses Erlebnis half mir über meine Enttäuschung und Traurigkeit hinweg.

Sowohl meine liebe Kartenlegerin Anne, als auch die hellsichtige Frau von der Mosel meinten immer häufiger, dass wir, also Benno und ich, noch einen Umzug vor uns hätten. Sie erzählten uns von einem Haus in der Natur, das wichtig für uns sei, ohne jedoch einen Ort zu nennen. Immer wieder kam dieses Thema auf, doch so sehr ich die beiden auch löcherte, wo dieses Haus stehe, diese Antwort war lange verschlossen. Sie sagten nur, dass es dieses Haus bereits gebe. Doch zuvor meinten sie noch, Ingeborg gehe wieder zurück in ihr Haus, sie bleibe nicht bei meinem Vater. Und genau so kam es auch.

Bei einem unserer letzten Besuche bei meinem Vater suchte ich meine Hausschuhe und konnte sie nicht finden. Dann bemerkte ich, dass Ingeborg sie anhatte, obwohl sie viel zu groß für sie waren. Meine Denkaufgaben wurden intensiver. Nun stand ihr Geburtstag an. Benno und ich waren einen Tag vorher bei den beiden. Wir erlebten eine Atmosphäre, in der man die Luft fast schneiden konnte. Es war kaum zum Aushalten. Die beiden gerieten in einen solch heftigen Streit, was wir von ihnen nicht kannten. Ich hatte ihr einen Kuchen gebacken, doch von ihr war kein weiteres Essen vorbereitet worden. Nach dem

Mittagessen mussten wir uns von ihnen verabschieden. Sehr besorgt fuhren wir wieder nach Bad Neuenahr zurück und sprachen über unsere Befürchtungen. Unterwegs rief mich die Nachbarin meines Vaters an und meinte, die Situation zwischen meinem Vater und Ingeborg sei hochbrisant und drohe zu eskalieren, ich solle schnell etwas unternehmen. Ich informierte meine Schwester über das Erlebte und Gesehene, denn ich war ratlos, was wir tun könnten. Sie würde sich selbst ein Bild davon machen, meinte sie und fuhr noch am selben Tag dorthin. Am Abend packte sie in aller Eile Kleidung von Ingeborg zusammen und hieß Ingeborgs Tochter, ihre Mutter wieder in ihr eigenes Haus zurückzubringen,

Nun fuhr mein Vater fast täglich viele Kilometer mit dem Auto zu ihr, um zu sehen, wie es ihr ging, denn zu Hause fühlte er sich alleine nicht wohl und hatte auch, trotz der ganzen Erlebnisse mit Ingeborg, ein schlechtes Gewissen ihr gegenüber. Sein Hausarzt hatte ihm geraten, Ingeborg einem Neurologen vorzustellen, was dann auch zügig durch ihre Tochter stattfand. Dieser diagnostizierte tatsächlich eine fortgeschrittene Demenz bei ihr.
Sie blieb erst mal einige Zeit in ihrem Haus, bevor sie eine schlimme Infektionskrankheit

bekam. Nach intensiver Therapie im Krankenhaus und anschließender Rehamaßnahme kam sie
in ein Seniorenheim. Wir besprachen mit ihrer
Tochter, Ingeborg in einem Seniorenheim am
Wohnort meines Vaters unterzubringen, damit
die beiden sich regelmäßig sehen konnten, denn
er war schon sehr betagt und fuhr nicht mehr gut
und sicher Auto. Das stellte sich als eine wunderbare Lösung heraus. Sein Alltag hatte wieder
Sinn. Gleich nach jedem Mittagessen besuchte er
sie täglich dort. Mit seinem Rollator ging er den
mittlerweile für ihn mühsamen Weg, blieb den
ganzen Mittag bei ihr und kehrte dann zu sich
nach Hause zurück. In Seniorenheim waren die
zwei Gesprächsthema und man sprach von „den
Verliebten".

Im Mai des Jahres 2014 fuhr ich mit Benno nach
England. Es war eine Rundreise durch Cornwall,
die uns die Schönheit dieser Landschaft zeigte.
Wir besuchten auf der Heimfahrt auch die Steine
von Stonehenge. Hierzu hatte uns die hellsichtige
Frau von der Mosel einen besonderen Rat gegeben, wie sich die Energien der Steine auf uns
übertragen würden und was wir beachten sollten.
Es war eine besondere Art von Bitten und Empfangen. Wir setzten uns dort auf eine Bank mit

Blick auf die Steine. Es begann zu nieseln und ein englischer Mister saß neben uns und beäugte, was wir mit den Händen machten. Benno und ich hatten verabredet so mit der Energieaufnahme zu verfahren, wie die Frau es uns gesagt hatte. Das taten wir und es war unglaublich, welche Energie uns erreichte. Sie floss durch die Hände und den ganzen Körper in Form von Wärme, trotz des Regens. Auch an dieses Erlebnis denke ich heute noch oft und dankbar zurück.

Überhaupt habe ich unsere gemeinsamen Reisen immer genossen. Es waren Städte und Länder, wo sich meine Seele stets wohlfühlte, das konnte ich spüren. Mit Benno war es immer eine Freude, alte Kirchen, Klöster oder Kraftorte zu besuchen und mich mit ihm auszutauschen oder über die Energien zu sprechen.

Als wir aus England zurückkamen, meldete ich mich zu einem Hospizkurs an. Mein Wunsch war es immer gewesen, sterbende Menschen zu begleiten, und Hospizbegleiterin, dachte ich mir, sei ein guter Weg dahin. Der Anfangskurs war informativ, beinhaltete aber nicht viel Neues für mich, denn den Sterbeprozess kannte ich ja aus meinem Berufsleben. Was mich allerdings emotional sehr bewegte war, dass ich die Trauer, die Traurigkeit und Gedanken über den Tod aus Gesprächen mit nach Hause nahm und sie in meinen siebten Gedichtband einfließen ließ. Nun waren in sieben Jahren sieben Gedichtbände entstanden. Im Nachhinein stellte ich auch fest, dass die Titel der Bände eine Steigerung beinhalteten. Alle hatten etwas mit der Seele zu tun. Seelenkristalle, Seelenfeuer, Seelenfreuden usw. Der letzte Band, das war der „Seelenflug". Ich finde ihn mit am schönsten, obwohl jeder Gedichtband schöne Gedichte enthält. Leider kam es nicht mehr zu einem Folgekurs im Hospiz, denn auf einmal nahmen Ereignisse an Fahrt auf, die nicht vorhersehbar waren.

Bad Neuenahr veränderte sich. Fast über Nacht waren auf einmal sehr viele Immobilienfirmen am Ort, die sich viele der alten Villen oder Mehrfamilienhäuser sicherten. Gefragt waren nicht mehr große Wohnungen, sondern es wurden nur noch kleine Wohnungen gebaut. Alte Häuser und Villen wurden abgerissen und die Lücken ausgefüllt mit Häusern, die fast alle gleich aussahen. Seit einiger Zeit kam ein solcher Immobilienmanager als Besucher auch zu unserer Vermieterin. Agnes war mittlerweile über neunzig Jahre alt und ich hatte sie in zwei Wochen zweimal in einer hilflosen Lage in ihrer Wohnung gefunden. Es war ein Bild des Jammers, diese stolze Frau so erleben zu müssen. Beim zweiten Mal musste ich sie total unterkühlt ins Krankenhaus bringen lassen. Von dort aus kam sie durch ihren Sohn in ein Altenheim nach Bonn. Es dauerte nicht lange, da musste die Familie mit ihren drei Kleinkindern im Obergeschoss ausziehen. Nun war die zwei Wohnungen über uns im Haus frei und unbewohnt. Jedoch nur kurze Zeit, denn die Immobilienfirma machte dem Sohn ein verlockendes Angebot und er verkaufte ihnen das Haus. Benno und ich hielten noch einige Monate aus. Erst noch zuversichtlich, wohnen bleiben zu können, dann jedoch mehr und mehr desillusioniert, suchten wir für uns eine neue Bleibe, nämlich das Haus, das uns die Seherin und Kartenlegerin prophezeit hatten. Doch so sehr wir uns bemühten, es ergab sich für uns nichts an der Ahr und der Druck der Immobilienfirma, uns das Leben unschön zu machen, wuchs.

Benno arbeitete bereits mehrere Tage in der Woche im Homeoffice. Seine Pensionierung stand kurz bevor und in unserer Wohnung hatten wir den vierten Wasserrohrbruch seit unserem Einzug. Es waren turbulente Tage, als Benno mir eröffnete, wir bekämen noch einen Umzug durch seinen Arbeitgeber bezahlt. Zuerst überlegten wir, nach Bayern zu ziehen, dann suchten wir andere Ziele und auf einmal meinte er, wir könnten doch in den Ort meines Vaters ziehen und von dort aus nach einem Haus an der Mosel Ausschau halten oder ein Inserat in der dortigen Tagespresse schalten. Zuerst reagierte ich entsetzt. Nein, dieser Ort war keine schöne Stadt und ich hatte nie vor, dorthin zurückzukehren. Doch Benno ließ nicht locker. An der Mosel sei es doch schön und wir würden dort bestimmt ein Haus mit Garten dort finden. Wir schalteten ein Inserat in der dortigen Tageszeitung und bekamen schnell eine Zusage für eine Wohnung in einem Mehrparteienhaus. Übergangsweise sollte es sein. Also besuchten wir wieder meinen Vater und verbanden dies mit der Besichtigung der neuen Wohnung. Eine schöne Drei-Zimmer-Küche-Bad-Wohnung war das, von der Raumaufteilung hier wie für uns gemacht. So sagten wir schnell den neuen Vermietern zu. Vier Monate hatten wir noch Zeit bis zu einem Aus- und Wegzug aus Bad Neuenahr an die Mosel.

Da ergab sich für mich noch die Gelegenheit einer Familienaufstellung. Zwar hatte ich schon viel darüber gehört und gelesen, aber selbst noch nie eine mitgemacht. Eine Familienaufstellung kann dazu beitragen und helfen, Probleme in einer Familie, die oft seit Generationen lasten und belasten, aufzudecken, zu verstehen und aufzulösen.

Eine Frau, die ich bereits gut kannte, leitete mich durch diese Aufstellung. Ich stellte ihr meine Fragen, auf die ich hoffte Antworten zu bekommen. Mich interessierte immer noch sehr das Thema der Mutter, meine Mutter. Mit einer solchen Aufstellung begannen wir dann auch. Es wurden die Ahnen, also meine Großeltern, imaginär dazu genommen und in der Aufstellung entstand eine Familiengeschichte, die mich sehr bewegte. Mein Opa, also der Vater meiner Mutter, war ja Bergmann und er hatte bereits ein Alkoholproblem, als meine Mutter noch ein Kind war. Er hatte, so stellte es sich heraus, als junger Mann eine Untertage-Explosion erlebt dabei fast alle seine Freunde und Kumpel verloren. Ihre Leichen lagen nach der Explosion um ihn herum. Über dieses schreckliche Erleben sprach er nie und konnte es auch nicht. Auch nicht mit seiner Frau, die er vor lauter Alkohol, den er trank, nicht mehr wahrnahm. Er sah daher nie, wie sehr seine Tochter litt, die ihn sehr gebraucht hätte. Die Suche nach ihrem Vater, dem Gegenpart zu ihrer dominanten, strengen Mutter, war für meine Mutter eine Suche nach Liebe, ihr ganzes Leben lang. Die Leere in ihr war mit der Grund, warum auch sie sich in den Alkohol flüchtete. Sucht ist immer ein Suchen nach etwas, egal, welche Sucht es ist.

Die Aufstellung war dramatisch für mich, aber auch hilfreich. Endlich gab es eine Erklärung für das WARUM. Warum hat meine Mutter getrunken, warum hat sie mich nicht gesehen und geliebt? Warum habe ich für sie schon als Kind nie existiert? Die Aufstellung lehrte mich noch mehr. Es ist vieles nicht so, wie es manchmal scheint, und manchmal ist der Grund ganz anders. So habe ich es erlebt in dieser Aufstellung. Es steht niemandem zu, andere Menschen zu be- oder verurteilen, weil man die Wahrheit meist nicht kennt. Es erinnert mich an einen Ausspruch meiner lieben Kollegin Patcy: „Urteile nie über einen Menschen, bevor du nicht eine Weile in seinen Schuhen gelaufen bist."Natürlich braucht eine solche Entwicklung Einsicht, Zeit, Reife und den Willen, zu vergeben. Ich fragte mich oft, warum meine Mutter so stark abhängig war, wodurch sie uns Kindern viel Lebensfreude genommen hatte. Durch die Aufstellung bekamen einige Worte- oder Satzfragmente, die sie mir in der Zeit meiner Pflege an ihr sagte, nun ein klareres Bild und ich erhielt meine Antwort darauf, warum sie mich nie lieben und annehmen konnte. Das möchte ich aber hier nicht ausbreiten. Ich bin mein ganzes Leben ihrer Liebe hinterhergelaufen, einer Liebe, die sie mir aufgrund eines besonders traumatischen Geschehens nie hatte geben können. Doch ich habe meinen Seelenfrieden mit ihr gemacht. Ich hege keinen Groll mehr gegen sie. Heute kann ich dankbar sagen, dass die Aufstellung mir half, zu verstehen und zu vergeben. Eine für mich ebenfalls neue Erkenntnis war, dass sich meine Eltern uns Kinder aufgeteilt hatten. Mein Vater sah schon früh, dass meine Mutter sich nicht um mich kümmerte, dafür aber umso mehr um meine Schwester. Mein Vater kümmerte sich daher mehr um mich. Dadurch waren die beiden Elternteile nicht nur Konkurrenten um die jeweilige Gunst der Kinder, sondern sie machten uns Kinder ebenfalls zu Konkurrenten, was wir das ganze Leben lang blieben. Wir Schwestern hatten nie eine richtige Gelegenheit, uns zu finden oder vertrauensvoll zusammenzuwachsen. Auch diese Erkenntnis durch die Aufstellung war für mich wertvoll und hilfreich. Eine zweite Aufstellung, die ich machte, hatte meine erste Ehe als Thema, besonders meinen Exmann Alex. Auch hier tat sich sehr viel Ungeahntes für mich auf. Durch seinen schwer traumatisierten Vater und die daraus erfolgten Züchtigungen war auch er derart traumatisiert, dass er mich gar nicht als seine Partnerin wahrnehmen konnte und auch nicht wahrgenommen hat in der Beziehung. Er hat mich tatsächlich nie als seine Frau neben sich gesehen, weil die Traumata seine Seele so sehr verletzt hatten und er nie darüber sprechen konnte. Wir hatten mehrfach versucht, unsere Ehe zu retten, auch Eheberatungen aufgesucht. Wir hatten gemeinsame Reisen gemacht und damit wichtige und schöne Erinnerungen für uns und auch für unsere Kinder geschaffen. Wir sind auch gemeinsam in der Ehezeit gewachsen, aber nicht in die gleiche Richtung. Das Wichtigste aus dieser Ehe aber waren und sind für mich unsere wunderbaren Kinder. Ich hatte mit meiner Ehezeit bereits lange abgeschlossen gehabt, aber die jetzigen neuen Erkenntnisse waren heilsam für mich. Mein größter Schutz und das größte Geschenk in all der Zeit der Trauer und Entmutigung war, dass ich ihn, Alex, Gott sei Dank nie gehasst habe.

ANGEKOMMEN

Im Herbst 2016 bezogen Benno und ich die neue Wohnung an der Mosel, die wir eineinhalb Jahre lang bewohnten. Direkt vor dem Haus führte ein

Weg in die schöne Natur. Sehr oft wanderten wir durch die Flur und machten schöne Fotos, entsprechend der Jahreszeit. Wir inserierten in der Tageszeitung und suchten nach einem Haus für uns, nämlich dem Haus, das man uns schon lange prophezeit hatte. Wir fuhren in umliegende Orte und suchten und suchten. Leider ohne Erfolg. Doch so entdeckten wir viel Neues und Schönes an der Mosel und der Saar, was wir bis dahin noch nicht gesehen hatten oder kannten. Von der neuen Wohnung aus war es nicht weit zu meinem Vater, den wir täglich besuchten. Wir aßen zusammen, erzählten miteinander, fuhren ihn ins Altenheim zu Ingeborg oder holten ihn von dort wieder ab. Mit ihm konnten wir auch noch einige Ausflüge in die Umgebung unternehmen, über die er sich sehr freute und die er genoss. Es war nun oft eine „Harmonie" zwischen uns, doch ich merkte auch, dass eine Veränderung stattgefunden hatte. Sein Hautkrebs, der bereits mehrfach operiert worden war, streute weiter und der Altersstarrsinn wuchs.

Einige Male hatte man ihn operiert. Es war eine schreckliche Tortur für ihn und auch für uns, ihn so leiden zu sehen. Die Sehkraft war eingeschränkt, aber er lebte noch alleine in seinem Haus und wir halfen ihm so gut es ging, auch mit der Gartenarbeit. Oft saßen wir drei abends zusammen und spielten Karten. Benno tolerierte es mittlerweile gut, wenn er verlor, und stand meinem Vater mit Rat und Tat, aber auch mit seiner Arbeitskraft zur Seite. Wenn er uns eine Freude machen wollte, bekochte mein Vater uns mit frischen Forellen, die er sehr liebte, oder wir luden ihn zum Essen zu uns in die neue Wohnung ein. Harmonie und eine gute, angenehme Ruhe, das war es, was uns in dieser Zeit verband. Seit sechzig Jahren lebte er nun in seinem Haus und hatte eine sehr gut organisierte und funktionierende Nachbarschaft, die sich rührend nach ihm erkundigte und stets auch Hilfe anbot. An einigen Abenden erzählte er uns von seinen Erlebnissen während des Krieges. Nie zuvor hatte er das getan, doch nun schien er einiges loswerden zu wollen, was ihn bedrückte oder belastete. Wir hörten natürlich zu, gespannt, bedrückt und auch traurig. Die Erinnerungen förderten Schlimmes zutage und ich sah meinen Vater das erste Mal im Leben viel weinen. Überhaupt weinte er jetzt, im hohen Alter, häufiger und schneller. Er erzählte von seinen Erfahrungen als junger Mann in französischer Gefangenschaft in Remagen, aber auch von Einsätzen, auf denen er in jungen Jahren kurz vor Kriegsende Leichen einsammeln musste in einer großen Stadt. Es waren Erinnerungen, die immer von ihm verdrängt worden waren, aber in ihm arbeiteten und nun Bilder entstehen ließen, die ihn sehr belasteten. Wahrscheinlich hatte dieses Verdrängen ihm das Leben gerettet.

Adventszeit! Weihnachten stand vor der Tür. Mein Vater hatte bereits seinen mit roten Kugeln geschmückten künstlichen Weihnachtsbaum im Wohnzimmer stehen und darunter lagen seine Geschenke für Ingeborg und uns. Wir alle freuten uns auf das bevorstehende Fest, zu dem auch Ingeborg und ihre Tochter eingeladen waren. Mit der Tochter hatte ich mich nach dem Tod meiner Mutter angefreundet. Benno hatte noch einen Arzttermin im Saarland, den er wahrnehmen musste und ich begleitete ihn dorthin. Im Anschluss an die Fahrt waren wir mit meinem Vater zu Hause verabredet.

Wir fuhren zum Arzt und von dort aus noch in eine Gaststätte, die auf dem Rückweg lag. Gerade war das Essen serviert, als eine Nachbarin meines Vaters anrief und sagte, es sei komisch, die Rollos seien noch geschlossen an seinem Haus, obwohl es bereits Mittagszeit sei. Da sie einen Schlüssel zu seinem Haus hatte, bat ich sie nachzusehen. Nach einigen Minuten meldete sie sich noch mal und sagte, sie komme nicht ins Haus. „Ruf die Feuerwehr an", sagte ich noch zu ihr,

„wir sind auf dem Heimweg." Das Essen ließen wir stehen, bezahlten und fuhren gleich zu meinem Vater, wo ein Krankenwagen vor dem Haus stand. Die Haustüre stand offen und viele Leute bewegten sich im Haus. Ich fragte gleich die beiden Sanis im Krankenwagen, wo denn mein Vater sei? Die sahen sich verdutzt an und plötzlich kondolierte mir einer der beiden. Da kamen auch schon die Nachbarinnen, drückten mich und sagten „Herzliches Beileid".

Mein Vater hatte in der Nacht einen Herzanfall erlitten und war in seinem Haus verstorben.

Nun kam die Feuerwehr, die Polizei, die Sanitäter, der Bestatter und noch jemand, der eine Leichenschau durchführte. Es ging nicht in den Kopf, was passiert war, das konnte doch nicht sein, so kurz vor Weihnachten, es war ein Alptraum. Ich sah den Tannenbaum mit den Geschenken und hörte wie durch Watte das Gesagte um mich herum. Gleich rief ich meine Schwester an, aber auch die Tochter von Ingeborg, um ihnen zu berichten, was sich ereignet hatte. Ich bat die Tochter, Ingeborg nichts zu sagen, ich würde ins Heim fahren und es ihr schonend mitteilen.

Nachmittags suchte ich Ingeborg im Seniorenheim. Als ich sie fand, war sie aufgelöst und bitterlich am Weinen. Ich brauchte ihr nichts zu sagen, sie wusste es schon, denn mein Vater hatte sich auf eine eigene Weise von ihr verabschiedet. Sie sagte mir, dass sie ihn in der Nacht zuvor im Traum gesehen hat. Er habe sie in den Arm genommen und ihr „Leb Wohl" gesagt.

Trotz der Trauer beschlossen wir, Weihnachten zusammen in seinem Haus so zu feiern, wie er es sich gewünscht hätte, vor dem Tannenbaum und den Geschenken. Wir sprachen über ihn und stellten ein Bild auf seinen Platz, so war er für uns sichtbar zugegen, als auf einmal das Licht in der Küche zu flackern anfing und das mehrfach. So zeigte er uns, dass er noch unter uns war, und ich glaube, er hat sich dolle gefreut, dass wir das Fest so umgesetzt haben.

Am Tag nach seinem Tod schrieb ich eine Grabrede für ihn, die ich an seiner Beerdigung in Absprache mit dem Priester vorlas.

In der Zeit bis zur Beerdigung kristallisierte sich für Benno und mich mehr und mehr heraus, dass mein Elternhaus unser beider Interesse anzog. Wir waren jeden Tag dort, um nach Post zu sehen oder irgendwelche Arbeiten zu verrichten. Diese Option hatten wir bis dahin überhaupt noch nicht erwogen. Alle vorherigen Anzeigen und Inserate in der Tageszeitung hatten keinen Erfolg gebracht und auf einmal waren wir uns ganz sicher, das war es, was für uns bestimmt war. Ich bezahlte meine Schwester aus und wir erwarben es tatsächlich. Vorher musste das Haus noch „gesäubert" werden von alten negativen Energien. Dazu kauften wir uns weißen Salbei und reinigten jede Ecke vom Keller bis zum Speicher mit Gebeten und Räucherwaren. Das förderte einiges Ungute zutage, besonders Relikte aus vergangenen Zeiten. Aber danach war die Energie des Hauses eine andere, deutlich klarer und besser.

An einem schönen Sonnentag luden wir die engen Nachbarn zum Kaffeetrinken in unseren Garten ein, um ihnen mitzuteilen, dass wir nun die neuen Eigentümer des Hauses seien. Die Nachbarn kannten wir seit vielen Jahrzehnten und wir versprachen ihnen, ein positiver Teil dieser Gemeinschaft sein zu wollen. Sie freuten sich sehr mit uns, doch eines verwunderte mich. Keiner von ihnen wusste bis dahin, dass ich seit vielen Jahren Gedichte schrieb und diese öffentlich vortrug. Das hatte mein Vater ihnen nie gesagt, obwohl er oft dabei war.

Benno entrümpelte das ganze Haus alleine und begann mit einem Neuaufbau der inneren Strukturen wie Decken, Böden und Wände. Innerhalb von drei Monaten war das Haus bezugsfertig. Ich kann dazu nur eines sagen: Ich war angekommen, das erste Mal im Leben nach sechzehn Umzügen, mit Körper, Seele und Geist. Ich fühlte mich das erste Mal ruhig, stabil und geborgen, ja, in meiner Mitte. Ein Gefühl wie Heimat stellte sich ein und wir genossen beide ein neues Wohlgefühl. Den Garten gestaltete Benno ebenfalls komplett um für uns, so dass wir von drinnen in „unser grünes Paradies" rausschauen konnten. Er baute zwei Hochbeete, in denen wir vieles anpflanzten. Wir bestückten freie Flächen mit Obstbäumen und bekamen sogar eine Bananenstaude geschenkt, die wunderbar anging und uns jedes Jahr erfreut. Der Garten wurde und ist für uns beide ein wichtiger Platz für unseren Seelenfrieden. Hier finden wir die Ruhe, die wir brauchten und Muße, aber auch viel Kreativität. Wir lernten viel dazu über die Natur und ihre kleineren und größeren Bewohner. Unser Haus wurde und ist ein Anlaufpunkt für Menschen, die eine Heilbehandlung wünschen oder brauchen, oder uns einfach nur besuchen kommen wollen. Es hat eine gute, gesunde Energie und mein Büro, mit Blick in den schönen Garten, ist für mich ein Ort, an dem ich weiterhin kreativ sein kann, wo mir neue Gedichte und Geschichten einfallen. Es ist aber auch ein Platz, wo ich alleine meditieren und Kontakte zu meinen geistigen Helfern pflegen kann.

Ich gewann neue Seniorenheime für meine Lesungen hinzu und innerhalb kurzer Zeit schafften wir es, über dreißig Veranstaltungen im Jahr zu machen. Wir waren immer und überall gern gesehene Gäste und besonders die Senioren freuten sich über die schönen Fotos, die wir ihnen zu den Gedichten präsentierten. Benno war für die Technik zuständig und ich für Unterhaltung und das Vortragen meiner Gedichte. Durch diese Lesungen lernte ich viele wunderbare und wertvolle Menschen kennen, denen ich sonst nie begegnet wäre. Sie ließen mich teilhaben an ihrem Los, ob Glück oder Schicksal und ihren Lebenserfahrungen. Von jeder Lesung kamen Benno und ich dankbar wieder nach Hause zurück mit dem Gefühl, Menschen eine Freude geschenkt zu haben.

Dann schlug das Schicksal zu. Wir waren eingezogen, fühlten uns sicher, gut beschützt und behütet, als Benno die Diagnose Krebs bekam. Unsere Welt brach von heute auf morgen zusammen. Er wurde mehrfach operiert und es folgte für ihn eine schwere Zeit, in der er tapfer gegen die Krankheit kämpfte. Ich besuchte ihn täglich im Krankenhaus in Trier. Wir konnten uns sehen und miteinander sprechen, das war sehr wichtig. Und wenn es etwas außer der Reihe zu sagen gab oder wir uns eine gute Nacht wünschen wollten, lernten wir die Vorteile des Handys schätzen, denn Videotelefonie ist schon ein tolle Technik, egal wo man ist.

Chemo und Bestrahlung setzten Benno sehr zu und es brauchte eine lange Zeit, bis er wieder zu sich fand. Die darauffolgenden Jahre begleitete uns natürlich die Angst. Angst, dass der Krebs wiederkäme, dass der Kampf, umsonst gewesen wäre. Es sind jetzt vier Jahre nach seiner schlimmen Erkrankung und Benno ist krebsfrei. Er hat sehr hart an sich gearbeitet und ich durfte und darf ihn mit meinen geistigen Helfern behandeln. Gemeinsam haben wir diese schwere Zeit durchgestanden und sind noch enger zusammengewachsen.

Für mich schließt sich in diesem Jahr ein Lebenskreis. Nach zwölf Jahren meiner Gedichtlesungen in Seniorenheimen beende ich diese. Es kann Zufall oder Fügung sein, aber genau in dem Seniorenhaus, wo ich damals mit der ersten Lesung hatte, beschließe ich diese aktive Zeit. Dankbar schaue ich auf viele Begegnungen und den Austausch mit Menschen in dieser Zeit zurück. Auf den Weg, der mich geistig wachsen ließ, auf dem ich meine Stimme wiederfand, Anerkennung bekam und meine Sicherheit ausbauen konnte. Mein wunderbarer Weg durch das Leben mit den vielen Menschen an meiner Seite zeigt mir, dass ich ein wertvoller und wichtiger Mensch auf dieser Welt bin. Ich habe erkannt, was meine Aufgabe in diesem Leben ist.

Rückblickend möchte ich sagen, dass mich die Strenge meines Vaters gelehrt hat, im und durch den Schmerz zu wachsen. Ich sehe heute, dass er meine Fantasie angespornt und beflügelt hat, weil er mich auslachte, wenn ich mit ihm über meine Vorstellungen und Träume sprach.

Ich freue mich auf alles, was das Leben noch an Freude und Wunderbarem für mich bereithält.

Ich bin offen für alles Neue, fühle mich gesegnet und gut geleitet mit und in allem, was ich leben, erleben und geben darf. Dankbar habe ich auch erkannt, warum Benno mir zur Seite gestellt worden ist in meinem Leben.

Was für mich heilsam und wichtig war auf meinem Weg, ist die Vergebung, an der ich lange gearbeitet habe und was ich auch heute noch täglich praktiziere. Auch ich habe Menschen verletzt, verwirrt und vorschnell be- und verurteilt, auch ich war und bin nicht frei von Fehlern. Aber durch und in der Vergebensarbeit habe ich jeden Menschen aus meinem Leben, der mir dazu einfiel, in einem langen Prozess um Vergebung gebeten. Das war heilsam und hatte für mich etwas Befreiendes.

Mit meinen Ahnen bin ich im Reinen. Ich habe geliebt und werde geliebt, ich kenne gewinnen und verlieren. Benno und ich sind eine feste Einheit, die noch vieles bewegen kann. Menschen, die mir nicht guttun, habe ich gelernt in Frieden ziehen zu lassen. Meine Kinder sind in meinem Herzen und in meinen Gebeten. Hilfreiche Menschen habe ich kennen und schätzen gelernt. Ja, es gibt das Gute noch. Mein Glaube ist durch die Erfahrungen und Entwicklungen, die ich durchgemacht habe, stetig gewachsen. Die Ruhe um mich und in mir, ist das wichtigste Ziel für meinen Seelenfrieden. Nur in vollkommener Ruhe war und ist es mir möglich, die Kraft zu bekommen, die ich brauche, um mich weiter zu entwickeln.

Auf meinem teilweise holprigen Weg durchs Leben lernte ich Dankbarkeit, Achtsamkeit, Demut und Staunen. Ich weiß mich behütet, beschützt und gut geleitet. Meine geistigen Helfer sind um mich, bei mir und da, wenn ich sie brauche.

Ja, ich fühle mich DEM HIMMEL SO NAH.

Ursula Burckhardt wurde 1955 geboren und lebt heute an der Mosel. Bevor sie ihr Talent des Schreibens entdeckte, erlernte sie den Beruf der Krankenschwester.

Nach zahlreichen Gedichtbänden und Kurzgeschichten erscheint nun ihre Biografie.

Damit möchte sie Menschen Mut machen, an das Gute im Leben zu glauben und die Hoffnung daran nicht aufzugeben.

Besuchen Sie mich gerne auf meiner Homepage:

www.ursula-burckhardt.de